发展下的 经济高质量

JINGJI GAOZHILIANG

FAZHAN XIA DE

ZHONGGUO YINGSHANG

HUANJING

YOUHUA YANJIU

廖 萌 著

中国营商

环境优化研究

中国财经出版传媒集团

经济科学出版社
Economic Science Press

图书在版编目（CIP）数据

经济高质量发展下的中国营商环境优化研究/廖萌
著. －－北京：经济科学出版社，2023.8
ISBN 978－7－5218－5016－1

Ⅰ.①经…　Ⅱ.①廖…　Ⅲ.①投资环境－研究－中国
Ⅳ.①F832.48

中国国家版本馆 CIP 数据核字（2023）第 150206 号

责任编辑：何　宁　王文泽
责任校对：王肖楠
责任印制：张佳裕

经济高质量发展下的中国营商环境优化研究
廖　萌　著
经济科学出版社出版、发行　新华书店经销
社址：北京市海淀区阜成路甲 28 号　邮编：100142
总编部电话：010－88191217　发行部电话：010－88191522
网址：www.esp.com.cn
电子邮箱：esp@esp.com.cn
天猫网店：经济科学出版社旗舰店
网址：http://jjkxcbs.tmall.com
北京密兴印刷有限公司印装
710×1000　16 开　17 印张　260000 字
2023 年 10 月第 1 版　2023 年 10 月第 1 次印刷
ISBN 978－7－5218－5016－1　定价：68.00 元
（图书出现印装问题，本社负责调换。电话：010－88191545）
（版权所有　侵权必究　打击盗版　举报热线：010－88191661
QQ：2242791300　营销中心电话：010－88191537
电子邮箱：dbts@esp.com.cn）

前　言

　　当前世界正经历百年未有之大变局，要想在错综复杂的国内外形势中赢得主动，必须在优化营商环境上狠下功夫。从国际上看，国际竞争日趋激烈，已经从政治、经济、军事等硬实力竞争，逐步拓展到包括制度、环境和影响力等软实力竞争在内的综合国力的竞争。无论是发达经济体还是新兴市场国家，都更加重视塑造国际竞争新优势，对营商环境的重视程度越来越大。从国内看，受全球新冠疫情流行的影响，世界经济短期难以复苏，我国经济下行压力较大。"十四五"时期是我国由全面建成小康社会向基本实现社会主义现代化迈进的关键时期，要巩固好我国经济稳中向好、长期向好的基本趋势，必须打造良好的营商环境。以习近平同志为核心的党中央根据新形势、新发展、新要求审时度势高度重视优化营商环境，认为营商环境是企业生存发展的土壤，打造良好的营商环境是建设现代化经济体系、促进高质量发展的重要基础。因此，在我国经济发展由高速增长阶段转向高质量发展阶段的背景下，研究营商环境优化问题具有较大理论意义和现实意义。

　　本书以习近平新时代中国特色社会主义思想为指导，在系统梳理和总结国内外众多学者研究成果的基础上，围绕经济高质量发展下的中国营商环境优化这一主题，从理论基础、定性分析、定量分析、经验借鉴和对策建议五个方面进行研究。在理论基础部分，明确营商环境和经济高质量发展的内涵和特征，以政府与市场的关系、所有制理论、社会治理思想、新发展理念等理论为支撑，通过全面梳理营商环境与经济高质量发展的关系，明确经济高质量发展下需要打造什么样的营商环境与之匹配。在定性分析部分，通过对我国优化营商环境带动经济发展的阶段性特征进行分析，结合福建、浙江和上海等地优化营商环境的典型案例，找出中国营商环境存在的问题。定量分析部分，结合《优化营商环境条例》中的条款，建立我国营商环境评价指标体系，计算出中国营商环境指数，并采用动态面板数据模型实证分析营商环境对经济高质量发展的影响效应。经验借鉴部分，以新加坡、英国和韩国为案例，对其他经济体优化营商环境的经验进行总结归纳，并通过对比其他经济体优化营商环境重点领域的改革，分析其对中国优化营商环境的启示。对策建议部分，从持续深化"放管服"改革、加快营商环境法治化建设、提升营商环境国际化水平、实施差异化优化营商环境策略、建立优化营商环境的长效机制等层面提出优化营商环境推动经济高质量发展的政策建议。

本书的主要观点和结论包括以下五个方面。

一是营商环境指的是企业在生产和经营中所面临的制度环境，包括政务环境、市场环境和法治环境等。通过分析政务环境、市场环境和法治环境对经济高质量发展的影响机理发现，优化营商环境是经济高质量发展的重要基础和内在要求。优化营商环境能充分发挥市场在资源配置中的决定作用，更好地发挥政府作用，激发经济高质量发展的活力；优化营商环境能提高资本、劳动力和技术等要素配置效率，增强经济高质量发展的动力；优化营商环境能通过强化法治保障，保护知识产权，为企业创新创造保驾护航，厚植经济高质量发展的潜力。

二是改革开放 40 多年的历程是我国现代市场体系建立的过程，同时也是营商环境逐渐优化的过程。中国营商环境在取得很大进步的同时，受传统思维观念改变不够、政府服务便利度及政策执行力不高等主客观原因制约，仍存在缺乏完善的营商环境评价体系、法治保障未能同步跟进、自贸区功能有待提升、企业融资问题改善不明显、地区差异有待缩小等问题。这些问题得不到解决，势必会影响中国经济高质量发展。

三是和欧美发达国家相比，我国应对亚洲发展型国家营商环境优化的相关经验更为重视，注重学习其优化注册登记流程、发挥中介组织作用、引入第三方监管、强化法治保障、发展电子政务、完善税收制度等经验，全面优化营商环境。

四是通过构建中国营商环境评价指标体系，对营商环境进行综合评价发现，从总体来看，中国营商环境不断优化。从分项指标看，中国政务环境优化不够明显，市场环境优化明显，法治环境优化成效显著。从区域角度看，东部地区的营商环境优秀，中部地区营商环境良好，东北地区营商环境有待进一步优化，西部地区的营商环境略差。运用动态面板数据模型实证分析结果显示营商环境及其子环境对经济高质量发展有显著积极影响。

五是优化营商环境推动经济高质量发展是一场系统的经济社会改革。围绕打造市场化、法治化和国际化营商环境的目标，可以通过简政放权激发市场活力、公正监管促进公平竞争、高效服务营造便利环境等方面促进营商环境市场化建设；通过完善社会主义市场经济法律制度、依法行政建设法治政府、创造公平竞争的法治环境和营造全民守法的法治氛围等方面加快营商环境法治化建设；通过放宽外商投资市场准入、扩大服务业对外开放、保护外商合法权益、加快国内制度规则与国际接轨以及促进投资贸易自由化便利化等方面提升营商环境国际化水平。

目　　录

第一章　绪论 ·· 1

  第一节　选题的背景及意义 ························· 1

  第二节　研究思路和研究方法 ····················· 5

  第三节　研究的创新点与难点 ····················· 8

第二章　营商环境相关研究与评述 ··············· 11

  第一节　国外对营商环境的相关问题研究 ····· 11

  第二节　国内对营商环境的相关问题研究 ····· 24

  第三节　研究评述 ································· 40

第三章　营商环境相关理论分析 ·················· 43

  第一节　政务环境研究的理论基础 ·············· 43

  第二节　市场化营商环境研究的理论基础 ······ 51

  第三节　法治化营商环境研究的理论基础 ······ 66

  第四节　本章小结 ································· 71

第四章　营商环境与经济高质量发展的关系梳理 ··· 72

  第一节　营商环境的内涵 ························· 72

  第二节　经济高质量发展的内涵和特征 ········· 85

  第三节　营商环境对经济高质量发展的影响机理分析 ··· 94

第四节　本章小结 ……………………………………………… 106

第五章　中国营商环境建设的历史演进与存在问题 ………… 107

第一节　中国优化营商环境促进经济高质量发展的阶段性特征…… 107

第二节　中国优化营商环境促进经济高质量发展的典型案例……… 122

第三节　中国优化营商环境促进经济高质量发展存在的问题……… 128

第四节　本章小结 ……………………………………………… 139

第六章　中国营商环境评价体系构建及评价结果 ………… 140

第一节　中国营商环境指标体系构建 ………………………… 140

第二节　中国营商环境指数计算方法 ………………………… 150

第三节　中国营商环境综合评价 ……………………………… 152

第四节　本章小结 ……………………………………………… 163

第七章　营商环境对经济高质量发展影响效应的实证分析 …… 165

第一节　模型选择和变量设定 ………………………………… 165

第二节　描述性统计与回归结果 ……………………………… 169

第三节　主要结论与启示 ……………………………………… 177

第八章　其他经济体优化营商环境促进经济发展的

**　　　　经验借鉴** …………………………………………… 180

第一节　其他经济体优化营商环境促进经济发展的实践……… 180

第二节　其他经济体优化营商环境重点领域的改革经验……… 193

第三节　其他经济体优化营商环境实践对中国的启示………… 195

第四节　本章小结 ……………………………………………… 199

第九章　优化营商环境推动经济高质量发展的政策建议 ……… 200

第一节　优化营商环境必须坚持的方法论 …………………… 200

第二节　优化营商环境必须要处理好的关系…………………… 204

第三节　优化营商环境的政策建议 ……………………………… 212

第四节　本章小结…………………………………………………… 233

第十章　结论与展望 …………………………………………… 235

参考文献………………………………………………………… 240

第一章

绪　论

第一节　选题的背景及意义

一、研究背景

目前，我国正处于经济转型的关键阶段，经济结构进一步优化调整，经济增长动力发生了明显变化，急切地需要推动经济发展质量的变革，提高经济要素的配置效率，转换经济发展的动力模式。党的十九大报告指出，我国目前已经由高速增长阶段逐渐向高质量发展阶段转型，并且要求全面推进经济高质量发展。那么如何实现高质量发展就是一个值得思考和研究的课题，要想提高经济发展的质量就需要对政府和市场的关系进行妥善地处理，打造良好的政商环境，优化营商环境就是一个很好的突破口，通过优化营商环境来推动中国经济高质量发展。党的二十大报告进一步指出，推进高水平对外开放，营造市场化、法治化、国际化一流营商环境，为中国经济高质量发展指明了方向。

在全球经济竞争日益激烈的今天，企业的发展迫切需要打造稳定公平的营商环境，建立起完善的法律体系，提高政策的透明度，推动开放型经济体制的完善和成熟。改革的目标是打造更加具有吸引力的、国际化的、便利化的营商环境，降低企业因政府流程支出的各项制度性成本，为我国企业培育竞争性优势，等等。根据世界银行所出具的报告，营商环境的优化能够提高投资率，提高幅度将达到 0.3%，还能够刺激 GDP 的增长。以世界银行为典型代表的国际性金融机构对于营商环境的重视程度带动了很多国家和地区致力于提升优化营商环境，提高国际竞争优势。结合世界银行在 2020 年所发布的《全球营商环境报告 2020》，我国营商环境的总排名已经由 2013 年的 96 名上升到了 31 名。我国在优化营商环境取得重大突破的同时也应当看到，目前营商环境中依然存在着很多的问题需要我们去解决。例如，开办企业办理工商登记时不够便利、政府部门之间的沟通和共享机制不健全、企业的注销机制需要进一步完善、政府和企业之间的沟通渠道有待于进一步拓展以及企业获得感不强，等等。在某些地区依然存在着手续烦琐、办事效率低下、遇到事情推脱的情况；有些部门不按照法律规定依法行政，滥用职权，随意执法；还有些地区市场准入条件较高，地方保护主义仍然盛行，存在着各种隐形壁垒。随着创新和创业大潮的兴起，很多监管理念和监管模式都相对比较滞后，对于事前和事后监管力度不强，政府的创新能力较弱。这些问题都会影响着我国经济高质量发展。

在某种程度上，营商环境本身就是生产力，营商环境的优化代表了生产力的解放和提升。党的二十大报告中明确指出，构建高水平社会主义市场经济体制，完善产权保护、市场准入、公平竞争、社会信用等市场经济基础制度，优化营商环境。① 为了落实重大部署，必须进一步优化营商环境，提高营商环境的市场化、法治化水平，借助于国内强大的市场，吸引来自全球各地的优质资源，为推动我国经济高质量发展提供助力。因此，应适时研究营商环境的基本概念、影响经济高质量发展的机理，分析我国营商环境优化的历程、现状和特点，构建营商环境评价体系。通过比较找出我国营商环境与发达国家之间的差距，提出优化营商环境的努力方向以及着重需要关注的问题，从而更好地实现我国和国际的接轨，为推动经济高质量发展提供动力，

① 习近平著作选读（第一卷）[M]. 北京：人民出版社，2023：4.

具有一定的理论意义和实践价值。

二、理论意义

（一）为优化营商环境推进经济高质量发展提供理论依据

当前对营商环境的研究主要集中于内涵、指标体系等方面，对其理论依据研究涉及不够。经济的高质量发展是我国当前阶段甚至接下来很长一段时间内都需要遵循的发展思路和发展要求，优化营商环境又是经济高质量发展的重要基础，很有必要研究其理论基础。本书从政府与市场的关系、所有制理论、社会治理思想等理论出发，对优化营商环境的理论依据进行了系统的梳理和总结，指出在优化营商环境的过程中，先要处理好政府和市场的作用，建设人民满意的服务型政府；要充分注重非公有制经济的发展，实现要素市场化配置；要以人民为中心，激发企业家的创新创造活力。

（二）为中国营商环境指标体系构建提供理论依据

目前，我国经济已经由高速增长阶段逐渐向高质量发展阶段转变。在这一特定的历史时期和战略机遇期，我国营商环境的世界排名不断提升，营商环境迅速得到改善，但是不能对世界银行所公布的营商环境评价报告中的排名过度依赖，必须从中国推进"放管服"的实践创新中总结适合中国的营商环境评价指标体系。本书基于营商环境的概念，认为在构建营商环境指标评价体系的过程中，应当从政务环境、法治环境及市场环境三个维度进行，把顶层设计与市场经济发展相结合，从中国实践中总结中国经验，并上升到理论层面，形成合乎中国发展规律的营商环境评价指标体系。

（三）丰富了社会主义市场经济的理论内涵

营商环境本身便是一项具有系统性的重点工作，包括政治环境、经济环境、市场准入制度、法治建设环境、文化环境、生活环境等，涉及社会、政治、经济、文化等多个领域。优化营商环境能够对制度的生产力全面地释放，从而带动整体生产率的提升，提高经济的发展质量。自从党的十八大召开以后，我国逐步实行简政放权、放管结合、优化服务相结合的政策，明晰政府和市场之间的边界，并结合市场运行和经济运行的具体特征，动态优化营商环境。本书分析发现营商环境是经济高质量发展的突破口，指出要想进一步推动经济发展的高质量，就必须做好营商环境的优化工作，营商环境的好坏，直接决定了经济发展质量的高低，丰富了社会主义市场经济的内涵。

三、现实意义

（一）推动营商环境的优化

推动营商环境的优化是促进我国经济发展质量提升的重要基础。提升经济发展质量，不但需要对基础设施等硬件环境进行改善，更需要在营商环境等软件配置上寻求新的突破。打造良好的营商环境能够促使经济发展由传统的成本优势逐渐转向品牌优势、技术优势、人才优势等，进而带来我国就业市场的不断扩大，经济发展质量的不断提升。改革开放以来，我国的人口红利效应已经逐渐弱化，接下来经济社会的发展将主要借助于人才红利和技术红利来驱动。只有突破各种制度的阻碍，不断激发市场活力，充分发挥亿万人民群众的聪明才智，才能促使我国经济发展走向依靠创新迸发新的活力的道路。在这一背景下，打造公平公正、诚实守信、高效服务、稳定有序的营商环境已经成为推动经济高质量发展的必然要求。

（二）打造良好营商环境

打造良好的营商环境是进一步激发市场主体活力，防止经济下行的重要举措。目前，我国的经济形势比较严峻，经济下行压力不断增加，必须出台更多的措施来激励市场主体的发展。截至 2023 年 1 月，我国的市场主体数量已经达 1.7 亿多户[①]，每天还有很多的新企业诞生，我国经济的韧性和潜力在很大程度上正来源于此。要让市场主体更加活跃、茁壮成长，政府必须创造良好的发展环境。目前看，政府仍然管了许多不该管也管不好的事，市场主体成长发展仍面临不少烦苛束缚。在一些地方和领域，行政权力还在干扰公平竞争，制约了消费潜力的释放；过多过繁的行政审批和准入门槛，限

---

① 鲁元珍. 我国市场主体达 1.7 亿户［N］. 人民日报，2023 - 02 - 15（9）.

制了有效投资的扩大。必须加大改革力度，不断扩大企业生产经营和投资自主权、增加群众创新创业和消费选择权，同时更好发挥政府作用，专注于制定规则、优化环境。只有这样，才能促进经济持续健康发展。

（三）形成新的经济发展优势

营商环境的优化是我国形成新的经济发展优势的内在需要。当前全球的贸易格局发生深刻的变化，国际竞争的激烈程度不断提高，这对优化营商环境提出了新的要求。我国经济和世界经济紧密交融，要想在国际经济竞争过程中占据优势地位，就必须要在优化营商环境上下功夫，不但要吸引外资，还要留住内资。说到底资金往哪流动，人才往哪走，在于哪里的机会比较多，服务比较好，障碍比较少，而这就需要通过优化营商环境来实现，只有切实解决优化营商环境过程中的难点和堵点问题，进一步提升我国营商环境整体水平，才能打造全球竞争新优势。

（四）完成国内国际双循环任务

营商环境的优化是完成国内国际双循环紧迫任务的重要基础。在新的发展格局中，优化营商环境能够畅通双循环，不断降低各类服务业的准入门槛，促使更多的商品和服务进入我国的市场，满足居民不断增长的消费需要。另外，优化营商环境还可以增加国外关键设备和先进仪器的进口数量，推动我国产业的转型升级，促使我国产品在世界市场中获得更多的竞争优势。最后，优化营商环境还能够增加海外投资者对于我国经济发展的信心，主动将产业链和供应链留在中国，实现双赢。

第二节　研究思路和研究方法

一、研究思路

当前，我国经济开始从高速增长阶段转入高质量发展阶段，在这一背景下，本书以习近平新时代中国特色社会主义思想为指导来研究中国营商环境优化问题。本书将根据理论基础—定性分析—定量分析—经验借鉴—对策建议这一思路来进行研究，图1-1为详细的研究思路图。

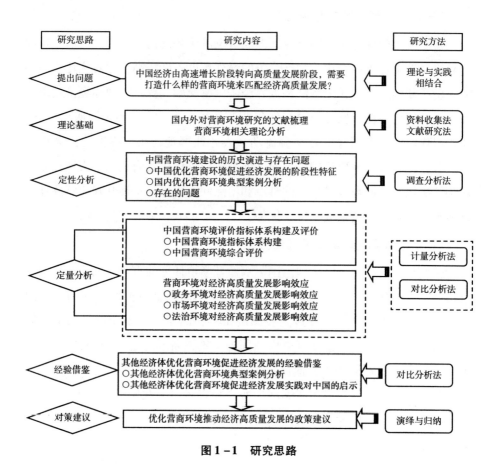

图1-1　研究思路

二、研究内容

本书内容包含绪论、正文、结论等部分。

第一章绪论。从中国经济由高速增长阶段转向高质量发展阶段的背景切入，提出了本书的选题是打造怎样的营商环境来适应经济高质量发展。主要对研究的背景、意义进行了介绍，同时将本书的思路与方法确定下来，最后提出了本书的创新点与难点。

第二章营商环境相关研究与评述。主要对国内外的相关文献资料进行了梳理与汇总，对现有研究成果所存在的不足及本书的突破口进行了分析。

第三章营商环境相关理论分析。主要围绕与营商环境相关的政务、市场和法治环境等相关理论进行了论述，从而为后续研究奠定扎实的理论支撑。

第四章营商环境与经济高质量发展的关系梳理。在界定营商环境与经济高质量发展的概念的基础上，阐述了营商环境与经济高质量发展的内涵、特征等，并通过分析营商环境对经济高质量发展的影响机理，明确经济高质量发展需要什么样的营商环境来匹配。

第五章中国营商环境建设的历史演进与存在问题。从定性的角度分析中国优化营商环境促进经济发展的阶段性特征，以案例分析的方法总结了中国部分省份优化营商环境促进经济发展的典型做法，并提出中国优化营商环境促进经济发展尚存的问题，为后面定量研究做好铺垫。

第六章中国营商环境评价体系构建及评价结果。研究国内外现有营商环境评价指标体系，分析其优点和局限性，在借鉴现有研究成果的基础上，参考《优化营商环境条例》相关条款，构建出符合中国实际的营商环境评价指标体系，并计算出中国分省营商环境指数。

第七章营商环境对经济高质量发展影响效应的实证分析。采用动态面板数据模型来分析营商环境对经济高质量发展的影响，并用替换核心变量法检验回归结果的稳健性。

第八章其他经济体优化营商环境促进经济发展的经验借鉴。通过分析新加坡、英国、韩国等部分发达国家优化营商环境促进经济发展的经验，对比其他经济体优化营商环境重点领域的改革，找出我国在哪方面做得不够，并归纳出上述经验对中国优化营商环境的启示。

第九章优化营商环境推动经济高质量发展的政策建议。针对如何优化营商环境以促进我国经济朝着高质量方向发展提出了建设性的意见。

第十章结论与展望。概括和总结本文得出的研究结论，并对今后的研究做出展望。

三、研究方法

（一）比较分析法

通过对营商环境相关概念比较，提炼出营商环境的概念及内涵。在分析中国营商环境的现状时，比较不同省份优化营商环境的特点和典型做法，并注重分析发达省份和欠发达省份之间营商环境的差异。此外，还通过对比新加坡、英国和韩国等发达国家优化营商环境的主要做法和经验，找出我们的差距，为中国优化营商环境提供总体思路。

（二）定性研究与定量研究相结合

本书在分析营商环境内涵、高质量发展内涵、营商环境与高质量发展的关系等方面采用了定性分析的方法。在此基础上，采用定量分析的方法构建中国分省营商环境指标体系，实证研究营商环境对经济高质量发展的影响效应。

（三）静态研究与动态研究相结合

营商环境是一个动态的过程，其时时刻刻都在变化着。本书在分析中国优化营商环境的历史演变过程中充分运用了动态研究方法。此外，在分析中国分省营商环境指数的过程中，运用面板数据，可以看到不同时间段各省份营商环境指数变化，从而能清楚了解各省份历年营商环境动态发展的过程并预测将来的发展趋势。

第三节　研究的创新点与难点

一、研究的创新点

（一）探讨了优化营商环境的相关理论

优化营商环境是一个系统工程，其研究涉及经济学、管理学和政治学等。以往研究大多跳过理论直接研究如何优化营商环境，缺乏理论基础。本书从政务环境、市场环境和法治环境三个层面分别梳理与营商环境相关的理论。这些理论为如何理解营商环境的范畴和内涵、如何理解营商环境与经济高质量发展关系、如何构建中国营商环境评价体系、如何优化营商环境实现经济高质量发展等研究奠定了理论基础与依据。

（二）构建营商环境指标体系并用动态数据进行分析

本书构建了中国营商环境指标体系，并采用动态面板数据模型来就营商环境对经济高质量发展的影响效应进行分析。现有文献资料主要以世界银行《营商环境报告》中的指标体系为主，研究多采用截面数据，结合中国的国情和实际情况不够。本书结合营商环境相关理论，从其内涵和中国发展的实际，借鉴前人研究及《优化营商环境条例》中相关条款，构建了符合中国国情的营商环境指标体系。并运用面板数据，采用两步系统动态 GMM 估计方法，实证分析营商环境及其组成部分对经济高质量发展的影响，为经济高质量发展下营商环境优化作出实证贡献。

（三）在对策建议中提出实施差异化的优化营商环境策略

以往研究提出的策略都较为笼统，没有因地制宜。本书特别针对我国区域发展不平衡的特点，根据不同区域提出不同对策。东部地区着力围绕营商环境开展创新试点；中西部地区着力营造有利于承接产业转移的营商环境；东北地区则侧重补齐营商环境短板，为新一轮东北振兴营造良好的外部环境。

二、研究的难点

（一）中国营商环境指标体系的构建

在构建中国营商环境指标体系过程中如何克服现有指标体系中存在的弊端、适应新时代的要求，同时又能充分与国际接轨，这需要从普遍性中把握特殊性，从具体到抽象，依赖于清晰的知识体系和抽象的思维能力。

（二） 如何选取经济高质量发展的指标

经济高质量发展有着十分丰富的内涵，其指标构建是一项复杂的系统工程，目前学术界还没有统一的标准。

（三） 从理论和实证中研究营商环境对经济高质量发展的影响

目前这一研究缺少对相关理论的深入挖掘，实证方面要充分考量数据的连续性、可比性和可获得性，特别是营商环境数据较少，给研究带来一定的困难。

三、研究的不足

（一） 研究内容有待进一步深化

本书已经关注到我国营商环境的地区差异，并针对不同地区提出了差异化的优化营商环境策略。但只是大致区分出东部、中西部和东北三个区域。随着研究的深入，可以把这些区域更细化，如划分为华东、华北、华南、华中、西南、西北、东北等。

（二） 研究数据的局限性

营商环境的内涵较为丰富，涉及的数据也比较广泛，但数据的可获取性较弱。本书从营商环境的定义出发，从政务环境、市场环境和法治环境三个维度，匹配相关数据进行研究。随着数据的进一步搜集，可以把这个维度进一步拓展，如增加人文环境、国际环境等。

第二章

营商环境相关研究与评述

　　企业在对某一个国家进行投资及经营评估时通常都会用到一个重要的评价指标，即营商环境状况。在现代化经济体系的构建，推进经济实现高质量发展方面，营商环境将起到重要作用。从已有的研究成果看，国内外学者都有从不同角度研究营商环境。

第一节　国外对营商环境的相关问题研究

　　国外对营商环境的研究起步较早，之前用得比较多的是商业环境、制度环境等概念，但归结起来都是营商环境的范畴。在《国际商业安排的概念构架》一文当中，其作者依西阿·里特法克和彼得·班廷（1968）指出，可用冷热图分析法来对投资环境进行评估。这是一种站在投资国和投资主体的角度上，对投资环境从"热"到"冷"进行排序。之后，不同学者从营商环境与经济增长、企业发展、创新投入和投资贸易等角度来研究营商环境。

一、营商环境与经济增长研究

　　波尔塔等（1997）认为，要想确保金融发展并推动经济增长，其决定性因素在于营商环境的质量要高。多拉尔（2005）指出，就经济发展的实践结果来看，营商环境在推动经济增长方面发挥着重要作用，而单纯的投入劳动、技术等生产要素却未必能够达到这一效果。詹科夫等（2006）对135个经济体的营商环境实证研究发现，营商环境与经济增长呈正相关，营商环境从最差到最好能够使 GDP 年增长率提高 2.3%。法布罗等（2009）通过研究证实了优化营商环境能够促进经济发展。海达尔（2012）选择的样本是 2006~2010 年期间，世界银行公布的《营商环境报告》当中的 172 个经济体，其通过实证分析法进行研究并指出，商业监管改革有利于促进经济增长。哈努什（2012）分析了世界银行于 2010 年公布的《营商环境报告》的相关数据信息，结果显示，在对经济增长有影响的各项营商环境指标当中，有着最为明显的效果的就是信贷与执行合同这两项指标。洛艾萨等（2013）认为，发展中国家改善其经营环境对于推动经济增长是有重要作用的，且带来的社会回报也是非常多的。马绍德等（2014）实证研究发现，除了跨境贸易与执行合同两个指标之外，其他营商环境的指标均与经济增长呈显著相关关系。加雷洛（2014）的研究认为，在对企业家精神进行培育方面，营商环境越是完善则越能够发挥出促进作用，从而更好地推动经济发展。斯特鲁普（2017）运用中国城市数据的实证研究认为，优化营商环境能显著促进城市经济发展。麦卡锡等（2018）研究认为，营商环境不一样则企业家精神对经济发展带来的影响也不一样。在营商环境的门槛比较高的情况下，让企业家精神与营商环境实现协同作用，才能较好推动企业发展，否则，促进效应就不明显。

二、营商环境与企业发展研究

海姆等（1970）提出，制度环境对企业发展有较大影响，保护知识产权能有效促进企业经营活动。鲍莫尔（1990）认为，营商环境越好，则企业家在生产性活动方面所投入的精力就会更多，反之，企业家就需要在非生产性活动，比如游说政府等方面投入大量的精力。约翰逊等（2002）利用世界银行的数据分析认为，企业的投资受产权保护、合约执行、外部融资环境等营商环境因素的影响。多拉尔等（2003）研究发现，企业投资回报率与营商环境呈正相关，在较好的营商环境下，企业能够获得较高的投资回报率；反之，企业投资回报率就会下降。卡尔等（2005）就世界银行对中国的调查数据进行分析，结果表明，企业投资行为在很大程度上会受到外部融资的获取情况的影响。詹科夫等（2005）研究发现，营商环境的优化不但有助于企业盈利能力的提升，还能帮助其对市场进入风险、投资风险及竞争风险等各项风险进行有效规避，最终有利于企业的可持续发展。菲斯曼等（2007）提出，通过优化营商环境使税率降低、融资渠道变广，可以有效促进企业成长。赫尔默斯等（2010）认为，营商环境越不完善，政企之间存在越大的寻租空间，企业往往为达到寻租目的而倾向于建立政治联系。哈兹尔曼等（2010）认为，良好的营商环境更有利于中小企业获得贷款，反之，银行在对真正具备创新潜力的中小企业进行甄别时的难度就越大，而大型企业拥有相对来说较为完善的信息披露，这让银行倾向于贷款给大型企业。阿特里多等（2011）利用跨国数据研究表明，良好的营商环境有利于中小企业发展，尤其是在吸收就业方面。普朗特尔（2012）则持反对意见，他认为营商环境质量越高，那么企业进入的门槛就越低，使得当地的市场竞争环境会越来越激烈，这对于当地现存企业来说是十分不利的。布兰施泰特等（2014）研究表明，营商环境与企业的盈利能力总体上呈正相关，营商环境越差，企业的盈利能力越不容乐观。克莱森斯等（2014）认为，良好的营商环境能有效降低金融摩擦的可能性并为企业带来更多的利润。门多萨等（2015）认为，对营商环境进行优化有助于行政效率的提高，同时让制度性交易成本有效下降，政府能更好地为企业服务。巴等（2015）通过研究非洲国家发现，营商环境与企业全要素生产率呈正相关关系。马齐等（2016）认为，资本与劳动力等要素的流动会受到营商环境的影响，继而对企业生产经营的活力带来影响。塞克等（2018）利用69个发展中国家的数据研究得出类似的结论，认为对营商环境进行优化有助于企业全要素生产率的提升。

三、营商环境与创新投入研究

阿罗（1962）认为，在营商环境较差的地区，知识产权不能得到很好的保护，公开的创新技术容易被其他企业搭便车，使得创新企业不能获得创新带来的全部收益，企业在创新方面的投入也会越来越少。豪斯曼（1984）认为，对营商环境进行优化有助于激励企业投入更多的资源用于研发，促进企业其专利产出的增加。彭（2002）通过研究新兴经济体中的企业发现，营商环境会影响企业的创新投入。在比较完善的营商环境条件下，一般都有着较高的司法体系效率，法律能够较好地保护知识产权，如此一来，其他企业模仿和抄袭企业创新的产品难度就比较大，成本也高，这有助于企业创新动力的提升，激励企业加大创新投入，获取更高收益。克莱森斯等（2003）研究发现保护知识产权能有效促进企业研发投入。布兰施泰特等（2006）的观点与其他学者不同，他指出，就发展中国家的技术创新而言，是否对知识产权进行保护对技术创新的影响都不是很大。奥尔雷德等（2007）所持观点与其相近，并且指出，就发展中国家的技术创新而言，对知识产权进行保护会带来不利影响。帕克（2008）进一步明确企业创新与知识产权保护呈倒"U"型关系，对知识产权进行有力保护有助于推动企业进行创新，但过分保护知识产权会阻碍技术的良性传播。查娃（2013）利用美国的数据实证发现，对营商环境当中的金融环境进行优化有助于企业融资难度的降低；针对回报比较高的技术创新项目，金融机构为其提供持续性的资金支持的意愿较为明显，从而能加快企业的创新进程。普拉乔戈（2016）研究表明，营商环境的动态特征有利于企业产品创新战略的实施，营商环境的竞争特征使企业更注重过程创新。

四、营商环境与投资贸易研究

艾弗特（2009）通过调查分析指出，每提高东道国的营商环境0.4%，能带动 FDI 流入增加0.6%。哈德吉拉等（2010）利用33个发展中国家的数据，使用动态面板模型和固定效应模型研究认为，对东道国的营商环境进行改善对促进外商直接投资的流入是有利的。詹可夫等（2010）在对 85 个国家的企业所得税税率进行分析之后指出，过高的企业税率会对外资的吸引带来不利影响。莫里斯等（2011）选取 57 个非洲和亚洲国家的数据，发现一国营商环境总排名与该国吸引的 FDI 流量呈正相关。贾亚苏里娅（2011）研究认为，对发达国家来说，优化营商环境能显著增加 FDI 的流入，但在发展中国家却得不到类似结论。克拉珀等（2011）深入分析了 2000 年到 2007 年间 100 个国家总登记公司及新登记公司的数据后指出，快速、高效和低成本的商业登记流程有利于 FDI 流入。科科伦等（2014）在对世界银行营商便利度排名进行比较分析之后发现，对中等收入国家来说，其有着越好的营商环境则越能够吸引外商进行直接投资。阿德里安等（2015）使用 2004～2009 年的世界银行《营商环境报告》相关数据进行实证研究，发现一国营商环境的改善能有效促进 FDI，不过该结论只对中等收入国家适用，不适用于贫穷国家。福吉亚佐格鲁等（2016）采用实证分析法进行研究，结果显示，在东南亚国家联盟当中，营商环境指数和 FDI 二者之间存在显著的相关关系。普拉迪普（2018）从政府规模、法律环境、税收负担、人力资本和基础设施等维度考察营商环境得出结论认为，优化营商环境能显著增加一国 FDI 流入规模。

五、营商环境评价体系研究

当前，世界银行、世界经济论坛（WEF）、经济学人智库（EIU）等发表的营商环境评估体系，在全球极具知名度和影响力。

（一）EIU 营商环境评价体系

EIU 是一家专门研究营销环境并提供咨询服务的英国公司，隶属于《经济学人》集团，每 5 年都会重新排列全球 82 个国家或地区营商环境的名次。在编制排名时，EIU 按照当地的政治环境、劳动力市场、基础设施、竞争政策、宏观经济环境、外贸及汇率管制、融资环境、外资政策、税率等因素进行综合性评分，在评估过程中，除了考虑营商环境过去的表现以外，还会预估该营销环境未来 5 年内的变化。EIU 发布的营商环境排名，虽然是专门研究营商环境的报告，但是报告发布的周期略长，每 5 年才发布一次，这样不易获得逐年连续性的相关数据。此外，报告覆盖的经济体仅有 82 个，具有局限性，不利于经济体之间的营商环境比较。

（二）WEF 全球竞争力评价体系

世界经济论坛（WEF）自 1979 年起，就开始在全球范围内评估各国推动生产力以及经济增长的诸多动力，并根据其评估结果发布《全球竞争力报告》（WEF – GCR），其发布频率为每年一次。萨拉·伊·马丁教授提出了全球竞争力指数（GCI），其中主要包括影响全球竞争力的 12 个因素，WEF 在 2004 年启用了 GCI 进行全球竞争力评估。这 12 个因素主要包括：数字信息化程度（ICT Adoption）、宏观经济稳健性（Macroeconomic Stability）、人力资源健康（Human Capital Health）、社会制度和治理（Institutions）、人力资源技能（Human Capital Skills）、商品市场（Product Market）、基础设施（Infrastructure）、劳动力市场（Labor Market）、金融系统（Financial System）、市场规模（Market Size）、商业活力（Business Dynamism）、创新能力（Innovation Capability）。这 12 项主要竞争力因素又细分为 103 项具体指标，每项指标采取 0 ~ 100 分的计分制度，可以展示一个经济体距离理想状态或者"满分"竞争力之间的差距。

《全球竞争力报告》的相关数据主要来源有两个：第一，联合国教科文组织、世界银行、世界卫生组织等国际公认机构所发布的数据；第二，世界经济论坛的年度调查问卷所得数据。《全球竞争力报告》主要以人均 GDP 水平、各国的要素驱动这两个标准对各经济主体的经济发展程度进行准确的评估。这里的人均 GDP 水平主要参考市场汇率进行计算，各国要素驱动则以矿产品出口在出口总额中的占比进行计算。根据上述两个评估标准，可将国家的经济发展划分为生产要素驱动、效率驱动和创新驱动这三个阶段。全球竞争力指数会针对其各指标进行加权计算，当国家经济发展处于不同的发展阶段时，指标的权重也存在差异。如果经济体正处于过渡阶段，如从第一阶段向第二阶段过渡，分类指标的权重则需要在两个相邻阶段的权重间进行平滑调整。根据 2019 年的全球竞争力报告，全球最具竞争力的经济体是新加坡，在金砖国家中，中国排名首位，在全球竞争力中排名第 28 位①。

世界经济论坛发布的《全球竞争力报告》，发布时间最早，团队建设、方法应用以及数据的获取都相对较为成熟，大部分指标体系都和综合竞争力有关，若用于营商环境相关研究，全面性有余，但针对性不强，解释力略显不够。

（三）世界银行营商环境评价体系

在世界银行所确立的营商环境评价体系与机制当中包括了一级指标与二级指标两个层次，涉及开办企业、登记财产、获得电力等，具体可见表 2-1。

表 2-1　　　　　　　　　世界银行营商环境评价指标体系

一级指标	二级指标
开办企业	合法开办并正式运营公司的手续（项）、办完每项手续所需时间（天）、办完每项手续的费用（占人均收入的百分比）、最低实缴资本（占人均收入的百分比）
劳动力市场监督	雇佣员工、工作时长、裁员规则、工作质量
办理施工许可证	建设一个仓库所需的全部手续（项）、办完每项手续所需的时间（天）、办完每项手续所需的费用（占仓库价值的百分比）、建筑质量控制指数（0~15）
获得电力	获得与电网电力接入所需的手续（项）、办完每项手续所需的时间（天）、电价（美分/千瓦时）、电力供应的可靠性和电费的透明度指数（0~8）
登记财产	财产转让所需的手续（项）、办完每项手续所需的时间（天）、办完每项手续所需的费用（占财产价值的百分比）、土地管理系统质量指数（0~30）
获得信贷	合法权利力度指数（0~12）、信贷信息深度指数（0~8）、征信局的覆盖面（占成年人口的百分比）、信用信息登记机构的覆盖面（占成年人口的百分比）
保护少数投资者	信息披露指数（0~10）、股东权利范围指数（0~10）、董事责任指数（0~10）、股东诉讼便利指数（0~10）、股东治理指数（0~10）、所有权和控制权保护指数（0~10）、公司透明度指数（0~10）、利益冲突监管指数（0~10）、少数投资者权益保护力度指数（0~10）

① 杨海泉．世界经济论坛发布《2019 年全球竞争力报告》［N］．经济日报，2019-10-09.

续表

一级指标	二级指标
跨境贸易	具有比较优势的产品出口所需的时间（小时）和费用（美元）、进口汽车配件的时间（小时）和费用（美元）
纳税	纳税次数（次/年）、三大税项合规所需时间（小时/年）、总税率和强制性派款率（占所有税前利润的百分比）、报税后实务流程指数（0~100）
执行合同	解决商业纠纷所需的时间（天）、通过法院解决商务纠纷需要的费用（占索赔额的百分比）、司法程序质量指数（0~18）
办理破产	收回债务所需的时间（年）、收回债务所需的费用（占债务人财产的百分比）、担保债权人的债务回收率（美分/美元）、破产框架力度指数（0~16）

从表 2-1 中的内容来看，按照法治化和便利化的分类标准，可以将其 11 个一级指标划分为两类：第一，评估营商环境监管复杂程度以及成本的指标，包括跨境贸易、登记财产、办理施工许可证、开办企业、纳税、获得电力；第二，评估营商环境法律法规完善度的指标，包括执行合同、劳动力市场监督、办理破产、保护少数投资者、获得信贷。根据企业所处的生命周期，可以将企业的日常运营划分为启动阶段、选址阶段、融资阶段、运营阶段和容错阶段。在企业启动阶段，主要包括的评价指标为劳动力市场监督、开办企业；在企业选址阶段，主要包括的指标有登记财产、获得电力、办理施工许可证；在企业融资阶段，主要包括的指标有保护少数投资者、获得信贷；在企业运行阶段，主要包括纳税、跨境贸易；在企业容错阶段，主要包括办理破产和执行合同。

世界银行《营商环境报告》所评估的是影响国内中小企业的商业监管领域的情况，其中，对中小企业的定义是基于标准化案例情境且位于各经济体最大商业城市的企业。早期进行项目调查时主要针对全球 133 个经济体，且只选择经济体内最大商业城市的指标数据展开分析。随着调查的逐渐深入，2019 年，项目调查已经覆盖到全球 190 个经济体，若经济体的人口规模超过 1 亿，则会酌情选择该经济体内两个最大商业城市的数据指标展开分析，如表 2-2 所示。世界银行在中国选取上海和北京的数据展开分析。

表 2 - 2　　　　世界银行营商环境评价选取的人口超过 1 亿的经济体

经济体	城市	权重（％）	经济体	城市	权重（％）
中国	上海	55	孟加拉国	达卡	78
	北京	45		吉大港	22
巴西	圣保罗	61	印度尼西亚	雅加达	78
	里约热内卢	39		泗水	22
印度	孟买	47	墨西哥	墨西哥城	83
	德里	53		蒙特雷	17
日本	东京	65	尼日利亚	拉各斯	77
	大阪	35		卡诺	23
俄罗斯	莫斯科	70	巴基斯坦	卡拉奇	65
	圣彼得堡	30		拉合尔	35
美国	纽约	60			
	洛杉矶	40			

　　资料来源：世界银行.2018 年营商环境报告：改革以创造就业 ［M］. 北京：中国财政经济出版社，2018：133.

　　《营商环境报告》所采用信息和数据主要来源于相关法律和规定、采访对象、各经济体政府和世界银行集团各区域的员工。其中，采访对象包括私营部门从业人员、政府官员、知名咨询公司等。具体方式包括问卷调查、电话会议、书面信函以及团队拜访。

　　《营商环境报告》采用前沿距离分数（Distance to Frontier，DTF）来衡量结果。DTF 是各经济体与最佳监管实践之间进行对标的结果，显示各经济体在《营商环境报告》的各个指标上的表现与最佳表现之间的绝对差异。计算步骤为：第一，确定"最佳实践"标杆。通过筛选每个评估指标项下各经济体中的最优指标值作为"最佳实践（表现）"，并筛选出位于最后95％～99％的经济体所得指标值为"最差表现"。第二，对收集到的数据通过线性变换进行归一化处理。将通过问卷收集的指标值与最佳表现、最差表现的"距离"测算差距值。计算公式为：DTF 得分（差距值）＝（最差表现－指标值）／（最差表现－最佳表现）。以此类推，计算出其他指标下的 DTF 得分，并将其进行算术平均得出该一级指标下的 DTF 得分。第三，将评估体系中 10 个一级指标的 DTF 得分进行算术平均获得该经济体的总的 DTF 得分，并按照得分高低进行排列获得营商环境便利度的排名。

1. 《营商环境报告》评估体系的优势

（1）客观性。之前的研究更多关注企业对营商环境的主观感受，这种主观感受一方面因地域限制而不具有国别对比性，另一方面则因主观感受的随意性而难以把握，不太适合应用于指导营商改革的工作当中。《营商环境报告》是较早对其涉及的营商法规作细致的客观指标评价的报告。报告会针对经济体内最大商业城市中的中小企业进行客观的评价，其评价内容包括商业城市的营商法规、政策制度等，其关注的重点在于明确的制度和法规，而不是一些原则性或一般性的规定，也不是中小企业的主观感受。

（2）可比性。确保全球各经济体的数据具有可比性是《营商环境报告》制定各项指标时考虑的一个核心问题。报告以标准化的案例研究为基础，选择了企业在经营活动中的生命周期为指标，并以量化形式获得指标数据以后，可以对全球各经济体的营商环境进行横向和纵向的对比。

（3）借鉴性。《营商环境报告》给出了营商便利度以及前沿距离的分数。首先，要计算出前沿距离分数，该分数可以反映出当地的监管环境随时间推移所发生的绝对变化，这为各经济体对营商环境的哪些方面进行改革提供了可借鉴的方向性指引。其次，根据前沿距离分数来计算营商环境的便利度排名，表明一个经济体的监管环境随时间推移，与其他经济体相比所发生的变化。

（4）透明性。世界银行每年都会发布营商环境报告，将指标体系的内容、计算方法、数据收集的路径以及国家排名的依据等信息进行公开。此外，世界银行建立了专门的网站可以免费下载最新的报告，而且也可以从中获取一些地方报告。

2. 《营商环境报告》评估体系的局限性

（1）范围的局限性。第一，《营商环境报告》不会对影响企业发展的所有因素进行综合性考察。例如，腐败或贿赂发生率、金融市场规模、宏观经济稳定性、劳动力素质等就不被包含在《营商环境报告》的考察范围之内。此外，此报告也不重点分析对外国投资的具体监管规则。第二，《营商环境报告》所涵盖的11个具体的指标中，也有意将其所关注的重心范围缩窄。例如，跨境贸易指标所评估的是货物进出口的物流流程所需的时间和费用，但是该指标并未评估关税或国际运输的成本。此外，有关开办企业或保护少数投资者的指标并未覆盖商业立法的所有方面。第三，在《营商环境报告》中，不会就法律法规在实施阶段产生的社会成本和社会收益进行量化评估。例如，该报告通过税率和强制性派款率来衡量纳税指标，单独来看，这属于企业的一项成本。但纳税指标并不能明确计算出国家利用纳税收入投资开展社会经济项目所产生的社会效益、经济效益。

（2）方法的局限性。第一，《营商环境报告》采用标准化案例情境。选取一个经济体内最大商业城市进行观测，势必会因为一个经济体内不同地区间的实际差异而不能完全客观地反映该经济体的实际营商环境。但为了使数据具有可比性，不得不"选择性放弃"结论的普遍性，同时受到完全评估各经济体所有行政区所需成本的制约。第二，《营商环境报告》中标准化案例情境中的企业均来自正规部门，并假设企业家了解并遵守适用的法规。这种方法论的选择显然会影响获取数据的普遍性。因为在实践中，企业家可能并不了解需要做些什么以及如何遵守规定，并且可能浪费大量时间来寻找答案。实际上，如果企业缺乏信息或未能立即跟进，办完一项手续可能需要更长的时间。或者他们可能会有意避开这些规定，比如不进行社会保障登记等。在规定特别冗繁的情况下，企业可能会选择采用贿赂或其他非正规手段来规避这些规定。在那些监管程序特别冗繁的经济体中，非正规程度往往更高。与正规部门相比，非正规部门的企业通常增长更为缓慢，获得信贷更难、雇佣的员工更少、纳税意愿也更低。第三，《营商环境报告》以中小企业的监管环境为重点，虽然中小企业是推动经济发展的关键力量，但该报告在企业选择上不仅需要区分正规部门和非正规部门，还要进一步区分出"中小企业"，这种区分标准比较含混，不可避免出现对实际情况的偏离。该报告具体方法论的优势和局限性见表2-3。

表 2 – 3 《营商环境报告》方法论的优势和局限性

特征	优势	局限性
使用标准化案例情境	确保可以对不同经济体的数据进行对比分析，且使得整个对比分析过程公开透明	数据范围较窄，只能考察其评估领域的监管改革情况
侧重规模最大的商业城市	数据收集易于管理（具有成本效益），数据具有可比性	如果一个经济体不同区域之间存在显著差异，则降低了数据的代表性
侧重国内正规部门	持续关注正规部门——在这些部门中，法规具有针对性，并且企业的效率极高	不能反映非正规部门的实际情况（如果非正规部门规模较大，掌握其实际情况将具有重要意义），也不能反映面临不同限制条件的国外企业的实际情况
依赖受访专家	确保数据能够反映受访对象所掌握的情况，这些受访对象在开展所评估的交易方面具有最为丰富的经验	指标不太擅长捕捉企业家在经验方面的差异
侧重法律	指标具有"可操作性"——因为法律是政策制定者所能够改变的	如果无法一以贯之地遵守法律，那么监管变革将无法全部实现预期结果

2021 年 9 月 16 日，世界银行发布声明决定停发《全球营商环境报告》（Doing Business，简称 DB 项目）。2022 年 2 月，世界银行公布了新的营商环境评价体系（Business Enabling Environment，简称 BEE 项目，暂译为"宜商环境"）征求意见稿。通过对世界银行新旧营商环境评价体系的对比分析，并对 BEE 项目拟采用企业准入、经营场所、公共服务接入、劳动力、金融服务、国际贸易、纳税、争议解决、市场竞争、企业破产共 10 项评价指标的基本考虑进行梳理，发现 BEE 项目与 DB 项目主要有五方面差异：一是评估视角有差异。DB 项目旨在对各国中小企业进行考察，BEE 项目则是从整个私营企业发展的角度进行评价。二是主题选择有差异。DB 项目注重对企业全生命周期内所适用的法律法规进行评价，而 BEE 项目不仅关注监管框架，还关注公共服务。三是数据收集有差异。DB 项目的部分评价指

标重点涉及法律法规，而 BEE 项目不仅会收集法律法规信息，还会收集实际执行情况等。四是指标体系有差异。DB 项目按照企业从开办到破产的全生命周期构建评价指标体系，BEE 项目评价指标初步包括企业准入、经营场所、公用服务接入、劳动力、金融服务、国际贸易、纳税、争议解决、市场竞争和办理破产等多个领域。五是覆盖范围有差异。DB 项目包含 190 个经济体中的主要商业城市，11 个经济体中的第二大商业城市。而 BEE 项目将尽可能地覆盖更多的国家和国家内部城市。

BEE 项目采用的方法虽然比之前的方法有所优化，但是仍存在一些不足（如表 2 - 4 所示）。

表 2 - 4　　　　　　　　　　BEE 项目的优势和劣势

特点	优势	劣势	解决方法
关注私营部门（整体市场）	BEE 可以全面整体地评估影响市场主体发展的商业法规	BEE 不会评估只影响个别或部分企业的商业法规	BEE 承认，一些商业法规（例如：与特定税收条件有关的某些法规），可能会增加个别公司面临的制度性成本，同时可能对整体市场和经济发展产生积极影响。BEE 将在决定计分方法时尝试解决这个问题
对"商业运行环境"界定的有限范围	BEE 专注于在有限的领域生成具有价值的一手原始数据	BEE 将不会囊括可能影响市场主体发展的所有方面。例如，宏观经济状况、腐败或性别平等不包括在内	BEE 网站以补充资料的形式提供成熟的国际措施，对于 BEE 未覆盖的可能影响市场主体发展的因素，感兴趣的人士和机构可以"一站式"获取
指标是"代理"	指标聚焦与对应主题相关的监管框架和公共服务，涵盖商业环境中最相关的领域和重要问题	指标无法做到事无巨细地评估相关主题的每个方面	BEE 将阐明每个指标的范围和原理。如果有必要，将用其他被证明是更好的"代理"的指标来取代原有指标
减少使用标准化的假设案例	使相关数据在一个经济体的不同公司和行业中更具代表性	可能会限制该指标数据在不同经济体间的可比性	结合专家调研和企业调查。此外，BEE 还会根据特殊情况增加一些参数以确保数据的可比性（例如：公共设施的类型分类）

续表

特点	优势	劣势	解决方法
新设立企业与存续企业	对于与经营过程相关的主题，BEE 主要依据专家访谈和对存续企业的调查结果	由于在此类主题中更为关注目前正在市场上运营的存续企业，可能会潜在地忽略/低估进入和退出市场的壁垒	对于涉及市场进入和退出壁垒可能被存续企业低估的主题（例如：市场准入和破产），BEE 将主要通过专家咨询的方式收集数据

第二节　国内对营商环境的相关问题研究

中国对营商环境的研究起步较晚，早期主要以投资环境的视角来进行研究。综合开发研究院（1993）站在吸引外资的视角，将投资环境划分成五大部分：社会与经济宏观环境、市场环境、基础设施环境以及政策环境、政治环境。从 2003 年开始，随着世界银行《营商环境报告》的发布，中国逐渐开始使用"营商环境"这一概念，深入分析营商环境与经济增长、企业发展、创新投入、投资贸易的关系以及优化营商环境的路径。

一、营商环境与经济增长研究

营商环境是地区经济增长的重要影响因素，一方面，优化营商环境有利于吸引更多的投资，增加市场主体数量，扩大生产规模，直接促进地区经济增长；另一方面，优化营商环境有利于提高企业劳动生产率，间接促进地区经济增长。根据世界银行的报告来看，在营商环境良好的情况下，投资率能够上浮 0.3%，GDP 可上浮 0.36%[①]。董志强等（2012）经研究指出，对营商环境进行优化可促进区域经济的发展。江静（2017）采用实证研究法分析了世界银行公布的 2003～2016 年《全球营商环境报告》的相关数据，结

[①] 上海市人民政府发展研究中心，上海发展战略研究所. 全球城市营商环境评估研究［M］. 上海：上海人民出版社，2019：2.

果显示，服务业在 GDP 当中所占比例会受到营商环境的影响，如果一个国家的营商环境排名上涨1%，那么在该国的 GDP 当中，服务业所占比例可增长 0.236%。胡丽华（2018）认为，营商环境是影响区域经济发展的关键要素，从短期来看，营商环境的建设需要政府投入相应的资源，短期财政收益受到影响；从长期来看，营商环境的建设能够形成区域经济发展竞争的比较优势，长期财政收益大幅增加。卢万青等（2018）针对营商环境对经济增长的影响问题进行研究时，其建立了一个一般均衡模型，通过该模型来进行分析，结果显示，诚信制度、知识产权保护及法治环境等方面的优化有助于企业实现技术创新；对社会稳定状况、税负程度等进行改善则有助于企业成本的降低。聂娜（2019）选择的样本数据是2012～2018年期间中东部15个省份的品牌培育相关数据，其运用固定效应和门槛回归分析法，经过实证研究指出，对营商环境进行优化会使经济发展水平受到显著影响，继而对企业品牌价值培育带来重要影响。白景明等（2019）采用实地调研法调查研究了贵州、黑龙江及江苏三省，并与世界银行营商环境框架进行比较分析，结果显示，这几年我国营商环境质量有明显改善，不过，这不代表民营经济就会因此得到较快发展。原因在于民营经济的营商环境与政策及舆论语境当中的"营商环境"并不完全相同，和当前的营商环境要素框架相比起来，对民营经济发展有着不利影响的因素要复杂得多。谭溪（2019）对《中国分省企业经营环境指数2017年报告》进行了研究，结果显示，营商环境和地区人均 GDP 收入二者之间成正比关系，区域内越是有着较大的资金规模及活跃的金融活动，那么该地区往往有着较好的营商环境。李佛关（2019）选择的样本数据来自粤港澳大湾区研究院公布的2018年中国城市营商环境评价数据，其通过实证研究表明，品牌经济发展的基础条件之一就是要有良好的营商环境，优化营商环境能够促进区域品牌经济的发展，有助于区域经济发展水平的持续提高。林涛等（2020）在针对营商环境给经济活动带来的影响问题进行研究时主要以外来移民的企业家精神作为切入点，其指出，就外来移民在迁入地开展创业活动而言，营商环境越好则越有利，还能将移民企业家精神有效激发出来。崔鑫生（2020）选择的样本数据是2010～2019年期间"一带一路"沿线的58个国家，其采用实证研究法，得出了如下结论：对"一带一路"沿线国家而言，改善其营商环境有助于一个国家或地区人均 GDP 的增长，其中，开办企业、获得电力供应等因素能够带来较大影响。赖先进（2020）以实证分析法来研究世界银行所公布的《营商环境报告》的相关数据，结论表明，营商环境和经济增长二者之间为正相关关系，且关系显著，对于中上收入国家来说，这一结论更为适用。另外，促进经济增长方面，财产登记及办理破产等指标有着显著效果。孙群力等（2020）通过构建 MIMIC 模型，测算营商环境评价指数发现，优化营商环境可以显著地提高地区外国直接投资水平和新增就业规模，且有助于促进经济增长及收入分配差距的缩小。李娟等（2020）提出，对营商环境进行优化可将市场主体活力充分激发出来，有助于企业家精神的培育，最终对推动经济增长有促进作用。戴翔（2020）利用跨国面板数据实证研究证明，对营商环境进行优化不但有助于价值链分工地位的直接提升，还能通过中介作用形成间接效应，这些中介作用包括激发创新活动、改善贸易条件等。

二、营商环境与企业发展研究

良好的营商环境有利于企业稳定并扩大投资，创造更多的就业机会，直接增加就业。营商环境会通过多种渠道与方法对企业的生产经营活动产生限制或是促进等作用。所以，也可以认为，企业生产经营活动的发生、进行及其成效的外部要素总和即为企业所面临的营商环境。许可（2014）等选择的样本来源于世界银行 2012 年在调查分析中国 2700 家私营企业之后所公布的相关数据信息，其经过研究发现，在营商环境当中，人力资本、非正规部门竞争及税负等因素会严重影响到中国企业的发展。徐昱东等（2015）选取 2006～2013 年山东省 17 个地市的平衡面板数据实证研究发现，中小企业对营商环境的变化较为敏感，山东各地市营商环境的改善程度能直接通过中小企业数量的增减反映出来。何冰等（2018）采用实证分析法研究了世界银行 2012 年中国企业调查数据，得出的结论如下：企业获得金融机构信贷的能力会因为存在非正规部门的灰色竞争而受到不利影响，不过，这种不利影响在营商环境保持良好的情况下将明显减弱。杨进等（2018）选择的样本数据来自世界银行与国家统计局，其调查了我国 120 个城市当中的 12400 家企业所处的经营环境及其所做的企业投资情况而获得的相关数据信息，采用实证研究法进行分析，结论如下：对于企业增速及全要素生产率来说，区域内的司法公正程度及产权保护所带来的影响是非常明显的。其中，企业的融资能力会受到区域内司法公正程度的影响，企业的投资和研发活动、市场活动范围及其外部融资能力则会受到区域内产权保护力度的影响。王平（2019）认为，营商环境促进民营企业发展的主要路径如下：改善融资环境以确保企业资金供给，公平竞争环境的塑造以实现竞争中性；提高行政效能以节约企业交易成本，等等。薄文广等（2019）选择的样本数据是 2016 年我国 35 个城市上市公司的微观数据，其采用实证研究进行分析，结果显示，营商环境"门槛效应"体现在企业家才能对企业全要素生产率影响方面，换而言之，在企业家才能和一定的营商环境进行结合的情况下，企业全要素生产率方能获得有效提高。于文超（2019）等指出，民营企业的经济活力会受到地方政策的不确定性因素的影响，不过这一不利影响可通过改善营商环境来得以减轻。所以，民营企业缓解不确定性冲击、维持经济活力的一个重要保障就是要建立法治化、市场化的营商环境。连俊华等（2019）认为，企业内部现金流会在很大程度上制约着企业的投资水平，而改善营商环境则能够有效削弱这一因素的影响，在缓解企业融资难题方面有重要作用。解维敏（2019）指出，改善营商环境对于促进企业资本配置效率的提升是有利的，在营商环境保持良好的情况下，企业投资不足及投资过度问题都可得到一定程度的缓解。谢众等（2019）选取 2008～2017 年中国上市公司的数据进行实证研究，结果显示，对营商环境进行优化有助于推动企业发展，在良好的营商环境下更能够发挥出民营企业的企业家精神，继而促进企业绩效的提高。刘军等（2019）指出，政企关系及商业关系可通过营商环境的优化来获得一定程度的改善，继而有效提高企业产能利用率。陈太义等（2020）利用 2018 年中国企业综合调查的数据进行实证分析，得出了如下结论：营商环境的优化对企业信心有一定的提振作用，继而推动企业实现高质量发展。对企业而言，其敏感度比较高的营商环境因素主要有透明的财税补贴、公平的投资优惠政策和及时有效的政府公共服务，等等。赵海怡（2020）

采用问卷调查法来进行研究，得出的结论是：将营商环境的地方制度供给和企业运营需求之间的差距逐步缩小，这是直接关系到建设良好的营商环境的一个关键步骤，而要想缩小这一差距，其中的一个重要手段是促进地方政府规范性文件法治化水平的不断提高。李杰等（2020）就营商环境对民营企业发展的作用机理进行了研究，其指出，为促进民营企业的发展，可通过改善下列营商环境要素来实现，包括加大力度保护产权、将融资渠道拓宽、促进政府效能的提升等。刘军等（2020）通过实证研究发现，营商环境优化是企业全要素生产率增长的新动力，全要素生产率增长的动力来源于政企关系改善和行政效率的提高。

三、营商环境与创新投入研究

企业创新会受到制度环境的影响。就微观企业而言，企业营商环境就是其宏观层面"制度"的具体表现。利用营商环境可对企业的创新经营行为进行引导与激励。马骆茹等（2017）采用实证研究法分析了2005～2007年的工业企业数据，结论如下：企业的研发行为会受到营商环境的影响，和珠三角企业相比，长三角企业所处的营商环境要更好。在需求出现变化的情况下，长三角企业更愿意增加研发投入。何凌云等（2018）就营商环境给企业研发投入强度带来的影响进行分析，其主要是从市场环境、政府廉洁程度及政府服务效率三个方面来进行研究的。研究指出，企业越是处于优良的市场环境当中，越有较高的政府廉洁程度及较高的政府服务效率，此时，企业就会有着越强的研发投入强度。夏后学等（2019）选择的样本数据源于世界银行对中国企业营商环境的调查结果，其指出，因寻租所带来的负面影响问题可通过营商环境的优化来得以缓解，且无寻租企业还能在这一环境下进行自主创新活动。徐浩等（2019）认为，在"经济相邻""行政相邻""地理相邻"的条件下，地方政府创新投入决策的同群偏向性是非常明显的，且该偏向性能够有效推动企业的技术创新活动；而存在于地方政府同群偏向性当中的"经济人"收益动机问题可通过优化营商环境来得以有效抑制，财政投入对技术创新的促进绩效也会因此得到相应的增长。陈颖等（2019）

在对城市营商环境和企业创新的关系进行研究时采用的是实证分析法，选择的样本来自世界银行中国企业调查（2012）的数据及中国营商环境报告（2008），得出的结论是：改善城市营商环境能够在一定程度上提高企业专利数量及研发投入，对推动企业创新是有利的。龚兴军（2019）采用的是实证分析法，样本来自2007~2016年我国沪深非金融类A股上市公司的数据，结果显示，对营商环境进行优化可以激励企业投入更多的研发资金，推动企业创新。张美莎等（2019）通过研究2005~2016年中小企业发现，对营商环境进行优化可促进中小企业技术创新水平的有效提升，这在非国有和高新技术企业中表现更为明显。徐浩等（2019）利用2008~2017年我国2644家企业的数据实证研究结果显示，优化营商环境能够使民营企业获得更多的信贷资源，提高企业的技术创新投入和水平。许志端等（2019）针对营商环境会如何影响企业技术创新时采用的是最小二乘法，结果表明，优化营商环境可以有效促进企业研发投入，提高企业绩效，这在非国有企业和制造业企业中表现得更为明显。张三保等（2019）研究证明，企业创新会受到多项营商环境要素的影响，包括法治水平、人力资本与公共服务、政府干预程度等。徐建斌等（2020）采用实证分析法来研究世界银行对中国制造业企业的调查数据，得出的观点是：对税收营商环境进行改善有助于推动企业的技术创新活动，对于这一点，反应最强烈的是新创建的企业及中小企业。冯涛等（2020）对2007~2017年1660家企业的数据实证分析发现，对营商环境进行优化可在一定程度上推动民营企业的技术创新活动。谭素仪等（2020）采用的是实证研究法，样本数据来源于粤港澳大湾区研究院公布的《2018中国城市营商环境报告》当中的相关数据，结论是：在促进技术创新产出能力方面，对营商环境进行改善是可起到显著作用的。

四、营商环境与投资贸易研究

市场主体的投资意愿及投资回报率会受到营商环境水平的直接影响，营商环境越好，地区新增投资规模越大。史长宽等（2013）针对我国各省份营商环境如何影响进口这一问题进行分析，采用的是实证研究法，样本数据是我国 30 个省级地区的横截面数据，得出的观点如下：和执行合同成本、开业成本等营商环境细分指标比起来，对扩大进口有着更突出影响的是各省份商业机构开业时间的缩短。徐昱东等（2015）在 1999～2014 年的动态面板模型的基础上，采用 GMM 估计方法实证研究认为，俄罗斯地区营商环境中的市场规模、劳动力状况、市场体系完善程度等因素提升了外国直接投资整体水平。张冀等（2016）就营商环境给贸易持续期带来的影响进行研究，主要运用到了异质性贸易理论框架，其指出，营商环境的改善能降低违约风险，尤其是对那些高契约依赖度的产品贸易，优化营商环境能够持续促进双边贸易。周超等（2017）在研究当中所选择的样本是 2007～2014 年我国对 62 个国家的对外直接投资数据，结论表明：就总体而言，我国对有着较好的营商环境的国家进行对外投资的青睐度更高；如果是在寻求市场及自然资源的投资动机下，我国的对外投资和东道国的营商环境二者之间为负相关关系，如果是在寻求劳动力及战略资产的投资动机下，那么二者之间则为正相关关系。张会清（2017）认为，企业的出口扩张会受到营商环境当中多项要素的影响，包括行政审批效率、基础设施条件及关贸监管效率等。叶宁华等（2018）指出，政府补贴及企业出口之间的关系会受到营商环境的影响，在有着较好的营商环境的地区，政府的补贴收入有利于企业出口的增加；但若是在较差的营商环境下，政府的补贴收入却会对企业的出口带来不利影响。杨亚平等（2018）采用实证研究法来分析 2003～2015 年中国对外直接投资（OFDI）企业对世界 176 个经济体的投资项目数据，结果表明，整体有着较好的营商环境的国家更容易受到国内 OFDI 企业的青睐，另外，OFDI 企业的投资动机不一样，则其对营商环境分项指标也会表现出异质性偏好，如商贸服务型 OFDI 企业对执行合约的便利程度更为关注，对投资者的保护程度是技术研发型企业最为关心的，缴纳税款及执行合约的便利程度是当地生产型企业最为关注的，施工许可证及对投资者进行保护的便利程度则是资源开发型企业所最关心的问题。邓力平等（2019）认为，"一带一路"沿线国家的税收营商环境给我国对外投资带来明显的影响。钟锋（2019）借助引力模型来研究 2005～2017 年中国对世界 172 个经济体的对外直接投资存量数据，得出的结论是：从总体上来说，有着较高的营商环境水平的国家更容易受到我国对外直接投资的青睐，而交纳税款这一指标有着最为突出的影响。袁奥博等（2019）采用实证研究法来分析 2010～2017 年的非平衡面板数据，结果显示，东道国营商环境和中国对外直接投资呈现出正相关关系，且关系显著，不过有三项营商环境子项和中国对外直接投资之间的关系并不显著，分别是跨境贸易、登记财产及获得电力。李若曦等（2019）就营商环境对粤港澳大湾区外国直接投资流入的影响进行研究，采用的是 GMM 估计方法，样本数据来自 2003～2017 年粤港澳大湾区的面板数据，结果显示，改善人力资源、市场潜力及投资便利度等营商环境要素，能有效促进外国直接投资流入。王正新等（2019）以最小二乘法来进行实证研究，样本来自2007～2017 年中国对"一带一路"沿线 49 个国家对外投资的数据，得出的结论是：不同投资动机的中国企业对东道国营商环境的偏好不同，资源需求型企业对总体营商环境比较差的东道国更为青睐，而有着较好的营商环境的国家更容易受市场需求型及战略资产寻求型企业的青睐。倪志良（2020）等所选择的样本来自 2005～2017 年"一带一路"沿线 46 个国家的面板数据，其借助熵值法来建立了一个税收营商环境指数，结果显示，优化东道国的税收营商环境等因素对于中国在"一带一路"沿线国家 OFDI 的正向作用较为明显。张应武等（2020）就营商环境对外商直接投资的影响进行实证分析，采用的样本是 2009～2018 年世界 123 个经济体的面板数据，其指出，改善一个国家或地区的营商环境对于促进该国外商直接投资净流入的增加是有显著作用的，其中影响最为显著的指标是办理破产、登记财产及执行合同。魏泊宁（2020）经研究指出，优化"一带一路"沿线国家口岸营商环境对于促进我国产品出口是非常有利的，降低通关费用、缩减时间及单证数对于促进企业出口是有显著帮助的。顾丽华等（2020）就口岸营商环境给制造业企业出口带来的影响进行分析，选择的样本来自 2007～2016 年世界银行对 84 个国家 6000 多家企业的调查数据，结果显示，延长出口通关时间会使得企业的出口量显著降低，中等经济发展水平国家的企业、生产率低的企业及存在进口投入品的企业的出口会受到口岸营商环境的显著影响。黄荣斌等（2020）采用实证研究法来分析 2006～2017 年中国对"一带一路"沿线 62 个国家对外投资的数据，结果显示，优化"一带一路"沿线国家营商环境对于促进中国 OFDI 流入有较大帮助。刘军等（2020）从微观角度对发展中国家优化营商环境和外资企业外国直接投资动机之间的关系进行研究，得出的结论是发展中国家对营商环境进行优化有助于外资企业效率寻求型外国直接投资动机的不断增强，不过对市场寻求型外国直接投资动机会有所减弱。

五、营商环境的优化路径研究

马相东等（2018）对我国营商环境的优化提出了下列几个建议：一是要努力促进便利化水平的全方位提升，这一方面的重点在于简政、减费、减税；二是要努力促进我国国际化水平的不断提高，其侧重点在于建设自贸试验区；三是要努力促进我国法治化水平的进一步提高，侧重点在于保护中小投资者。史亚洲（2019）认为我国民营经济营商环境的改善可从下列几个方面着手：创建包容性较强的人文环境、加快建设服务型政府、深入推进对外开放、建立健全科技创新体制等。杨丽花（2019）等对现阶段我国营商环境存在的问题进行了分析，在此基础上其提出了下列几个解决措施：以倡导竞争中性为重心来实现市场化营商环境的进一步优化；注重便利化营商环境的优化，其重点在于深化"放管服"改革；注重法治化营商环境的完善，其侧重点在于加大力度保护知识产权。杨继瑞等（2019）认为我国营商环境的优化策略主要有：促进我国政务办事效率的提升；对各项商事制度予以厘清；促进政府服务质量的提高；努力实现开放共赢等。廖福崇（2019）提出优化营商环境需要持续深入推进行政审批制度改革，通过"互联网＋政务服务"等方式进一步加强部门协同与合作。王昌林（2019）认为优化营商环境可从下列几个方面进行：营造高效透明的制度环境、亲商便民的政务环境、公平公正的法治环境以及规范有序的市场环境等。魏向前（2019）认为营商环境的优化可从下列几个方面来进行：打造健康的市场环境，建立健全企业社会化服务体系，注重企业融资环境的优化等。曾慧（2020）等认为优化中国营商环境应该推进税务改革，简化税制；优化信贷环境，减少信贷成本和手续；建立健全知识产权保护体系。程波辉（2020）在分析

《优化营商环境条例》的文本之后指出，应当从市场环境工作制度的优化、政务服务制度以及市场保护制度、营商环境法治保障等方面搭建优化营商环境的治理框架。丁鼎等（2020）指出，我国应通过深化"放管服"改革，对区域政务环境进行优化；注重公共服务设施的完善，让"城市生活更美好"的目标得以尽快实现；对区域金融环境进行优化与完善，让企业融资困难的问题得以尽快解决；深入推进对外开放，将国内市场的活力给激发出来；在促进人力资源配置能力的提高等方面来实现对营商环境的优化。陈华平等（2020）站在协同治理理论的角度来提出优化营商环境的建议，包括建立健全多元主体协作运行机制、深入推进"放管服"改革、加强营商环境法治化建设等。宋林霖等（2020）指出将下列几组关系处理好对营商环境的优化大有裨益：稳定的基本政策与灵活的配套机制、嵌入学习型制度和健全自发型制度体系、建设技术平台及有效制度供给。刘厚金（2020）认为可从下列几个方面来对营商环境进行优化：一是要加快司法改革的进度，推进国际合作，努力创建一个便利的、开放性的投资贸易环境；二是要深化改革政务服务，将制度性成本降低，对高效便捷的政务环境进行营造；三是要加强公平竞争，强化知识产权的保护，根据相关法律制度对各种市场主体的合法权益予以保护，对公平竞争的市场环境进行营造；四是要强化顶层设计，将政府和市场的边界明确，努力创建一个有序且宽松的经营环境；五是要与国际先进标准对标，充分发挥社会组织的优势，完善营商环境的评价体系。

六、营商环境评价体系研究

(一)《管理世界》经济研究院发布的中国城市营商环境评价指标体系

2018 年，《管理世界》经济研究院评估了我国城市的营商环境，其评估对象除了 4 个直辖市以外，还包括我国 27 个省会城市、5 个计划单列市、254 个地级市。该研究院建立了如表 2 - 5 所示的中国城市营商环境评价指标体系。

表 2 - 5   中国城市营商环境评价指标体系

一级指标	二级指标	权重（%）	基础数据来源
政府效率 （0.15）	一般预算内支出（万元）	50	中国城市数据库
	政府服务效率	50	《中国地方政府效率研究报告》
人力资源 （0.2）	平均工资水平（元）	40	中国城市数据库
	高校在校人数（人）	30	
	年末单位从业人员数（万人）	30	
金融服务 （0.15）	民间融资效率（万元）	50	
	总体融资效率（万元）	50	
公共服务 （0.2）	人均道路面积数（平方米/人）	15	中国城乡建设数据库
	供水能力（万吨）	25	
	供气能力（万立方米）	25	
	供电能力（万千瓦时）	25	
	医疗卫生服务（张/万人）	10	
市场环境 （0.2）	人均GDP（元）	40	中国城市数据库
	固定资产投资总额（万元）	30	
	当年实际使用外资金额（万元）	30	
创新环境 （0.1）	科学指出（万元）	50	
	创新能力指数	50	《中国城市和产业创新力报告》

资料来源：李志军. 中国城市营商环境评价 [M]. 北京：中国发展出版社，2019：79.

中国城市营商环境评价指标体系的优势：第一，基于城市数据对企业营商环境进行评估，这是因为企业的生产经营活动必须在城市中展开，企业在选址阶段也会主要考察城市。研究不仅针对直辖市、省会城市、单列市，还扩大到全国其他大多数地级市。第二，从宏观层面探讨会对企业经营活动产生影响的因素，包括劳动力市场、创新创业环境、政府公共服务水平、金融信贷等，对企业经营所处的外部宏观环境进行综合性分析。第三，根据各城市的公开统计数据进行评估分析，有一定的科学性。

中国城市营商环境评价指标体系的局限性：第一，部分城市的数据缺失和异常，尽管采用贝叶斯模拟法、均值插补法等多种方法，来弥补了数据缺失的遗憾，但最终评估结果是否准确，仍有待进一步研究；第二，未明确说明选择各评价指标的理由，也并未探讨各评价指标权重的科学性。

（二）国家发展改革委构建的营商环境评价体系

国务院于 2018 年专门成立"放管服"改革协调小组，并在改革小组下建立了优化营商环境组，由国家发展改革委副主任林念修担任组长。优化营商环境组从中国国情以及社会经济发展现状出发，建立营商环境评价机制，并在国家发展改革委的引导之下建立中国营商环境评价体系。

按照国务院要求，国家发展改革委会同国家信息中心以及中科院等单位，建立了极具中国特色的营商环境评价体系，该评价体系参考世界银行《营商环境报告》中所采用的评估指标，并从中国国情出发，剔除了其中与中国国情不符的评价指标，从城市高质量发展水平、城市投资吸引力以及企业全生命周期三个层面来衡量我国营商环境①。评价计算方法也是借鉴世界银行采用的前沿距离分数计算方法，按照各部分权重相同的等权重方法计算营商便利度排名。

国家发展改革委于 2018 年首次开展中国城市营商环境试评价活动，首批试评价城市包括北京、上海、厦门、深圳、武汉、沈阳、成都、杭州、兰州、葫芦岛、衢州、延安共 12 个城市。随后根据这 12 个城市的评估反馈情况，国家发展改革委又针对原有的评估体系作出调整，再次选择南京、重庆等 10 个城市开展第 2 批评价工作。2020 年，国家发展改革委在我国东中西部地区等不同区域选择 80 个试点城市，在我国全面铺开营商环境评价工作。

该评估体系的优点：第一，结合世界银行指标和中国国情，以推动我国经济高质量发展为基础方针选择指标；第二，基于企业在办理事项时的成本、环节、时间等，有机结合第三方核验以及交叉验证等方式抓取数据，以便于获得真实可靠的数据；第三，交由第三方开发设计团队，负责对数据进行综合性统计分析，保证整个分析过程公开透明，全程可追溯；第四，将由地方政府、律师事务所、第三方机构共同派遣专业人士组成专家评价团队，充分发挥社会各界在营商环境评价工作中的积极性，发挥协同作用。

---

① 顾阳，熊丽．我国营商环境评价指标体系初步建立［N］．经济日报，2018 – 08 – 28（3）.

（三）普华永道发布中国营商环境报告

2018 年，普华永道（中国）联合数联铭品、财新智库和新经济发展研究院发布《2018 中国城市营商环境质量报告》，该报告有机结合人工智能算法和大数据技术，基于城市吸引力和企业发展力这两个指标，建立营商环境质量指数，创新性评估了中国各城市的营商环境质量。普华永道的营商环境质量指标体系中包括 8 个一级指标，30 个二级指标，如表 2－6 所示。报告对 1244324 家企业的相关数据进行统计分析，并展开城市营商环境的深入评估与研究。

表 2－6 　　　　　　　　　普华永道 2018 中国营商环境报告

类别	一级指标	二级指标	指标说明
政府	财政能力	财政收入规模	财政收入与同期 GDP 的比值
		财政收支平衡度	财政收入与财政支出的差值
		财政补贴支出规模	财政补贴与同期 GDP 的比值
	服务质量	一站式服务效率	政府提供行政审批一站式服务清单数量
		企业开办成本	企业从申请到开办所需时间
		企业用地成本	商业、工业土地均价
		企业日常运作成本	水、电、网络价格平均
产业	产业环境	区域协调	是否处于京津冀、长三角、珠三角、钻石经济圈、长江经济带等经济集群
		产业结构	第三产业占比
		企业结构	合资、外资企业数量及占比
		开放发展	自贸区数量、与境外城市共建产业园数量、与其他国家修建运营铁路线及开放国际航线数量
		商业风险	商业企业纠纷数
		资金可及性	社会融资规模
	创新创业	战略新兴产业发展	战略新兴产业占工业总额的比重、高新技术企业数量
		创新成果转化	委托研发协议数、专利授权数以及新增企业数量
		风险投资	地区风险投资总额
		科研基础	单位 GDP 的发明与实用新型专利数量

类别	一级指标	二级指标	指标说明
功能	生活环境	消费价格水平	CPI 指数
		居住环境	空气质量综合指数、水污染情况、人均食品安全事件发生数
		医疗环境	人均床位数、每个区平均三甲医院数量
		教育环境	师生比、本科院校数
		文化环境	文化事业环境（文化产业从业人员/常住人口、文化消费额占总支出比重、广播电视节目人口覆盖率）、基础设施（博物馆数量、公共图书馆藏量）
	工作环境	通勤条件	平均通勤高峰达到目的时间与畅通时间比值、汽车保有量
		办公条件	5A 级写字楼数量、人均办公面积
人才	人才吸引	平均薪资	当年所有招聘岗位的平均薪资
		合同完备性	过去一年参加工作人口购买医保比例
		劳动纠纷争议处理	人均劳动纠纷数量
	人才发展	通识型人才	本科院校数量
		专业型人才	职业技术院校数量
		劳动力构成	青年人口占比、外来人口流失率

资料来源：《2018 中国城市营商环境质量报告》。

（四）中央广播电视总台发布中国城市营商环境报告

中央广播电视台于 2018 年公布了《中国城市营商环境报告》，作为国家级媒体，其本身在新闻发布领域具有极高的权威性、独立性。在这份调查报告中，坚持中国特色以及国际可比性，从知识产权保护、获得信贷、开办企业、纳税、资源共享、合法权益保护、办理许可等角度出发，针对中国城市营商环境进行了科学评估，其评估结果具有权威性和独立性。报告中的数据均来自国家统计局和各城市统计局公开发表的报告、国家各相关工作部门的统计报告以及部门工作报告，这些公开发表的数据具有权威性和客观性，能够确保最终的评估结果不受主观因素干扰，切实提高了整个评估结果的准确性和科学性，更具说服力。

在该报告当中建立的中国城市营商环境评价指标体系，主要包括 7 个一级评估指标，并根据这些一级评估指标选择了具体的必要性要素和支持性要素。其中，必要性要素包括金融服务、人力资源和基础设施；支持性要素包括社会环境、创新环境、法治环境和政治环境。支持性要素和必要性要素基本能够涵盖所有对企业经营活动产生影响的要素，能够对城市的营商环境进行综合性全方位的评估，其评估结果具有极强的客观性和真实性。

报告主要基于城市层面收集数据，其主要评估对象包括 4 个直辖市、5 个单列市、27 个省会城市。

（五）中国贸促会构建的中国营商环境评价指标

中国贸促会为加强中国营商环境的调查评估工作，专门于 2016 年建立了"中国贸促会研究院营商环境研究评价中心"，该评价中心也不负众望，于 2016 年发布了《中国营商环境研究报告》。这份报告有机结合了中国国情和国际经验，参考国内外一流专家和学者的看法以及观点，建立了较为完善的中国营商环境评价指标体系。① 该体系包含 12 个一级指标以及 51 个二级指标，每个指标取值范围为 1~5 分，分数越高说明评价越高。如表 2-7 所示。

表 2-7　　　　　中国贸促会构建的中国营商环境评价指标

一级指标	二级指标
基础设施环境	交通运输、网络通信、环保设施、水电气供应、城市规划和建设
生活服务环境	居住条件、医疗卫生、文体设施、教育水平、环境保护、社会治安
政策政务环境	政策稳定性、政策公平性、政策透明度、政府服务效率、政策执行力度、政策协同性、官员廉洁程度
社会信用环境	信用信息公示系统建设、失信惩戒和守信奖励机制建设、社会信用度、征信体系建设

---

① 刘英奎，吴文军，李媛. 中国营商环境建设及其评价研究 [J]. 区域经济评论，2020（1）：70-78.

续表

一级指标	二级指标
公平竞争环境	市场监管、行政垄断治理、政府采购、市场准入
知识产权保护环境	知识产权维权成本、知识产权行政执法、知识产权司法保护、知识产权案件办结率、知识产权管理与公共服务
科技创新环境	研发费用加计抵扣政策实施、知识产权抵押、产学研结合、创业孵化服务、公共服务平台建设
人力资源环境	熟练劳动力的可获得性、中高层管理人员的可获得性、外向型人才的可获得性、创新创业人才资源可获得性
金融服务环境	融资便利性、融资渠道多元化、利润汇出自由度
财税服务环境	财税执法规范性、申请退税办理时间
口岸服务环境	货物通关、检验检疫、人员出入境
企业设立和退出环境	土地获取、环保手续、破产手续办理

资料来源：刘英奎，吴文军，李媛．中国营商环境建设及其评价研究［J］．区域经济评论，2020（1）：70-78.

相比于世界银行，中国贸促会建立的营商环境评价指标体系具有如下优点：第一，评价指标较为全面，有机结合定性评价和定量评价，有机结合软环境评价和硬环境评价，能够对中国营商环境的方方面面进行综合性评估；第二，坚持问题导向原则，主要基于中国营商环境建设期间存在的重难点问题制定评价指标，这些评价指标也迫切地反映了企业在生产经营活动中面临的主要问题，例如：生活服务指标、科技创新指标、公平竞争指标等；第三，中国贸促会的营商环境评价涵盖中国大部分城市和区域，其提出的研究成果在全国都极具代表性、广泛性；第四，数据样本量较大，在 2016～2019 年，中国贸促会回收了 4000～5000 份企业有效调查问卷，样本企业覆盖了中国大部分行业、地区、所有制，样本数据极具参考价值。

第三节 研究评述

一、现有研究成果及局限性

从已有研究看，国内外学者从不同角度研究营商环境。2003年，世界银行发布了《营商环境报告》，此后，针对这一问题的研究受到了国内外学者们的广泛关注；党的十八大以来，随着"放管服"改革的推进，中国的学者们才逐渐开始研究营商环境问题，党的十九大以来，习近平总书记多次指出，要营造稳定公平透明、可预期的营商环境，[①] 中国关于营商环境的研究成果大量涌现。

从以上对营商环境研究的文献综述看，现有的研究大多集中于企业这一微观层面，几乎涉及了企业经营所需外部条件的方方面面。研究认为，对营商环境进行优化有助于知识产权的保护，激励企业投入更多资金用于研发，降低税率，更易获得贷款，有效避免市场风险，有助于企业盈利能力的提升，让企业实现健康长远的发展。还有一些研究侧重分析营商环境与投资贸易的关系，研究认为优化营商环境有利于吸引外资，但是这一结论是否普遍适用于发达国家、发展中国家和落后国家，由于学者们分析的样本、方法不同，得出的观点并不一致；在对外投资方面，大部分学者认为中国倾向于投资营商环境较好的国家。除此之外，部分学者也从宏观的角度研究营商环境，大多数研究认为优化营商环境能够促进经济发展。但是现有研究存在以下几个局限。

一是未结合当前经济高质量发展的背景研究营商环境，而是从营商环境中的某一个指标，如商业监管、信贷、执行合同等来切入分析，研究较为微观和局限，不够系统和全面，也未能深入分析经济高质量发展对营商环境提

---

① 杜海涛，罗珊珊. 营商环境越来越好［N］. 人民日报，2020－10－10（1）.

出了什么新要求，营商环境通过什么方式影响经济高质量发展等问题。

二是研究中使用的数据也有一定的局限性。国外研究大多采用世界银行每年发布的《营商环境报告》，这个数据一直从 2003 年延续至今，适合国与国之间的比较，但只选取了北京和上海两个城市的相关数据作为样本，不能反映出中国其他城市和地区的营商环境；国内研究采用的数据大多来自世界银行《2008 中国营商环境报告》，其数据只反映了 2007 年中国营商环境的现状，距今时间比较久远，仅能作为参考；中国还有一部分研究从城市的角度出发，构建营商环境的指标体系，但体系的标准不一，而且往往仅有一年的截面数据，这样只能比较出这一年各城市营商环境的差异，而不能关注到同一个城市营商环境在不同年份的变化。

三是对国外优化营商环境的经验做法研究较少，大多数研究只关注我国营商环境在国际的排名，然后从国内的角度分析营商环境存在的不足以及优化的措施，较少把研究视野拓展到国际，对标对表，从国外优化营商环境的经验中找出我们存在的差距。

四是研究中对优化营商环境的路径做了一些探索，但相关对策建议较为零散，未能从营商环境的概念和内涵出发探索可操作的实现路径。此外，提出的对策建议过于笼统，未能针对我国不同地区经济发展差异，提出差异化的优化营商环境对策。

二、本书拟解决的问题

综合国内外研究现状，在现有文献和方法的基础上，关于优化营商环境有待进一步研究的问题有以下三个方面。

一是在研究主题上，明确在经济高质量发展的背景下研究如何优化营商环境。一个国家的经济要想实现高质量发展，就必须要有良好的营商环境作为支撑。因此本书在明确营商环境概念的基础上，深入挖掘与营商环境相关的理论，指导研究营商环境如何影响经济高质量发展，经济高质量发展为优化营商环境创造了什么条件等问题。

二是在研究数据上，跳出大部分学者依据世界银行《营商环境报告》

进行研究的思路，从中国省域的角度寻找匹配数据衡量省域营商环境。本书将营商环境划分为三个层面：法治环境、政务环境及市场环境，将樊纲等学者的《中国分省份市场化指数报告》作为参考，核算出 2008~2018 年中国分省营商环境指数及排名，并通过动态面板数据实证分析中国营商环境对经济高质量发展的影响效应。

三是在研究思路上，本书不仅把营商环境作为一个整体，还进一步细分营商环境的分项指标进行研究。研究中不仅分析国内优化营商环境的案例，还分析了国际优化营商环境典型的经验和做法，从中比较找出我国营商环境存在的问题及原因。在提出优化营商环境的对策建议时，坚持问题、目标和结果导向，坚持立足国情与对标国际相结合等方法论，提出一些对营商环境的优化有帮助的建设性意见，具体包括促进营商环境国际化水平的不断提高，加快建设法治化的营商环境，建立完善的营商环境长效机制等。特别根据我国区域发展不平衡的现状，对营商环境较好的地区、营商环境一般的地区和营商环境较差的地区分别提出不同的建议。

第三章

营商环境相关理论分析

要想研究经济高质量发展背景下如何优化营商环境，先要全面梳理与营商环境相关的理论，通过对这些理论的梳理，结合我国优化营商环境的现状及特点，才能更好地指导我国如何优化营商环境，推进经济高质量发展。本章从与营商环境息息相关的政务、市场和法治三方面探寻与之相关理论，为后面的研究以及营商环境指标体系的构建奠定理论基础。

第一节　政务环境研究的理论基础

一、政府与市场的关系

党的十八届三中全会提出，处理好政府与市场关系是经济体制改革的核心。现代市场经济体制的两个重要组成部分就是政府和市场。优化政务环境首先要处理好政府与市场的关系。伴随着市场经济的兴起和成长，学术界一直在探讨政府与市场的关系。

（一）马克思主义对政府与市场关系的研究

马克思、恩格斯在其著作中阐述了市场功能、市场规律和市场缺陷等问题。马克思认为市场是商品交换的场所，是商品的集散地或蓄水池。市场运行有其自身规律，价值规律是商品生产所遵循的基本规律，市场的价格机制、供求机制与竞争机制之间相互作用、相互制约，使价格围绕价值上下波动，这些规律作用于市场，促进资源的合理配置。价值规律在商品经济中的作用：促进生产力的发展，自发地将生产要素在不同部门进行分配，通过市场竞争优胜劣汰。关于市场功能，马克思认为，市场有信息传递功能，价值规律"在事后作为一种内在的、无声的自然必然性起着作用，这种自然必然性可以在市场价格的晴雨表的变动中察觉出来，并克服商品生产者的无规则的任意行动"①。市场活动中的信息传递是生产活动和销售活动的指示器，对市场活动具有重要的导向作用。市场具有优化资源配置的功能，价值规律通过价格、需求、竞争等机制所反映的经济信号，调节着社会资源的配置。

市场调节具有激励市场主体追求经济效益、利益的功能，对市场中的商品以及市场主体起着优胜劣汰的作用，从而促使企业提高劳动生产率，促进整个社会生产力的不断发展与提高。关于市场缺陷，马克思指出，市场可能会引起秩序混乱，造成不良竞争。资本主义生产方式自身的矛盾，造成了市场供给不断扩大与广大劳动者消费日益狭隘的矛盾冲突。在资本主义制度下，生产力的发展受私有者的狭隘利益制约，在价值规律刺激生产力发展时，必然会出现垄断与寡头，妨碍经济政策的运行，阻碍经济发展。

马克思、恩格斯重视国家或政府的作用。第一，发挥国家作用的重要意义。马克思认为，资本主义的发展导致利益分化，资本家追求经济利益会导致资本主义经济危机，国家或政府的作用不可或缺。第二，强调国家职能是一个动态发展变化的过程。也就是说，国家的职能会随着经济社会的发展有扩大的趋势，主要体现为公共支出的膨胀和公共部门的强大。第三，国家或政府的作用必须要适应经济发展的需要，必须与经济发展保持同向运行，只有这样才能促进经济的发展。总之，马克思、恩格斯认识到资本主义市场的演进和成熟必将伴随着宏观经济的不公正、不公平、不稳定和不平衡的出现，这样的状态对大多数的劳动者的合法权益极其不利。为了避免这种不公正带来的损害，马克思认为，政府的作用是非常重要的。

---

① 中共中央马克思恩格斯列宁斯大林著作编译局. 马克思恩格斯全集（第二十三卷）［M］. 北京：人民出版社，1972：394.

列宁在领导经济发展的过程中，根据当时资本主义发展的新特点以及国内经济发展国情、在理论与实践中发展了马克思主义关于政府与市场的理论。俄国十月革命后，列宁重视国家在经济生活中的指导作用，强调应当在社会主义制度下发挥计划调节作用和国家的宏观指导作用。为了保证军队的粮食供给，政府加强了粮食垄断，不允许自由买卖，实行余粮收集制，政府加强对粮食贸易的监管，统一征收农民的余粮。加强对工业的计划管理，实行了对全国工业生产的计划管理，禁止自由贸易。这些举措对当时苏维埃稳定国内政权、保证国家的安全、反抗外来势力的干预起到重要作用。但是，随着经济社会的发展，这种政策阻碍了苏维埃经济社会的发展，商品生产和市场交易被取消，工业与农业之间、城市与乡村之间的经济发展遭到破坏，一定程度上造成后期经济社会的发展危机。在此背景下，列宁逐步总结并且反思战时共产主义政策在实际运行中产生的破坏作用，开始探索新的发展思路和经济发展战略。

从列宁新经济政策实施的内容来看，新经济政策的实质是利用市场机制来发展社会经济，注重发挥商品及市场的作用，运用商品货币关系和市场机制，通过价格、供求、竞争等经济调节杠杆，最终实现资源的优化配置。国家调节商业和货币流通，改变原来计划经济体制下国家统一规范生产经营活动的资源配置方式，允许自由贸易。新经济政策实施后，国家逐步恢复商品和市场在经济发展中的作用，实质就是利用市场机制来发展社会经济，推动社会经济的发展。

列宁根据经济发展需要及时调整经济政策，并指出，事物的发展是一个过程，从资本主义到社会主义的变革是一个过程，社会主义从建立到发展完善也是一个长期发展的过程，苏联社会的发展离不开商品经济的发展和货币的作用。[①] 因此，必须尊重经济社会发展的客观规律，用行政手段消灭商品、忽视货币经济、取消贸易，是不符合经济发展规律的，要发挥市场机制和市场调节的作用。列宁改变了原来把计划看成是社会主义资源配置的唯一手段的思想，认为社会主义的发展离不开商品经济和市场的作用。列宁关于

---

① 孙常辉. 区域经济发展中的政府与市场 [M]. 太原：山西经济出版社，2019：21.

商品与货币的关系、市场与政府的作用以及经济计划的思想，创新和发展了马克思主义经济理论。

（二）西方经济学界对政府与市场关系的研究

西方经济学界较早关注政府与市场的关系，研究大致有三种观点。

1. 市场倾向论

从亚当·斯密的自由主义开始，经由哈耶克的新古典自由主义，再到科斯、布坎南、卢卡斯、弗里德曼的新自由主义，从"守夜人"理论到"最小政府"理论，强调了市场机制对经济的自动调节作用，反对政府对自由市场的束缚。亚当·斯密提出经济增长源于资本积累和劳动分工，当资本积累到一定程度将会引起生产活动的专业化和精细化，社会化大生产带来的劳动分工发展到一定阶段又会促使经济利润进一步积累，从而推动经济增长。大卫·李嘉图在亚当·斯密研究的基础上提出了比较优势理论，他在《政治经济学及赋税原理》中指出，一国商品如果在生产成本（或商品价格）上处于绝对劣势地位，那么应该用本国生产成本（或商品价格）具有相对优势的商品与别国交换。受杰里米·边沁的功利主义思想影响，约翰·穆勒强调人的主观幸福感来自追求价值和利益，但是个人在追求价值和利益时的行为、动机不得违背绝大多数人的意愿，更不能损害其他人的利益，同时他还主张国家尽量减少对合同契约、商品价格的干预和管制，给予市场主体更多的自由。巴蒂斯特·萨伊认为，生产商品的目的是消费，一个经济体在总量上能够生产出多少商品就会有多少消费者愿意购买，生产决定消费，供给决定需求，且产品市场遵循市场规律，不会出现供给过剩的现象。古典经济学理论阐明了一般经济规律和经济法则，奠定了自由放任经济政策的基础，为后世的经济学说和经济流派提供了基本的理论范式。

哈耶克在1944年出版的《通往奴役之路》一书中提出"国家干预和计划经济等会导致干预"的理论。[①] 他认为自由胜于一切，并提出自由市场经济运行的四大原则，即经济自由主义原则、法治原则、货币非国有化原则和政府社会保障职能最低限度原则。他是极端经济自由主义的崇尚者。

---

① 哈耶克. 通往奴役之路 [M]. 王明毅，等译. 北京：中国社会科学出版社，1997：53.

主张经济自由主义的美国经济学家米尔顿·弗里德曼认为依靠市场毋庸置疑是配置资源最成功的方法。他提出不希望保留那么多干涉经济自由的国家干预。同时他同意政府并不是一无是处的存在，认为政府应成为规章制度的制定者，并在反垄断和补充市场功能的不全面上起到解释和补充的作用。美国的市场现实环境中，政府对消费者、企业、银行等经济主体干预较少，干预作用有限，市场机制发挥的作用较强，在面对经济危机的风险对抗上也呈现不稳定的状态。

2. 政府倾向论

凯恩斯革命的出现标志着政府与市场关系的范式发生了重大的转折，政府干预兴盛起来。从凯恩斯（1936）的凯恩斯革命，经由萨缪尔森的凯恩斯主义，再到斯蒂格利茨、克鲁格曼的新凯恩斯主义，诠释市场的缺陷、分析政府干预经济的深层原因，提出政府纠正市场失灵的独特优势，主张政府积极干预经济。梅纳德·凯恩斯在《就业、利息和货币通论》中指出，资本主义周期性经济危机的直接原因是生产相对过剩，国民收入（产出）的决定因素包括消费、投资（储蓄）、政府支出、净出口等，总支出越多总产出越高。因此，影响宏观经济运行的关键因素是有效需求，市场的自发调节不能促使资源实现最优配置以达到充分就业的水平，国家必须采取干预经济的措施和手段以消除和解决失业和经济的周期性波动的问题。凯恩斯主义奠定了政府干预经济的基调，为资本主义经济危机开出了一剂"良药"，美国总统罗斯福在凯恩斯主义的引导和建议下加强国家宏观调控，统筹资源配置，有效解决了失业和经济低迷等难题，带领美国成功度过了经济危机。

以保罗·萨缪尔森为代表的新古典综合派认为，不仅消费、投资、税收、净出口的变动会引起国民收入（产出）的变动，国民收入（产出）的变动又会带来消费、投资、税收、净出口的新一轮变动，他将这种交互影响的作用机理定义为"乘数—加速数原理"，用来解释短期经济波动和长期经济增长问题。新古典综合派在战后20多年的时间里占据了西方经济学界的支配地位，为实现经济增长、物价稳定、充分就业和国际收支平衡做出了重要贡献。

新凯恩斯主义的代表斯蒂格利茨认为，市场与政府需要相互结合。一方面，一个完全无政府状态的市场经济，虽然可以比较好地解决经济的微观效率问题，但很难从总体上提高国民经济运行的效率，同时对经济长期持续增长也无能为力，且由于种种原因，市场达不到约束条件下的帕累托效率，政府有必要采取行动来更正自由市场机制所产生的某些不利影响，因为政府与其他经济组织相比，在纠正市场失灵方面具有交易费用低的优势；另一方面，政府的干预行为同样具有一定的弊端，政府本身也需要改革，以加强政府干预的积极作用。

另一位新凯恩斯主义的代表克鲁格曼，对萧条和经济全球化条件下的政府作用进行了新的探讨。他提出要对 1970 年以来的新自由主义经济学进行反思，重新思考政府干预问题。对于经济全球化带来的负面影响，克鲁格曼认为，金融市场的自由化、金融监管的放松和外汇管制的削弱，使一些国家特别是发展中国家容易受到国际投机资本的攻击。因此，经济和金融市场比较脆弱的发展中国家在一定时期需要实行必要的外汇管制，限制资本流动。

3. 政府与市场有机结合论

对于在 20 世纪 90 年代初出现的低通胀率和高失业率，新自由主义显得办法不多。政府干预与市场自由有机结合论占据上风。新凯恩斯主义者发展了国家干预经济的理论，使得国家干预经济的政策体系发展到了一个新的水平。新凯恩斯主义认为能够在政府和市场中找到平衡点，同时，社会经济环境大背景也对二者的此消彼长有很大影响，若经济稳定，危机和失业不太严重时，容易产生自由主义的倾向，而情况相反时，政府干预就会有更多的支持者。新凯恩斯主义实现了西方宏观经济学领域最重要的理论突破，提出了独具特色的有关经济周期、政府政策的新理论，使得国家干预经济的政策体系发展到了一个新的水平，更加强调市场机制的作用。新凯恩斯主义提出的政策更加温和，主张"适度"的国家干预，认为政府有必要运用经济政策来调节总供求，这不仅是必要的，也是有效的。

从学术界的讨论来看，政府与市场关系随着社会历史与经济条件的变化而动态发展，二者的功能发挥呈现"拉锯式"的反复运动。这就启发我们在推动经济高质量发展的过程中，一定要处理好政府和市场的关系，而当前调节政府和市场关系的关键就是优化政务营商环境。通过优化政务营商环境，减少政府对市场活动的干预，发挥市场在资源配置中的决定作用，从而促进经济高质量发展。

二、服务型政府

党的十九大报告提出，转变政府职能，深化简政放权，创新监管方式，增强政府公信力和执行力，建设人民满意的服务型政府。建设人民满意的服务型政府的关键是优化政务营商环境。因此，研究如何优化政务营商环境，就必须在服务型政府相关理论指导下进行。不同理论对公共服务的解释见表 3-1。

表 3-1　　　　　　　　不同理论对公共服务的解释

理论类型	政府角色	公众角色	服务（管理）方式
传统公共行政	服务提供者（划桨）	当事人（追随者、被提供服务者）	政府控制
新公共管理	企业家（掌舵）	顾客（服务接受者）	公众导向
新公共服务	参与者（服务）	公民（所有者、主人）	分享权利 共担责任

（一）新公共管理理论

20 世纪 80 年代以来，为应对外部环境变迁和政府治理危机，英国、美国等西方发达国家形成一种新生理论思潮和政府改革运动，称为新公共管理。比较有代表性的如克里斯托弗·波利特的"管理主义"（managerialism）、戴维·罗森布鲁姆的"以市场为根基的共有行政"（market-based public administration）、迈克尔·巴泽雷的"后官僚规范模式"（post-bureaucracy paradigm），还有盖布勒及奥斯本的"具备创业思想的政府"（entrepreneurial government），等等。

20 世纪 90 年代新公共管理理论在学术界和政府中的影响逐渐扩大。不过随着新公共管理理论将公民视为顾客、进行多元化公共服务供给等措施的全面铺开，在实践中逐渐出现了不在预想范围内的后果。从公共服务的供给来看，新公共管理理论通过帮助政府减少公共服务的责任来实现政府的财政减负和公民满意度提高，其后果却是不同群体在享受公共服务供给上存在差距并产生了新的问题。学术界由此开始对新公共管理理论进行反思和批判，特别是新公共管理理论在实践中暴露出来的公共性丧失、公平和民主等价值弱化等问题更是成为了批判的焦点。

（二）新公共服务理论

为弥补新公共管理理论的缺陷，新公共服务理论孕育而生。新公共服务意味着公共行政改革的一种新的发展趋势，这种趋势坚持把公平、公正、民主、正义等作为公共管理的根本价值取向，以公民对话协商和公共利益为导向。新公共服务理论强调公众角色是"公民"而不是"顾客"，在为公民提供服务的过程中要保障其参与感和民主权利，做到有效、有度、民主，而不能仅仅提倡企业家精神，只注重自身的利益。在这一理论下，政府官员努力使公民在参与政策计划之外，还要参与执行实现公共目标的具体项目，即对群众满意度这一指标的认可，这样不仅可以使政府更好地开展工作，而且更符合尊重公共利益的价值观。

新公共服务理论重拾了公共行政中的重要价值观并将新公共服务概括为七个原则：服务于公民，追求公共利益，重视公民权利胜过重视企业家精神，思考有战略性、行动有民主性，承认责任并不简单，服务而非掌舵，重视人而不是重视生产率。曾保根在对新公共服务管理理论进一步分析后指出，新公共理论强调的民主、社区以及人本主义等价值注定了其对当前政府职能改革、社会治理有指导意义。对于登哈特夫妇提出的新公共服务理论，也有中外学者对其进行了批判和讨论。佩里和詹姆斯认为新公共服务理论与传统公共服务理论相比不但更加混杂，而且受市场力量的影响太大且创造的公务员与公民之间的纽带还是太过脆弱。周义程认为新公共服务理论完全没有任何创新之处，不但是旧有理论的混杂，而且就连名字都是从公共服务理论中弄来的。登哈特夫妇回应了这些批判，并指出不论是新公共管理还是新公共服务都没能成为学界中的主要范式，但多年的实践与发展让新公共服务逐渐成为政府实践中的指导并产生了越来越多的社区实践。这一现实情况变化的原因在于新公共服务理论的基础，即对政府作用和政府与公民关系的重新定义，确实贴合了民众对于政府的期待和城市发展带来的变化。特别是在多元参与、政府回应性以及社区建设方面，新公共服务理论提供了可以进行重新认识与改革的指南。

（三）服务型政府理论

在新公共管理理论、新公共服务理论基础上，中国形成服务型政府相关理论。关于服务型政府概念的理解，施雪华（2010）指出，服务型政府是一种政府对公民与社会的职责所在。有的学者认为服务型政府就是秉持以人为本原则，追求公共利益目标，向公民提供他们切实需要的公共服务。还有的学者认为服务型政府需要把市场和社会能做好的事让渡给他们，把市场和社会的权力还给他们，资源配置的主体是市场的，政府发挥的是引导作用以及维护社会稳定的作用。综合现有研究来看，服务型政府应该把提供公共产品和公共服务作为工作重点。

通过以上分析，在新公共管理理论和新公共服务理论基础上形成的服务型政府理论是优化政务营商环境的理论指导。优化政务营商环境其实就是公共部门，特别是政府部门以服务型政府建设为价值导向。这就启发我们在推进经济高质量发展的过程中，可以通过政务公开、机构压缩和人员精简、完善政绩评价体系、简化行政审批流程等政务环境的优化，建设人民满意的服务型政府，推动经济高质量发展。

第二节　市场化营商环境研究的理论基础

一、马克思主义所有制理论

推动社会主义市场经济发展离不开民营经济。良好的市场营商环境是民营经济高质量发展的重要保障。习近平总书记强调，"要坚持'两个毫不动摇'，不断为民营企业营造更好发展环境"。① 优化市场营商环境的一项重要

---

① 习近平著作选读（第二卷）［M］. 北京：人民出版社，2023：206.

任务就是关注民营企业发展的各种诉求。因此，在优化市场营商环境，促进经济高质量发展的过程中要以马克思主义所有制理论作为指导。

马克思、恩格斯在《资本论》中通过对资本主义的严谨批判，预言了资本主义制度被社会主义制度代替的必然性——资本主义社会"生产资料的集中和劳动的社会化，达到了同它们的资本主义外壳不能相容的地步，这个外壳就要炸毁了。资本主义私有制的丧钟就要响了"①。而对资本主义制度的否定要在"资本主义时代的成就的基础上，也就是说，在协作和对土地及靠劳动本身生产的生产资料的共同占有的基础上，重新建立个人所有制"②。这种以资本主义时代成就为基础、对生产资料共同占有的"个人所有制"，就是马克思、恩格斯预见的未来社会主义经济制度——生产资料公有制。

在马克思、恩格斯的理论中，建立在生产力高度发达基础上的社会主义经济将在商品货币关系消亡的制度环境中运行。在社会主义经济制度中，人们"除了自己的劳动，谁都不能提供其他任何东西"③，任何人都不能够凭借占有生产资料而无偿占有他人劳动成果，资本主义剥削的所有制基础随生产资料公有制的建立而得以从根本上铲除。这种在平等劳动基础上的通过等量劳动换取等量报酬的社会激励机制，将使社会主义创造出比资本主义更高的生产力水平。

与马克思、恩格斯的理论预计不同，我国的社会主义经济制度建立在半殖民地半封建的落后的生产力基础之上。我们曾经将马克思、恩格斯的经典公有制理论教条地应用到社会主义经济建设之中，并以斯大林率先构建的社会主义经济"苏联模式"为样板，建立起以单一公有制为基础的计划经济体制。但实践表明，我国社会主义是建立在不发达、多层次的生产力发展水平基础上的，不能照搬马克思、恩格斯对未来社会的理论预计。

党的十一届三中全会以来，在市场化的改革进程中，我们将马克思主义公有制理论的基本原理与中国市场经济改革的实践相结合，继承发展马克思

---

① 马克思恩格斯选集（第二卷）[M]. 北京：人民出版社，1995：269.
② 马克思恩格斯选集（第一卷）[M]. 北京：人民出版社，1995：269.
③ 马克思恩格斯选集（第三卷）[M]. 北京：人民出版社，1995：304.

主义，以中国特色社会主义理论的创新逐步建立起与我国国情相适应的社会主义经济制度。这种改革的核心内容就是调整所有制结构，改变传统公有制"一统天下"的制度格局。从"允许"和"鼓励"个体经济、私营经济等非公有制经济成分作为社会主义公有制有益的和必要的补充开始，到党的十五大确立了社会主义初级阶段基本经济制度"以公有制为主体，多种所有制经济共同发展"。同时，在社会主义经济运行机制上，传统的计划经济体制在经历了"计划经济为主，市场调节为辅""有计划的商品经济"等目标模式的探索之后，1992年中国共产党第十四次全国代表大会将我国的社会主义经济运行模式确定为"社会主义市场经济体制"。随后，市场化改革的内容就主要围绕建立与完善社会主义市场经济体制全面展开。我国市场化改革历程表明，马克思主义公有制理论的发展创新，奠定了我国经济高速增长的所有制基础，更是社会主义市场经济体制建立与完善的基本理论前提。

我国市场化改革的实践表明，以马克思主义基本原理为基础的所有制理论创新为我国的经济增长注入极大的活力，推动了我国多年来持续的经济发展。这就启发我们，当前要优化市场营商环境，只有在促进经济高质量发展的基础上，以马克思主义理论的进一步发展创新指导实践，合乎逻辑地将马克思主义经典公有制理论与社会主义市场经济公有制对接，在反复探索中求得解决我国市场化改革中社会瞩目问题的解决方案，才能够真正毫不动摇地坚持和完善社会主义初级阶段基本经济制度，以让最广大的人民群众在改革中最大限度地分享改革成果的方式，巩固党的执政地位，巩固我国的社会主义制度。

二、马克思关于生产要素的论述

营商环境是基础性、综合性的生产要素，也是支撑性、决定性的发展条件。《优化营商环境条例》规定，国家加快建立统一开放、竞争有序的现代市场体系，依法促进各类生产要素自由流动，保障各类市场主体公平参与市场竞争。在古典经济学领域，以亚当·斯密和大卫·李嘉图为代表的经济学者对影响经济增长的各要素展开分析，特别是分析了劳动要素、土地要素以及资本要素。其中，劳动指的是在人类生产环节中体力和智力的总和。土地指的是地上和地下的全部资源，已经不是一般意义上的土地，如江河、湖泊、海洋、森林等。资本指的是实物资本和货币资本。其中，实物资本也被称为投资品，例如：厂房、原材料、机器设备等；而货币资本则是指资本的货币形态。事实上，马克思在其著作中，不仅具体论述了土地要素、资本要素以及劳动要素在经济增长过程中的作用，还首次提出了科学技术是生产力的观点，并对科学技术进步在经济发展过程中发挥的作用进行了详细的阐述。

（一）自然资源是社会财富的第一源泉

在马克思看来，财富和价值不完全等同。价值是在商品中凝结的人类劳动，是以社会必要劳动时间来衡量的，所以要想创造价值，必须要通过劳动来实现。但是财富却有所不同，财富是指商品的使用价值，由商品自然属性所决定。财富的来源是多种多样的，不仅包含了劳动，还包含了生产资料和劳动对象等。马克思认为，劳动不是一切财富的源泉。自然界同劳动一样也是使用价值的源泉，劳动本身不过是一种自然力即人的劳动力的表现。……只有一个人一开始就以所有者的身份来对待自然界这个一切劳动资料和劳动对象的第一源泉，把自然界当作属于他的东西来处置，他的劳动才能成为使用价值的源泉，因而也成为财富的源泉。① 显而易见，马克思认为在社会生产中自然资源是不可或缺的因素，是社会物质财富的源泉。

（二）劳动力资源是社会生产的重要要素

对于社会物质财富来说，生产资料和劳动力是其两大基本要素。若是缺少劳动力，即便自然资源再丰富，机器设备再先进，也不能参与社会财富的创造，也不能将资源转变为人类所需要的各类商品，不能提供使用价值。对于社会来说，劳动力资源是不可或缺的重要前提和关键性因素。马克思指出，上衣、麻布以及任何一种不是天然存在的物质财富要素，总是必须通过某种专门的、使特殊的自然物质适合于特殊的人类需要的、有目的的生产活动创造出来。因此，劳动作为使用价值的创造者，作为有用劳动，是不以一

---

① 马克思恩格斯全集（第三卷）[M]. 北京：人民出版社，1995：298.

切社会形式为转移的人类生存条件，是人和自然之间的物质变换即人类生活得以实现的永恒的自然必然性。① 同时，在劳动的过程中，劳动力是重要的主观因素，劳动力所起到的作用能够在某种程度上决定物质的生产。人本身是他自己的物质生产的基础，也是他进行的其他各种生产的基础。因此，所有对人这个生产主体发生影响的情况，都会在或大或小的程度上改变人的各种职能和活动，从而也会改变人作为物质财富、商品的创造者所执行的各种职能和活动。在这个意义上，确实可以证明，所有人的关系和职能，不管它们以什么形式和在什么地方表现出来，都会影响物质生产，并对物质生产发生或多或少的决定的作用。②

(三) 资本资源是经济发展的第一推动力和持续动力

以商品经济作为前提和条件，商品生产者和商品经营者在从事这类生产经营活动过程中所需的各类要素都需要借助于市场来获取，而在市场中往往采用等价交换的方式，所以商品生产者和商品经营者所拥有的资本能够为其从事这类活动提供前提和助力。马克思认为，在商品生产的整个过程中，无论是按照社会地考察还是个别地考察，要求货币形式的资本或货币资本作为每一个新开办的企业的第一推动力和持续的动力。③ 同时，在商品经济中，自然、科学技术和劳动力等资源在经济增长过程中所发挥的作用只能借助于资本来进行，并从外在形式上表现为资本所发挥的作用。反之，资本数量的多少在一定程度上直接影响企业的生产经营规模以及企业的持续发展能力。在经济不断发展的今天，资本资源的总量进一步扩大，不变资本和可变资本相比较而言，增长趋势日益明显。同时，资本表现出明显的所有权与使用权分离的趋势。

(四) 科学技术是生产力

经济发展过程实际上便是社会扩大再生产过程，也是科学技术水平进一步提升的过程。对于经济发展来说，科学技术是其重要的前提。马克思认

① 马克思恩格斯全集（第二十三卷）[M]. 北京：人民出版社，1972：56.
② 马克思恩格斯全集（第二十六卷第一册）[M]. 北京：人民出版社，1972：300.
③ 马克思恩格斯全集（第二十四卷）[M]. 北京：人民出版社，1972：393.

为，再生产到处都是以固定资本和原材料以及科学力量的作用为前提的。所谓科学力量，包括为生产所占有的、甚至已经实现于生产中的科学力量。[①] 对于经济增长和物质财富创造而言，科学技术是重要的影响因素。马克思认为随着大工业的发展，现实财富的创造较少地取决于劳动时间和已耗费的劳动量，较多地取决于在劳动时间内所运用的动因的力量，而这种动因自身……取决于一般的科学水平和技术进步，或者说取决于科学在生产上的应用。[②] 科学技术是提高劳动生产率的重要因素，是节省生产成本的重要途径，是变革劳动组织、经济结构、经济制度从而是推动经济发展的巨大动力。

（五）生产要素的配置

在论述上述四个要素在生产中的作用后，马克思认为，所有的生产活动都必须要将各类生产要素紧密结合在一起。马克思首先认为，生产资料与劳动力的结合在空间上一定要相互匹配。生产环节中不但需要生产资料与劳动力数量相互匹配，同时，生产资料的质量和劳动力的质量也要结合在一起，若是质量上不相适应，这两种要素是无法结合的。同等质量的生产资料和劳动力的结合是开展生产和创造产品所必需的。不同生产要素需要达到质量上的相互适应和匹配，只有这样，才能够保证生产活动的顺利进行，才有可能促进经济增长和经济发展。同时，马克思通过对资本主义经济发展的洞察，提出生产要素的组合，从时间角度上来说，也应当分清前后关系，要将时间和空间作为标准进行先后排序，这种过程便是生产要素之间的结合。从上一个工序到下一个工序，各个工序互相承接，环环相扣，不能跳跃、不能滞后，也不能超前。生产要素的结合，从空间角度上来说，就是在多大范围内把生产要素聚集在一起。马克思指出，各种产品的主要销路在交通便利的大生产中心，人口中心，所以，大量的投资者就会来到这里投资办厂。"随着大量人口和资本在一定的地点这样加速集中，大量资本也就集中在少数人手里。同时生产地点和销售地点的位置还会移动和变迁，因为交通工具发生变

---

① 马克思恩格斯全集（第二十六卷第二册）［M］. 北京：人民出版社，1973：630－631.
② 马克思恩格斯全集（第四十六卷下）［M］. 北京：人民出版社，1980：217.

化，二者的相对位置也随之发生了变化。一个生产地点，由于处在大路或运河旁边，一度享有特别的地理上的便利，现在却位于一条铁路支线的旁边，这条支线要隔相当长的时间才通车一次。另一个生产地点，原来和交通要道完全隔绝，现在却位于好几条铁路的交叉点。后一个生产地点兴盛起来，前一个生产地点衰落了。"①

马克思指出，不管社会形态是以哪种所有制形式作为基础，也无论社会经济是否采取商品经济形式，社会总劳动在社会各生产部门中按一定比例分配，是人类一切生产所共有的自然规律，这一规律是人类社会从始至终都客观存在的、不以人的主观意志为转移的规律。这种按一定比例分配社会劳动的必要性，绝不可能被社会生产的一定形式所取消，而可能改变的只是它的再现方式，这是不言而喻的，自然规律是根本不能取消的。② 恩格斯指出，人类社会调整生产的方式有两种，一种是通过商品价格变动来调整社会生产，即现在通常所说的市场调节；另一种是通过直接的、自觉地控制来调整社会生产，即现在通常所说的计划调节。③ 由于这两种调节或调整方式都是调整社会生产所支配的劳动时间的分配，在事实上是起资源配置作用的，所以这两种调整社会生产的方式就是社会资源的两种配置方式。

市场配置资源是指各个商品生产者无须遵照负责经济管理的中央机构的任何指令，唯一遵照的是不断变动的市场价格导向，因而是在竞争和无政府条件下实现的。马克思详细分析了市场配置方式对经济发展的影响。马克思指出，社会资源在各生产部门按一定比例配置，从而整个社会生产的各个生产部门都按一定比例进行生产。"如果求过于供，价格就会上涨"④，正是这种供求关系作为"市场价格的晴雨表"为商品生产者提出了一个可判断商品供求状况的客观、确切的依据，从而引导商品生产者适应市场供求状况，能动地进行选择，即能动地进行自我扩张、自我收缩和自我选择，就能够使各生产部门之间不协调的经济关系得以调整，使社会再生产顺利进行。而直

---

① 马克思恩格斯全集（第二十四卷）[M]. 北京：人民出版社，1972：278-279.
② 马克思恩格斯全集（第四卷）[M]. 北京：人民出版社，1995：580.
③ 马克思恩格斯全集（第一卷）[M]. 北京：人民出版社，1995：360.
④ 马克思恩格斯全集（第一卷）[M]. 北京：人民出版社，1995：613.

接计划配置，使得人们在掌握各类产品的需求总量和社会总资源的情况下，进行计划的制订，将可供支配的资源总量按照相应的比例来进行分配。只有按照一个统一的大的计划协调地配置自己的生产力的社会，才能使工业在全国分布得最适合于它自身的发展和其他生产要素的保持和发展。① 不通过市场为中介实现社会资源的配置，是"社会对自己的劳动时间所进行的直接的自觉的控制"。② 但是，马克思和恩格斯随即就指出，这种"直接的自觉的控制"，并不是任何社会情况下都可行的，计划调节本身也需要具有一定的条件。例如，建立单一社会状态下所有成员占据所有生产资料的公有制与个人和个人、单位和单位之间不存在互相对立的生产关系，等等。

从马克思关于生产要素的论述来看，经济增长最基本的生产要素，从开始的劳动、土地双要素，到后来的劳动、土地、资本，再到后来的劳动、土地、资本、技术、制度……无一不和营商环境有关。因此可以简单认为，营商环境就是生产要素的集合。这启发我们要推进经济高质量发展，就要优化市场营商环境，促进各类生产要素自由流动，实现要素市场化配置。

三、马克思主义经济发展理论

优化营商环境是经济高质量发展的基础，经济高质量发展的同时也会促进营商环境优化。因此，在研究营商环境的过程中我们要以马克思主义经济发展理论为指导。经济增长、经济发展问题始终是经济学研究的重点和热点。虽然马克思经济著作中没有出现"经济增长"术语，但马克思关于积累、人口、就业、社会资本再生产和流通等问题的论述，实际上都属于经济增长问题的范畴。在我国经济发展进入新常态、世界经济复苏低迷形势下，党的十八届五中全会提出的创新、协调、绿色、开放、共享的新发展理念，反映了我们党对经济社会发展规律认识的深化，是马克思主义经济发展理论的又一次重大创新。

---

① 马克思恩格斯全集（第三卷）[M].北京：人民出版社，1995：646.
② 马克思恩格斯全集（第四卷）[M].北京：人民出版社，1995：578.

（一）马克思经济增长模型

针对一个健全的社会体系而言，消费与生产都是永远不能停止的，要保证整个生产过程不能中断。马克思所提出的再生产理论，本质上是以经济增长为基本内核。而在扩大再生产图式的基础之上，可构建起马克思经济增长模型。在社会资本扩大再生产的过程中，马克思指出，生产逐年扩大是由于两个原因：第一，由于投入生产的资本不断增长；第二，由于资本使用效率的不断提高。① 以这一思想为基础，马克思提出了经济增长模型。

在经济增长模型中，马克思对经济增长过程中的两大问题进行了回答：一是什么是经济增长率的决定性因素。资本增长率决定了经济增长率，资本增长速度和经济增长速度成正比，也就是说，资本增长的快慢影响到经济增长的快慢。资本的扩大即资本的增长，就全社会来讲是由资本积累率决定的。社会再生产过程中新创造价值中的剩余价值，必须有一部分再转化为资本，只有这样才能进一步扩大再生产规模，不然剩余价值全部被资本家竞相瓜分和挥霍，不留存任何新增资本，那么社会再生产就难以扩大规模，只能按照原有的规模进行生产，即以简单再生产的方式来进行。扩大再生产主要是由于积累或者资本增加。也就是说，在剩余价值中，将资本家用于消费和挥霍的资本扣除以后，还必须有剩余部分用来进行投资，进而增加不变资本与可变资本，增加生产资料和劳动力。在马克思看来，积累就是资本以不断扩大的规模进行的再生产。② 资本主义之所以要不断生产，其最终目标和动机是实现更多的剩余价值，资本家希望将部分的剩余价值和剩余产品向资本转化，并且尽最大可能提高资本积累率，所以在马克思看来，扩大再生产是资本主义生产过程中最具代表性的特征。

二是资本使用效率是决定经济增长率的一个基本变量。在影响经济增长率的众多因素中，资本增长率是重要因素之一，但并不是唯一因素。在马克思看来，"一定的资本，没有积累，还是能够在一定界限内扩大它的生产规

---

① 马克思恩格斯全集（第二十六卷）［M］. 北京：人民出版社，1973：598.
② 马克思. 资本论（第一卷）［M］. 2 版. 北京：人民出版社，2004：671.

模。"① 所以说，即便企业不追加货币资本投资，依然有扩大再生产规模的可能性。马克思在《资本论》第一卷第七篇"资本的积累过程"中详细分析了这种没有新增投资也能扩大生产规模的各种情况。比如，在马克思看来，"由提高劳动力的紧张程度而获得的追加劳动，没有不变资本部分的相应增加，也能够增加剩余产品和剩余价值，即积累的实体。"② 这种情况不仅适合工业也适合农业，对农业生产的情况，马克思认为，"如果工人数量不变，但是付出的劳动量增加，那么不必再为新的劳动资料支付成本，也可以提高总的生产量。这又是人对自然的直接作用，这种作用无需新资本的介入，也会成为扩大积累的直接源泉。"③ 当技术条件没有发生变化，不用积累也能扩大再生产，由此马克思得出结论，"资本一旦合并了形成财富的两个原始要素——劳动力和土地，它便获得了一种扩张的能力，这种能力使资本能把它的积累的要素扩展到超出似乎是由它本身的大小所确定的范围，即超出由体现资本存在的、已经生产的生产资料的价值和数量所确定的范围。"④ 同时，马克思十分重视科学技术对扩大生产的作用。随着社会劳动生产率的进一步提升，马克思认为，同一可变资本价值会推动更多的劳动力，从而推动更多的劳动。同一不变资本价值会表现为更多的生产资料，即表现为更多的劳动资料、劳动材料和辅助材料，从而会提供更多的形成产品和价值的要素，或者说，提供更多的吮吸劳动的要素。因此，在追加资本的价值不变甚至降低的情况下，积累仍然可以加快。"不仅再生产的规模在物质上扩大了，而且剩余价值的生产也比追加资本的价值增长得更快。"⑤ 因此，预付资本中各种生产要素有很大的潜力弹性，尤其是科学技术的进步使各种生产要素的质量和性能，包括劳动者的素质和能力大大提高，资本的使用效率越来越高，进一步带动经济的增长。对于经济增长来说，无论是资本使用效率还是资本增长率，均是推动经济增长的重要因素。

马克思经济增长理论对后来的经济增长理论产生了巨大影响，在经济史

---

① 马克思. 资本论（第二卷）[M]. 2 版. 北京：人民出版社，2004：564.
② 马克思. 资本论（第一卷）[M]. 2 版. 北京：人民出版社，2004：696.
③④ 马克思. 资本论（第一卷）[M]. 2 版. 北京：人民出版社，2004：697.
⑤ 马克思. 资本论（第一卷）[M]. 2 版. 北京：人民出版社，2004：698.

上具有重要的地位和理论价值。过去，理论界往往认为马克思的经济增长模式属于投资驱动模型，这是不恰当的。实际上，对经济增长中有机构成的变化以及科学技术的作用，马克思是十分重视的。对马克思这一思想进行充分的挖掘，有利于推动我国经济增长方式的转变。

（二）经济增长方式

在马克思的著作中，虽没有直接使用经济增长和经济增长方式这些字眼，但按我们目前对于经济增长方式和经济增长概念的理解，马克思在其理论文献中已经进行了相对比较完整的阐述。马克思在《资本论》中提到了级差地租的概念，在此基础上提出了两种耕作方式，一种是粗放耕作，另一种则是集约耕作；在对再生产理论进行论述时，提出了两种扩大再生产的方式，一种是外延型，另一种则是内涵型，之后，学者们将外延型扩大再生产方式简称为外延增长，将内涵型扩大再生产方式简称为内涵增长，并且以此为理论基础对经济增长方式转变进行研究。

1. 粗放经营和集约经营

马克思在《资本论》中提到了级差地租的理论，将级差地租分为两种形式，代表了资本主义土地经营的两类方法，也就是粗放型经营模式和集约型经营模式。在资本主义发展的早期，由于有未开垦的处女地且同时受生产力发展水平的限制，在开展农业生产的时候，通常是采用扩大土地耕种面积的方式进行，采取粗放式的生产经营模式。马克思在《资本论》中明确提出，"那些新近开垦、以前从未耕种过、相对地说比较不肥沃的土地，在气候条件不是特别坏的环境下，至少已在土壤表层积累了许多易溶解的植物养料，以致无须施用肥料，甚至只须粗放耕作，也能长期获得收成。"[①] 这里，马克思仅仅是针对西欧情况而言的。马克思认为，"在那些自古就从事耕作的国家，由于所有权关系，由于已耕地价格决定未耕地价格等等，不可能有这种粗放经营。"[②] 即使是西欧，马克思也认为随着土地数量的减少，这种粗放耕作的可能性也自然会或快或慢地消失，逐渐转变为土地集约化经营模

---

①　马克思. 资本论（第三卷）［M］. 2 版. 北京：人民出版社，2004：756.
②　马克思. 资本论（第三卷）［M］. 2 版. 北京：人民出版社，2004：757.

式。马克思认为，"在经济学上，所谓集约化耕作，无非是指资本集中在同一块土地上，而不是分散在若干毗连的土地上。"① 发展集约化耕作，也就是说，在同一土地上连续进行投资。②

2. "外延"再生产和"内涵"再生产

在马克思扩大再生产的阐述中，对外延和内涵概念进行了详细的解释。马克思认为，"如果生产场所扩大了，就是在外延上扩大；如果生产资料效率提高了，就是在内涵上扩大。这种规模扩大的再生产，不是由积累——剩余价值转化为资本——引起的，而是由从固定资本的本体分出来、以货币形式和它分离的价值再转化为追加的或效率更大的同一种固定资本而引起的。"③ 积累，剩余价值转化为资本，按其实际内容来说，就是规模扩大的再生产过程，而不论这种扩大是从外延方面表现为旧工厂之外添设新工厂，还是从内涵方面表现为扩充原有的生产规模。④ 又或是从外延角度来理解扩大再生产，指的是保持生产要素的质量、生产技术水平以及劳动生产率稳定的情况下，只通过增加生产要素数量并且将生产场所对外延伸而提高生产规模。外延扩大再生产将生产广度的提高作为主要特征，所以有时也将其看作是粗放式的扩大再生产。与外延扩大再生产相对应的则是内涵扩大再生产，指的是借助于生产技术水平的提高、生产要素质量的提升以及生产要素使用效率的提升来提高生产规模。这种生产方式能够推动生产向纵深方向发展，向集约方向发展，所以，有时也将其称为集约式的扩大再生产。在现实社会中，这两种再生产方式并不是截然分开而互相分离的，而是紧密联系在一起的，通常在一个生产过程中同时出现。

（三）新发展理念

新发展理念包含了创新理念、协调理念、绿色理念、开放理念以及共享理念，这些理念从全局的角度为我国经济发展提供了导向和发展思路，起到管根本和管长远的作用，有一定的战略性和纲领性。这一理念的提出，为我

---

① 马克思. 资本论（第三卷）[M]. 2 版. 北京：人民出版社，2004：760.
② 马克思. 资本论（第三卷）[M]. 2 版. 北京：人民出版社，2004：766.
③ 马克思. 资本论（第二卷）[M]. 2 版. 北京：人民出版社，2004：192.
④ 马克思. 资本论（第二卷）[M]. 2 版. 北京：人民出版社，2004：355.

国接下来很长一段时间的发展指明了方向，因此，应当对其内涵进行深入的把握和理解。

1. 创新理念

在影响经济发展的较多因素中，发展动力起着决定性作用，它直接决定了发展的可持续性。我国由于经济体量庞大，若是解决不好动力问题，则很难实现经济的健康发展，也难以实现"两个翻番"的发展目标。我国对近代以来发达国家的经济发展历程进行经验总结，并充分结合我国改革开放的成功经验，认为应该坚持创新发展。坚持以创新为导向，不断应对发展环境的变化，为发展提供源源不断的动力，将发展的主动权牢牢掌握在自己的手中，为经济新常态的发展指引方向。习近平总书记提出，抓住了创新，就等于抓住了牵动经济社会发展全局的牛鼻子[①]。应当牢固树立创新发展的理念，始终将创新放在国家经济社会发展的重要位置，进一步推动理论创新、文化创新、制度创新等，用创新思想指导工作，在全社会营造出创新的良好风气。

2. 协调理念

在新的经济形势下，协调发展呈现出新的特征。例如，协调不但是发展的手段和目标，还是发展质量和效率的评价标准；在两点论和重点论的统一下，协调发展一方面要着力解决难点问题，改进发展的缺陷和不足，同时要对原本所有的优势加以巩固，两方面互相补充，相辅相成；协调也是发展平衡与不平衡的统一，协调发展并不意味着要平均发展，而是将重点放在关注发展公平和发展均衡方面，提高资源配置的均衡度；协调能够将补齐短板与挖掘潜力统一起来，借助于补齐短板的过程，挖掘发展过程中的潜力点，助力发展的持久度。因此，应当牢固树立协调发展的观念，增强协调发展意识，始终从总体角度对中国特色社会主义事业的格局进行把握，对发展过程中的重点区域和其他区域统筹协调，加快城乡统筹协调发展，推进国家硬实力和国家软实力的同步提升，从整体的角度推动发展质量的提高。

---

① 习近平著作选读（第一卷）［M］. 北京：人民出版社，2023：425 – 426.

3. 绿色理念

绿色发展是为了解决在以往经济发展过程中人与自然之间的矛盾。人类要开发各类资源，必须要尊重自然规律、顺应自然，保护自然环境，否则大自然就会带来惩罚。人类本身就是大自然的一部分，和大自然之间是共生共存的关系，人类破坏大自然，最终是破坏自己的生存环境，给自己带来伤害。尊重自然规律，在开发利用自然的过程中要有一定的限度。要牢固树立绿色发展观念，坚持节约资源和保护环境的基本国策，坚定不移地走生态文明发展之路，推动资源节约型和环境友好型社会的建设，实现人与自然的和谐发展，建设美丽中国，为全球生态环境的保护作出贡献。

4. 开放理念

实践证明，一个国家要想繁荣发展，必须要与时代发展的潮流相适应，要坚持对外开放的基本国策，借鉴和学习最新研究成果和先进的管理经验，要认识到开放发展的重要性。如今，国内形势和国际形势已经与以往有所不同，我们开放发展面临的风险更高，挑战也更多：国际力量之间的对比在潜移默化中发生着变化，这种变化是积极的，但是要想建立起完全公正合理的国际政治经济秩序依然有很长的路要走；世界经济逐渐摆脱了国际金融危机的阴影，但是受新冠疫情的影响依然没有寻找到经济全面复苏的新方法；我国在世界经济和全球治理中话语权不断提高，但是依然存在经济大而不强的问题；我国对外开放已经进入了"引进来"与"走出去"相结合的时期，然而，要想从体制层面为大规模对外开放和高水平对外贸易提供支持，依然需要进一步努力。建立起开放发展的观念，应当顺应世界经济发展的形势，实现国家经济与世界经济的紧密融合，坚持互利共赢的对外开放战略，让"走出去"与"引进来"相互协调，进出口协同发展，大力引进先进技术和智力成果，推动更高层次的开放型经济发展，积极参与全球问题的治理和公共产品的供应，在世界经济体系中提高我国的话语权，为建立广泛的利益共同体而贡献力量。

5. 共享理念

共享发展理念包括四个方面的内涵：从覆盖面来说，共享发展是全民共享，这种共享不是仅有个别人或者是部分人享有，而是所有的人都能够享有，人人各得其所。从内容来说，共享发展是全面共享，共享发展涵盖了政治领域、经济领域、文化领域、生态领域和社会领域等多个方面的建设成果，全方位保障人民群众的合法权益。从过程来讲，共享发展是共建共享，也就是说，必须要共同参与建设过程才能够共同享受建设成果。从共享的程度来说，共享发展是一种渐进式的共享，发展要有一定的过程，可能需要经历从低级到高级、从不均衡到均衡的阶段。之所以要树立共享发展的理念，主要是为了发扬一切为了人民、一切依靠人民的精神，使得全体人民在共享共建的过程中享受到建设成果，增强获得感和满足感，增强发展动力，推动各族人民团结友爱，共同向着富裕的方向发展。

新发展理念中的每一个理念都是重要的组成部分，都不可或缺，各个理念之间相互依存、互相联系。从发展的关联性来说，任何一个发展理念都不能缺少。从主要内容来说，新发展理念，各自有各自具体的导向，同时又互相促进、相互融合。从总体效能来说，新发展理念是对传统发展理念的进一步创新，同时也对时代发展的内涵进行了全方位的拓展，增强了发展的包容性和系统性。从操作层面来说，新发展理念需要统筹兼顾，统一贯彻落实，做到一体化推进和发力，既不能互相代替，也不能顾此失彼。因此，我们应当全面把握新发展理念的内涵，不断增强新发展理念的系统性和整体性，要树立全面发展的科学思想，以统筹兼顾为主要的工作方法，推动发展理念的贯彻落实。

总的看来，马克思主义经济发展理论把握了"发展"这个经济学的主题，对当今我国优化营商环境，推进经济高质量发展有重要的借鉴和参考作用。马克思主义经济发展理论具有历史性、全面性和深层次性。人类社会发展阶段的更替是一个十分漫长的历史过程，存在内在的规律性。马克思把人类社会划分成五个阶段，分别是原始社会、奴隶社会、封建社会以及资本主义社会和共产主义社会，对一个阶段朝着另一个阶段过渡所具备的历史继承性、创造替代性及现实兼容性进行充分论证。作为一个自然的历史过程，生产力和生产关系的矛盾运动就是推动一个社会朝着另一个社会发展的根本动因。马克思主义经济发展理论一开始就认识到经济增长与经济发展的区别和矛盾性，指出资本积累与经济增长将在很大程度上影响着无产阶级的命运，同时还深入探讨了两极分化、失业等问题。事实上，经济发展和经济增长相辅相成，二者的本质内涵有相同之处，但也存在一定的差异。经济增长主要指的是一段时间内国民收入的增长；而经济发展除了包括国民收入的增长以外，还包括由经济增长带来的其他种种经济、社会和政治方面的进展等。经济增长所涉及的内容以及范畴远远不如经济发展广阔，经济增长被包含于经济发展之内，与经济发展并不是两个相同的概念。经济增长虽然只是经济发展中的一部分，但却是其中最基本的，也是最重要的一部分。这是因为经济增长是实现经济发展的手段和前提，没有经济增长就不可能有经济发展。只有具备一定幅度的经济增长，才能找到推动社会经济发展的机会。社会发展的前提条件就是要推动经济增长，但光有经济增长，社会经济不一定得到发展。这就启发我们，在我国经济由高速增长阶段转向高质量发展阶段的过程中，研究市场营商环境的优化问题要以马克思主义经济发展理论作为指导，实现更高质量、更有效率、更加公平、更可持续发展的市场营商环境。

第三节　法治化营商环境研究的理论基础

一、马克思社会治理思想

推进国家治理体系和治理能力现代化，是优化营商环境的内在要求。通过建设法治营商环境，可以提升社会治理能力，推动经济高质量发展，更好实现国家治理现代化。尽管马克思没有明确提出"社会治理"的概念，但在其思想脉络之中蕴含着丰富的关于社会治理的思想。

首先，社会治理理念的基本立场，是坚持人民当家作主。早在《法兰西内战》中，马克思就较为详细地论述了人民当家作主的基本内涵。人民当家作主，是与权贵统治、大资本家统治截然相对的。工人阶级作为人民的主体，是公社自治的主要担当者，这不同于封建国家和资产阶级国家的统治职能，是一种社会的自我治理职能的实现，是"生产者的自治政府"。资本主义社会，虽然也强调社会自治，但这种自治，往往因为财产等现实因素沦为虚假的自治，因为它无法克服资本主义社会内在的贫富差距扩大的基本困境。

其次，在社会治理的内容和方法上，马克思的很多思想也可以为后来者提供借鉴。其一，是关于社会保障方面的内容。马克思提出了社会保障金的概念，社会保障金来源于劳动的剩余价值，他明确指出，"保险必须由剩余价值补偿，是剩余价值的一种扣除"①，而且国家有必要"保证所有的工人都有生活资料，并且负责照管丧失劳动力的人"②。其二，是关于社会教育方面的内容。马克思提出，要用"社会教育代替家庭教育"，这样可以"使教育摆脱统治阶级的影响"③。为了实现这一目标，应该将教育与生产劳动的过程相结合。其三，是提出社会监督的理念。马克思根据巴黎公社的实践提出，无产阶级政权要保证长期存在，就必须让"一切社会公职，甚至原应属于中央政府的为数不多的几项职能，都要由公社的勤务员执行，从而也就处在公社的监督之下"④。

最后，在社会治理的必要性和可能性层面，马克思关于公共服务和生产力的关系的论述，尤其值得今天的我们加以重视。基于历史唯物主义观念，马克思专门研究了生产力的发展对公共服务增长的影响，并且揭示了随着人类社会与生产力的不断前进、发展，社会关系日趋复杂，物质财富迅速积聚，人们的社会交往领域不断扩展，公共领域和私人领域不断分化，维护公共利益的必要性和可能性不断上升。即使在无产阶级取得政权之后，依然需要创立国家来维护社会秩序，来保护自己的共同利益，免遭内部外部的侵犯。

当前，我们由经济高速增长转向高质量发展，营商环境需要进一步优化，营商环境建设要求推进社会治理现代化。这就启发我们必须在牢牢坚守"人民民主"的底线的前提下，探索切实推进社会实现良性治理的有效途径，探索国家、社会和个人的良性互动形式，打造法治营商环境，推进经济高质量发展。

---

① 马克思. 资本论（第二卷）［M］. 北京：人民出版社，1975：198.
② 马克思恩格斯全集（第五卷）［M］. 北京：人民出版社，1958：4–5.
③ 马克思恩格斯选集（第一卷）［M］. 北京：人民出版社，1995：299.
④ 马克思恩格斯选集（第三卷）［M］. 北京：人民出版社，1995：121.

二、马克思关于制度与经济发展的论述

党的十九大和中央经济工作会议指出，建设现代化经济体系、促进高质量发展的重要基础是改革创新体制机制，进一步优化营商环境。政府通过完善审批制度、建立营商环境评价指标体系等一系列制度建设，破除体制机制障碍，推动法治营商环境改善，促进经济高质量发展。而马克思在《资本论》中关于制度与经济发展的论述对当前优化营商环境促进经济发展仍具有很高的理论价值。

（一）规范经济主体行为和经济运行

不管在什么社会状况下，经济活动都需要借助于人的行为来实现。若是不建立完善的行为约束和管理机制，人们的行为可能会出现盲目性和无序性，对经济发展产生不利影响。交换活动应当有序进行，双方必须要充分尊重对方的意愿，这是一切交换的前提，所有的交换均应当遵守自由原则和平等原则。马克思提出，"为了使这些物作为商品彼此发生关系，商品监护人必须作为有自己的意志体现在这些物中的人彼此发生关系，因此，一方必须符合另一方的意志，就是说每一方只有通过双方共同一致的意志行为，才能让渡自己的商品，占有别人的商品。可见，他们必须彼此承认对方是私有者"。[①] 除此以外，他还提到，只要把劳动或商品当作交换价值，所有者之间"就绝对没有任何差别"。因为"作为交换的主体，他们的关系是平等的"。[②] 另外，不但要规定商品交换的平等性，还要规定商品交换的自由性。尽管个人 A 需要个人 B 的商品，但他并不是用暴力去占有这个商品，反过来也一样，相反地他们互相承认对方是所有者，是把自己的意志渗入到商品中去的人。[③] 就是通过这些原则，来规范和约束交换者双方行为。制度的规范作用还可以通过法律和国家权力的运用表现出来。在《资本论》中，蕴藏了对经济运行的有效规范和对经济行为主体的约束。如实施《劳动法》

---

① 马克思. 资本论（第一卷）[M]. 北京：人民出版社，1975：102.
② 马克思恩格斯全集（第四十六卷）[M]. 北京：人民出版社，1976：193.
③ 马克思恩格斯全集（第四十六卷）[M]. 北京：人民出版社，1976：195.

《银行法》《工资法》《济贫法》等法律，以及国家制定贸易保护政策和税负政策等。

（二）促进社会经济发展

马克思在《资本论》中阐述了制度对经济发展的作用。一方面，制度为实现生产活动和发展社会生产力提供必要的社会形式。生产包括生产力和生产关系，生产力以所生产的物质内容作为表现形式，生产关系以生产的社会形式作为表现形式。生产力和生产关系之间存在着密切的联系，生产关系是由生产力所决定的，并反作用于生产力，否则生产无法进行。马克思认为，我们越往前追溯历史，个人，也就是进行生产的个人，就显得越不独立，越从属于一个更大的整体，孤立的个人在社会之外进行生产，……就像许多个人不在一起生活和彼此交流竟有语言一样，是不可思议的。① 由此，我们可以发现生产关系作为社会制度的重要组成部分，对于实现社会生产过程具有十分重要的意义。从某种程度上来说，若是缺少了社会制度，生产力将难以发展，社会生产将会陷入停滞。同时制度也能为经济发展奠定基础。国家通过履行提供"各类公共服务"的职能，② 为社会经济发展提供所需要的各类共同条件。《资本论》中提出，在当代社会经济发展过程中，货币的发行、税收制度的确定、铁路的修建、市场的开辟等都是推动社会经济发展的重要条件，而这些条件凭借某一个企业或者某一个资本家是不能实现的，只有借助于国家力量，才能够履行这些公共职能，为社会经济的迅速发展奠定基础，进而助力经济的发展。另外，国家还能够从科学领域、教育领域等为社会经济发展提供支持和保障。在马克思看来，物质领域的进步与精神领域的进步息息相关，直接与自然科学技术以及科技运用紧密结合。另外，马克思还提出，生产力的这种发展，归根到底，总是来源于发挥作用的劳动的社会性质，来源于社会内部的分工，来源于智力劳动特别是自然科学的发展。③ 而正是由于国家大力投资精神生产领域和智力劳动领域，加大对自然科学的扶持力度，才能为经济发展提供有力的支持，保障社

---

① 马克思. 政治经济学批判［M］. 北京：人民出版社，1976：194.
② 马克思. 资本论（第三卷）［M］. 北京：人民出版社，1975：432.
③ 马克思. 资本论（第三卷）［M］. 北京：人民出版社，1975：97.

会经济的稳定发展。

（三）调节经济运行与发展

在宏观经济运行的过程中，需要国家各经济部门之间的相互配合和协调，维持物质供给和资金供应链的平衡，保证社会总需求与社会总供给之间的匹配，实现社会再生产各个流程之间的配合。这些都需要借助相应的调控机制来得以实现。在马克思看来，制度在经济发展过程中所起到的调节作用主要可以从两个方面来理解：一是根据国家各经济部门自身的客观比例关系来合理调节分配社会劳动，促使国家经济部门的运行和发展相对比较平衡；二是结合在不同的时间节点上经济发展所表现出的态势来调节经济自身活动，从而促使经济活动保持平衡和稳定。在商品经济社会的自由竞争阶段，通常是借助于市场机制来对宏观经济状况的运行和发展进行一定的调节。但是随着商品经济进一步发展，生产力水平的不断提高，生产社会化分工进一步扩大，生产和资本出现了高度集中的情况，甚至出现了垄断行为，若是完全借助于市场机制来调节经济运行状况是远远不够的，这时候必须借助于国家宏观调控进行干预。

在《资本论》中，马克思重点研究了生产关系。因为经济制度是生产关系的总和，所以对生产关系进行研究也就意味着对经济制度进行研究。马克思并没有在《资本论》中对经济制度大谈特谈，而是选择对其中最为核心的制度问题——生产资料所有制进行分析，侧重研究其在社会经济方面的表现及方式，目的就是要挖掘出其对社会经济的运行与发展能起到怎样的作用。除此之外，马克思还对国家、律法、道德等意识形态进行研究。需重点明确的是，当国家处于某种社会生产关系时，国家会拥有来自社会赋予的制度属性，从而能够在一定程度上制约经济生活，发挥同制度一样的作用。与西方学者直接把国家当作制度的看法相比较，这种看法是不一样的。马克思认为制度对经济的作用包括规范经济主体行为和经济运行，调节经济运行，促进社会经济发展等。但不可忽视，经济的运行与发展也很容易受到制度的不良影响，从而产生一些反向作用。因此，在对经济建设指导的过程中，我们势必要对制度进行相应的调整及创新，使二者能够保持方向一致、速度相当。一定要控制好度，不能让二者之间产生较大的距离，否则制度会对经济发展带来负面作用。这就启发我们，在推动经济高质量发展过程中，要通过推进体制机制创新来改善营商环境。通过优化法治营商环境，实现制度创新，降低企业的制度性交易成本，激发企业创新活力，更好推动经济高质量发展。

第四节 本章小结

本章梳理分析了营商环境相关理论，政府与市场的关系、所有制理论、社会治理思想等为本书提供理论指导。政府与市场关系理论启发我们在优化营商环境的过程中，先要处理好政府和市场的作用，建设人民满意的服务型政府；所有制理论启发我们在优化营商环境过程中要充分注重非公有制经济的发展，实现要素市场化配置；社会治理思想启发我们在优化营商环境过程中要以人民为中心，激发企业家的创新创造活力。通过营商环境相关理论分析，可以为后面如何理解营商环境的范畴和内涵、如何理解营商环境与经济高质量发展关系、如何构建中国营商环境评价体系、如何优化营商环境实现经济高质量发展等研究奠定理论基础与依据。

第四章

营商环境与经济高质量发展的关系梳理

中国经济由高速增长阶段转向高质量发展阶段，需要打造什么样的营商环境来匹配经济高质量发展呢？为了解决这个问题我们先要明确营商环境和经济高质量发展的内涵及特征，在此基础上全面梳理营商环境与经济高质量发展的关系，为后面章节的实证部分及对策建议的提出做理论铺垫。

第一节　营商环境的内涵

一、营商环境的定义

世界银行集团国际金融公司（IFC）在 2002 年启动一项名为"Doing Business（简称 DB）"的项目调查，从企业全生命周期角度入手，考察企业从开办到运营的便利化程度，并发布《营商环境报告》。并据此提出了"营商环境"的概念，营商环境指的是："一个企业遵循国家政策法规，开展经贸活动、纳税活动、执行合约或关闭合约等所需要的时间成本、资金成本等条件"。图 4-1 显示了企业全生命周期与营商环境千丝万缕的联系。此后，营商环境这一概念被一些机构和学者使用，而不同的人关于营商环境的概念作出的解释并不相同。

创业阶段

获得场地

劳动力市场监管

办理施工许可证

开办企业

获得电力

办理破产

登记财产

在安全的商业
环境中运营

执行合同

获得信贷

纳税

获得融资

保护少数投资者

跨境贸易

日常运营

图 4 - 1　企业全生命周期中的营商环境

　　艾弗特等（2007）认为，营商环境主要指的是会对企业或产业的经营效率产生影响的因素集合，例如，人力资源、国家政策法规、基础设施、文化环境、地理环境，等等。卡林等（2009）研究提出，营商环境主要指的是企业所处的经济环境以及外部宏观环境等，经济环境主要指的是会对企业经营成本产生影响的因素，外部宏观环境则主要包括政策法规、基础设施、金融体系或其他社会因素。黄吉乔等（2014）研究提出，营商环境建设需要涉及多方面的内容，包括社会环境、法律环境、政策环境、市场环境、企业发展环境，等等，与社会经济改革以及对外开放都有着不可分割的联系。胡益等（2015）研究提出，营商环境指的是经济、社会、政治、生活等对企业经营活动产生影响的各类因素的总和，包括法治环境、生活环境、文化背景、政策制度、市场准入机制、市场要素流动，等等。魏下海（2015）研究提出，广义层面的营商环境，主要指的是会对当地经济发展产生影响的因素，例如，文化背景、自然环境，等等；狭义层面的营商环境，主要指的是会对企业经济发展产生影响的政府公共服务相关的因素，例如，司法公正、市场准入条件、税收制度，等等。柯拉辛斯基（2015）研究认为，营商环境关系着企业后续的发展，对企业开展生产经营活动和贸易活动会产生深远的影响，是在国家法律法规和政策制度的约束下，企业开展经贸活动需要的时间成本和经济成本的总和。《"十三五"规划纲要》（2016）明确指出我国营商环境主要包括人文环境、法治环境、政务环境和市场环境。韩冰等（2017）研究提出，我国营商环境主要包括三个部分：第一，宏观因素，包括政治稳定性、汇率政策、货币政策或财政政策；第二，政府制度因素，例如，国家法律法规、金融体系、政府公共服务体系；第三，基础设施因素，例如，交通基础设施、电力基础设施、道路基础设施，等等。宋林霖等（2018）认为营商环境实质上就是对市场中的经营主体会产生影响的各类环境的有机复合体，包括法治环境、国际化环境、经济环境、文化环境、政治环境，等等。彭向刚等（2018）研究提出，营商环境是对企业生产经营过程产生直接影响或间接影响的环境，既包括基础设施等硬环境，也包括人文环境、法制环境、政策环境等软环境，而这些环境因素往往对企业的投资活动、经营活动和管理决策会产生深远的影响。秦冲（2018）认为企业所处的营商环境可以被分为两部分：其一是外部营商环境，也被称为宏观营商环境，例如，法律环境、政治环境、经济环境等；其二是内部营商环境，也被称为微观营商环境，例如，设备、原材料、员工、竞争者、顾客以及资金等。满姗等（2018）指出，一个国家的综合软实力，往往能够从这个国家的营商环境反映出来，这是因为营商环境中所包含的法律环境、经济环境、政策环境、人义环境等诸多要素，对于企业的经济活动以及社会的改革开放等都会产生深远的影响。娄成武等（2018）认为营商环境就是一个包括微观因素和宏观因素的综合环境，是政府、社会以及市场所共同提供的一种特殊公共产品，且具有极其明显的制度性特征，会对区域市场主体的经济活动产生深远影响。袁莉（2018）指出，营商环境指的是影响市场主体生产经营活动的所有因素的总和，例如，法治因素、市场因素、社会因素、文化因素、政治因素等。国务院《优化营商环境条例》（2019）定义营商环境是所有对市场主体经济活动产生影响的体制机制因素。王平（2019）研究提出，营商环境是对企业经营管理活动产生影响的所有因素的总和，包括国家的政策制度、办事流程、法律机制、公共服务水平等，能充分体现出一个国家或地区政府的综合实力。白景明等（2019）提出，营商环境中所涵盖的诸多要素之间存在内在因果关系，会共同对市场主体的生产经营活动产生影响。薄文广等（2019）研究提出，营商环境代表企业开展生产经营活动所处的外部环境，且与企业开展经贸活动的难易程度息息相关。王周火等（2019）研究认为，营商环境就是企业开展生产经营活动所处的外部环境，该外部环境中的众多影响因素都会直接左右企业经营活动的过程以及成果。李志军（2019）研究认为，营商环境实质上就是经济主体开展经贸活动时，所处的外部环境的总和，包括自然环境、制度环境、政治环境、文化环境和经济环境。史亚洲（2019）研究提出，在企业的全生命周期中，做出的所有决策以及开展的经营活动都会受到营商环境的影响，主要包括历史人文环境、社会环境、法制环境、政策环境和市场环境，等等。郭燕芬（2019）研究提出，随着社会经济的发展，营商环境也会随之发生变化，这是一个包含多种因素的制度环境，其构建者包括政府、社会组织或市场。陈太义等（2020）研究提出，营商环境主要指的是对市场主体的经贸活动产生影响的体制机制因素的总和，且这些因素往往对于市场主体所作出的决策会产生较大的影响。翟金芝（2020）研究认为，营商环境实质上代表着企业所处外部环境的综合体，这个综合体主要包括人文环境、市场环境、政策法律环境、政务环境，等等。

综合国内外专家学者的观点可以看出，迄今为止，学术界关于营商环境的定义没有明确的统一，学者们也是根据自身研究的具体需要来定义营商环境的概念。综合学者们的观点，营商环境的概念有两种解释：一是广义的营商环境，指的是影响企业从事生产经营活动的各种因素的总和，包括制度性因素和非制度性因素。世界银行、艾弗特等持这一观点（如表 4 - 1 所示）。二是狭义的营商环境，主要指对企业商业活动产生影响的制度性因素，而历史人文环境、基础设施等非制度性因素则不被包含在内。国务院、郭燕芬等持这一观点（如表 4 - 1 所示）。本书拟采用狭义的概念，在借鉴国务院《优化营商环境条例》对营商环境定义的基础上，根据"十三五"规划纲要中提到的关于营商环境的分类标准，认为营商环境是指企业在全生命周期中所处的制度环境，包括政务环境、市场环境和法治环境等。

表4-1 营商环境定义的代表性研究

文献来源	定义	研究侧重点
世界银行（2002）	一个企业遵循国家政策法规，开展经贸活动、纳税活动、执行合约或关闭合约等所需要的时间成本、资金成本等条件	广义的综合观
艾弗特等（2007）	营商环境指地理环境、基础设施、机构、人力资源和政策等影响不同产业和企业经营效率的因素集合	广义的综合观
柯拉辛斯基（2015）	营商环境关系着企业后续的发展，对企业开展生产经营活动和贸易活动会产生深远的影响，是企业在国家法律法规和政策制度的约束下，企业开展经贸活动需要的时间成本和经济成本的总和	狭义的制度环境
胡益（2015）	营商环境指的是对企业经营活动会产生影响的各类因素的总和，包括法治环境、生活环境、文化背景、政策制度、市场转入机制、市场要素流动，等等	广义的综合观
国务院（2019）	营商环境是所有对市场主体经济活动产生影响的体制机制因素	狭义的制度环境
郭燕芬（2019）	随着社会经济的发展，营商环境也会随之发生变化，这是一个包含多种因素的制度环境，其构建者包括政府、社会组织或市场	狭义的制度环境
王平（2019）	营商环境指的是与企业经营管理活动密切相关的一系列制度、政策、办事程序等	狭义的制度环境
翟金芝（2020）	营商环境实质上代表着企业所处外部环境的综合体，这个综合题主要包括人文环境、市场环境、政策法律环境、政务环境，等等	广义的综合观

二、营商环境的内涵

（一）政务环境

政务环境的高效廉洁是优化营商环境的基础。对行政事务产生影响的内部因素和外部因素的总和，构成了我国的政务环境，例如，公务员的廉洁性以及爱岗敬业、政府的审批流程和工作效率、工作制度和依法行政，等等。政府要肩负着优化营商环境的责任，政府通过接近于市场模式的方式来优化营商环境，将更有可能建设理想中的营商环境。① 国务院早在 2015 年就明确提出要推动我国"放管服"改革。"放"就是简政放权，要求中央政府应尽量向地方政府下放权力，给予地方政府更多的自主权，同时解决我国多个部门行政权重复的问题。"管"就是放管结合，在简政放权以后，我国政府还应当针对各部门的工作进行严格监管，尤其要加强事中监管和事后监管。"服"代表优化服务，强调我国政府部门将依托于现代技术调整原有的公共服务体系，实现职能型政府向服务型政府的顺利转型，为市场主体的发展创造良好的政策环境。"放管服"全面深化变革，旨在调整政府和市场之间的关系，实现我国政府职能以及服务体系的全面改革，确保政府各单位能够更好地为民众服务，提高政府的工作效率以及服务效能。

1. 简政放权

政府要尽可能调整其原有的繁复审批流程，缩小审批范围和备案范围，赋予企业和个人更大的自主权，为企业和个人的经济活动提供更加宽松的外部环境。减少资质资格许可，一律取消不符合《中华人民共和国行政许可法》中规定的资质资格；企事业单位或个人水平鉴定工作应当移交至行业协会或学会。政府下放行政审批事项以后，为尽可能减少我国企事业单位的工作压力，应减少评比项目和表彰项目，以便于为市场发展注入新的活力。减少行政事业收费，减轻市场和社会的负担，要重点减少不合理或不合法的行政事业收费，尽快从地方政府的管理现状出发构建非税收入管理制度，并调整原本过高的收费标准。就现有的工商登记制度作出调整，以便于推动我国创业创新活动的顺利开展。由原本的实缴登记制变更为认缴登记制，降低工商登记门槛，将企业年检制度变更为企业年报制度。

2. 创新监管

简政放权是为了政府能够加强对市场的严格监管，只有政府的监管力度得到提升，才能进一步放权。因此，政府不能忽视市场监管的重要性，尤其是在我国市场经济秩序还不够完善的情况下，加强政府对市场的监管，旨在

---

① 奥斯本，等. 改革政府：企业家精神如何改革着公共部门 [M]. 周敦仁，等译. 上海：上海译文出版社，2008：28.

保证我国经济健康发展。因此，政府必须创新监管，解决监管工作中的问题：第一，要从思想上意识到监管的重要性，真正懂得监管的重点和难点，改变过去"迷恋审批"等问题。第二，创新监管方式，我国政府可以学习发达国家监管市场的做法和成功经验，通过智能监管或随机抽查等多种方式，开展监管工作，提高监管质量。第三，提高我国地方政府的监管能力，实现技术设备和基础设施的升级，完善监管体制机制，加强事中监管和事后监管。

3. 优化服务

优化政府服务，旨在将职能型政府转变为服务型政府。我国政府目前在供给公共服务方面还有很大的提升空间。第一，增加服务供给，要尽可能扩大我国政府公共服务供给的覆盖面，尤其要做到"补短板""兜底线"，切实保障我国广大人民群众的基本生活。第二，在非基本公共服务领域中，将市场调节机制以及社会的作用充分发挥出来。第三，为大众创新创业活动提供政府服务，尤其是要利用现代化信息技术为大众创新创业活动提供平台，以求提高政府服务的高效性和便捷性。

（二）市场环境

营造公平竞争的市场环境，是优化营商环境的关键。市场环境主要指的是企业在经营活动中无法控制的社会经济环境因素。包括金融环境、开放环境和人力资源环境等。市场环境的变化，既可以给企业带来市场机会，也可能形成某种威胁。保证市场环境的有序性和规范性，才能确保市场经济主体竞争的公平性。社会主义市场经济，实质上就是要将市场对经济发展的调节作用发挥出来。好的营商环境往往能够为市场发展注入活力，在资源配置中让市场的决定性作用发挥出来。

1. 金融环境

现代经济发展离不开金融环境的支撑。完善严格的信用权责约束机制，有利于充分发挥金融的融资功能，对市场资源进行优化配置，推动经济社会健康发展。因此，现代经济的竞争实质上就是金融的竞争，建立一个高效健全的金融体系，在我国现代化建设进程中显得尤为重要。一是培育壮大金融市场，推动直接投资发展。从融资渠道的角度看，金融体系结构应当随着社会经济增长方式的变化而变化，例如提高直接融资占比。建立成熟的多层次金融市场体系，一方面，能够为本地区金融市场发展，引入更多金融机构的服务供给；另一方面，能依托于同业拆借、资本市场、债券市场和票据市场等，为市场经济主体提供多元化融资渠道。二是加大力度建设金融基础设施，提高金融服务水平。金融基础设施包括支付结算、市场交易、支持保障等内容，完善的金融基础设施，有利于金融环境中各项资源的合理配置，有利于货币政策有效传导，有利于增强金融发展后劲。三是优化金融生态环境，实现各地区金融市场的协同发展。金融主体只有在良好的金融生态环境中才能得到健康发展，金融生态环境也会受到金融主体行为的影响。在恶劣的金融生态环境中，金融机构往往无法对金融主体的健康发展发挥应有的作用。

2. 开放环境

提高开放程度，能够让竞争环境变得更加公平。一方面，开放促改革，扩大开放能够进一步提高政府的管理效能。在我国 21 个自由贸易试验区的建设进程中，国家就在不断探索发挥政府效用，实现市场合理配置资源的方法。而自由贸易试验区经过多年建设，目前也积累了一定经验。另一方面，开放促发展，提高开放程度，能够从供需两端推动我国经济建设。从供给侧来看，我国正处于经济转型的关键阶段，开放程度提高，有利于我国企业学习发达国家企业新的技术和先进经验，为企业后续的发展提供更多的机遇；从需求侧来看，国内引入更多的外资企业，将有利于推动国内市场的完善与发展，为消费者提供更加丰富的产品或服务。我国已进入高质量发展阶段，还需要进一步扩大开放，通过贯彻落实"一带一路"倡议，打开我国东西双向深度经贸合作的发展格局，实现我国海陆内外联动；通过制定投资和贸易自由化政策，降低市场准入门槛，为国内的广大企业创造良好的营商环境，以便于进一步扩大开放。第一，利用好外资。要加速开放竞争性领域的外资准入限制，例如，一般制造业、电商产业、建筑设计、服务业、商贸物流业，等等。要参考自由贸易区建设期间建立的外商投资负面清单，并将负面清单中的内容尽可能在全国推行。第二，统一内外贸法律法规。要尽快修订或者废止与我国扩大开放不符的法律法规或者规章制度，要对涉外法规和政策文件进行清理。要针对进入我国的外资企业，提供公平公正的法律环境和政策环境。第三，稳定出口市场，主动扩大进口，平衡经常性项目收支。要尽快解决我国对外开放期间所出现的一系列突出问题，例如，检疫检验流程和通关流程存在一些重复性环节、进口环节存在过高的成本、企业缺乏投诉渠道，等等。要尽可能保证国内市场环境的公平性和公正性，简化检验检疫程序、通关流程，鼓励特色优势产品进入我国，让消费者自主选择产品或服务。

3. 人才环境

人才环境主要指的是培养人才和发挥人才作用时一系列影响因素的总和，包括精神层面的因素和物质层面的因素。人才环境问题也是营商环境问题中的核心内容。如果人才环境无法引入更多的优秀人才，就无法将人才的作用发挥出来，这样的营商环境必然存在硬伤，影响市场经济的发展。第一，解放人才的思想观念。彻底打破传统落后的思维，要充分重视民营企业家。要从制度、政策、法律等各个层面出发，为体制内外的人才提供平等竞争的机会和平台，要做到一视同仁。改变妒贤的心态，重才不分亲疏，坚持引进优秀人才、短缺型人才。第二，加速改革人才工作方式。要改变传统"锦上添花"的人才管理模式，在人才创新创业活动的初期为其提供帮助，同时还需要对该人才的创新创业活动进行跟踪服务，实现滚动支持。改变"坐而论道"的做法，要从人才创新创业活动中的现实问题出发提出解决对策，解决人才创新创业之路上所存在的一系列问题，铺好其前进发展之路。第三，优化人才评价体系。要从我国国情出发，建立完善的人才评价体系，确保该评价体系中的内容能够符合国家发展和地方经济发展需要，切忌照搬国外的科技评价标准。要在人才引进、人才培养、人才评价和人才激励等各个方面，将市场主体的决定性作用充分发挥出来，为企事业单位自主选拔人才和录用人才提供更加自由的平台，打破原有的岗位结构比例限制，鼓励各企事业单位根据自己对人才的需要建立特色岗位，注重引进高层次优秀人才，将人才在企事业单位中的主观能动性充分发挥出来。

（三）法治环境

公正的法制环境，是优化营商环境的保障。

（1）法治是保护市场主体合法权益的关键，产权保护，就是对社会生产力的保护。党的十八大以后，我国就在立法执法、司法守法等各个环节中贯彻落实平等保护理念，编织了一张法治保护网，进一步保护市场主体的合法权益，提高了企业经营的安全感。在 2014 年的党的十八届四中全会上，提出要建立公平的产权保护制度，加大力度保障自然人以及所有制经济组织的财产权，修订或消除我国过去不公正以及不平等的法律法规。国务院于 2016 年出台《关于完善产权保护制度依法保护产权的意见》，要求依法保护我国全体公民的财产权，这使得我国市场经济主体在经营活动中更具有安全性，进而激发其创造活力、创业积极性。我国 2017 年审议并通过了《中华人民共和国民法总则》，其中明确提到"民事主体在民事活动中的法律地位一律平等""民事主体的财产权利受法律平等保护"。

（2）法治能在律法和政策的范围内，对市场主体的利益关系进行合理的调整。党的十八大以后，我国要求"立改废释"市场经济领域中不符合公平平等原则的法律法规，进一步明确市场和政府的界限，做到按照相关法规调节社会经济关系。2013 年修改《中华人民共和国公司法》条款，将实缴登记制变更为认缴登记制，降低了我国的工商登记门槛和市场准入门槛，推动市场经济主体广泛地投入到创新创业活动中。从 2017 年开始我国全面落实市场准入负面清单制度，这一制度的实施，让我国政府部门开始压缩市场准入决定权。市场主体可以参考负面清单中的内容，了解自主决定的范围、审批流程和审批重点，拥有了更为广阔的创新创业空间。明确政府和市场的边界以后，彻底改革了我国的政府管理模式，切实提高了我国政府的治理水平，完善了国家治理体系。

（3）制定并实施监管机制，有利于保证我国竞争环境的公平性和公正性。法治能够营造良好的制度环境和市场环境，保护遵纪守法的企业或个人的合法权益，严厉打击市场中存在的投机取巧、欺诈、制假售假等违规违法行为，为我国社会主义市场经济发展铺上一条康庄大道。从党的十八大开始，我国从国情出发，建立统一的市场监管机制和监管标准，各地政府响应中央政府的号召，也开始着重加强事中监管和事后监管，力求建立更加有序公平的营商环境，为每一个市场经营主体都创设一个公平的竞争空间。《企业信息公示暂行条例》出台，要求我国企业必须向社会公众公示信息，监管部门只需要采取抽样调查的方式对企业进行监管即可，这种方式释放了大量的监管资源，实现了企业自律和社会自治。我国在 2014 年发布了《社会信用体系建设发展规划指导纲要》，旨在建设社会信用体系，各地方政府响应该文件中的号召，也纷纷出台社会信用条例，建立全国信用信息共享平台，切实提高了我国政府的监管效率，严厉打击失信者。中华人民共和国最高人民法院在 2014 年发布《关于办理危害药品安全刑事案件适用法律若干问题的解释》，其中明确了危害药品安全的监管范围，编织了一张更加严密和谨慎的刑事法网，这将严厉打击危害药品安全犯罪行为。

法治是市场经济发展的基础条件，只有建立法治社会，才能真正推动市场经济的良性运转，为广大市场经济主体创造公平公正的营商环境，实现经济主体之间的公平竞争，将市场的调节作用充分发挥出来，提高中国经济发展的质量与速度。

三、相关概念辨析

（一）营商环境与投资环境

在"营商环境"概念出来以前，学术界和实务界最常使用的是"投资环境"这一概念。投资环境主要指的是外部环境中对投资经营者作出的投资管理决策会产生影响的因素总和，例如，市场因素、政治因素、社会因素，等等。一方面，投资环境能够为投资者开展投资活动创造机遇；另一方面，在投资环境中，投资者也将面临巨大的投资风险。所有投资者都必须对投资环境中的各个要素进行准确的识别，才能做到成功投资。

1. 政治环境

政治环境包括国家的政治体制、法律法规、政局稳定性以及政府部门对重大问题的看法和观点等内容。一个国家或地区拥有较为稳定的政治局面，有利于经济稳定和发展，同时能够增强投资者的信心；国家的方针政策，尤其是对金融市场的建立和监管，将直接影响投资目标、工具和范围。

2. 经济环境

投资的发展趋势与宏观经济走向息息相关，投资者在做出投资决策之前，必须先对宏观经济走向进行深度的分析，了解投资市场的变动趋势以及投资价值。事实上，宏观经济体系中，投资市场占据着重要地位，投资市场和宏观经济会相互影响。因此，投资者必须充分分析和研判宏观经济发展现状，包括经济政策、经济指标、经济周期等，才能保证作出正确的投资判断。

3. 社会文化环境

社会文化往往会对投资者的投资活动形成全方位的影响，是一个国家或民族的价值观念、宗教信仰、生活习俗、民俗特征、语言文字、教育水平等诸多因素的总和。它往往直接影响到社会的投资主流，对投资者的理念、投资者的心理、投资者的行为等产生潜移默化的影响。

4. 技术环境

技术环境是投资者所在地的社会技术状况和对投资直接产生影响的所有技术的总和。例如，社会技术力量、国家技术政策或法律法规、技术体制，等等。技术对投资的影响主要体现在两个方面：一是技术的进步会促进社会经济的发展；二是技术，特别是信息技术，大力促进金融投资信息化，对投资的服务内容和质量带来空前提升。

5. 金融环境

金融市场直接对投资者产生影响，包括金融衍生品、债券市场、货币市场以及股票市场，等等。所有金融产品都只能在金融市场中交易，金融市场涵盖了一切由于金融交易而产生的关系和机制，其中，最主要的是金融商品的供求关系，以及金融交易的价格机制，包括了贷款的发放与回收，票据的承兑与贴现，债券和股票的发行与交易，外汇的汇兑与交易，产权的并购与重组等多重活动。总体来说，金融市场起到了资源配置的桥梁作用。

我们在作出投资决策之前，会对一个国家的发展环境进行深度的剖析与评价，由于各国自然、社会、文化等方面的差异明显，别的国家改善投资环境的经验很难借鉴推广到其他国家，这使得很多国家抵制关于改善投资环境方面的国际指导。营商环境能够为国内中小企业提供公平公正的商业环境，其指标相对明确，国外或国内其他地区的先进做法易于被复制和推广。此外，投资环境更强调"引进来"，政府在招商引资的时候经常用这个概念；而营商环境并不只是为了吸引外商投资，而是需要为本地企业的发展创设良好的条件，激发本土营商力量。投资环境则主要通过优惠政策和优惠条件等形式，为当地引入更多的社会资本，营商环境则主要侧重营造优良的、推动企业经济健康发展的市场环境。以招商引资为主要诉求的投资环境和优化营商环境的比较如表4-2所示。

表4-2 招商引资与优化营商环境各维度对比

维度	招商引资	优化营商环境
制度逻辑	政府主导	政府辅助
政策过程宗旨	项目核心论	营造政策软环境
价值目标	GDP至上	政策环境至上
政企关系	亲商难清	既亲又清
企业动力	特殊优惠政策	营造优良环境

（二）营商环境与软环境

"软环境"与营商环境的概念相关。"软环境"与"硬环境"是两个相对应的概念。"硬环境"也被称为物质环境，主要指的是一个国家的资源禀赋或者基础设施，例如，高速公路、电信网络、地理位置、科研机构，等等。"软环境"也被称为制度环境，主要指的是一个国家或地区的政治环境、文化环境、社会环境、经济市场环境等外部因素的总和。从广义的营商环境的定义来看，"软环境"与"硬环境"都被包含在营商环境之内。根据《2019中国城市营商环境指数评价报告》中的内容，营商环境评价指标体系中，硬环境和软环境为一级指标，分别占比为40%和60%，硬环境被分为基础设施环境和自然环境，软环境被分为技术创新环境、金融环境、人才环境、文化环境和生活环境。如表4-3所示。

表4-3　　　　　　　　中国城市营商环境指数体系

类别	一级指标	二级指标
营商环境指数	硬环境	自然环境
		基础设施环境
	软环境	技术创新环境
		金融环境
		人才环境
		文化环境
		生活环境

目前，我国不同省份硬环境的差距逐渐缩小，但各省份的软环境仍然存在较大差距，这与我国各省份尤为重视建设硬环境有关，在积累了极为丰富的硬环境建设经验以后，其他省份也可以参考成熟的发展经验推动本地硬环境的建设。相比于硬环境建设，我国大部分省份在建设软环境方面都处于发展初期，目前正在逐渐摸索软环境建设的方针与对策。事实上，软环境和经济规模之间的相关性更加显著，只有加强我国软环境建设，才能更好地推动国家经济建设与发展。根据发达国家的发展经验，在工业社会后期，软环境对于推动国家经济发展所产生的作用明显强于硬环境，例如，技术创新环境、文化环境、生活环境、人才环境等，往往能够帮助一个国家和地区摸索出新的业态和发展模式。本书主要研究狭义的营商环境，也就是"软环境"，因为其直接决定了我国营商环境的综合实力，是实现经济高质量发展的突破口。

第二节　经济高质量发展的内涵和特征

一、经济高质量发展的概念

何谓"高质量发展"？马克思劳动价值理论曾给出过答案。根据商品二重性理论，商品的属性包括价值和使用价值。[①] 正是因为商品具有使用价值，人们才会在日常生活中使用商品，满足日常所需，人们的消费水平以及生活水平提升以后，对于商品质量也提出了更高的要求。因此，随着人们日益增长的生产生活需要，要想充分发挥商品的交换价值，就必须提高商品的质量。由此可见，只有商品质量过硬，才能真正实现商品价值。在实现社会总价值的过程中，必须推动社会经济的高质量发展。习近平总书记在 2017年的中央经济工作会议上强调，中国特色社会主义进入了新时代，我国经济发展也进入了新时代，基本特征就是我国经济已由高速增长阶段转向高质量发展阶段。[②] 在我国全面建成小康社会决胜阶段，只有推动我国经济高质量发展，才能保持当前的经济发展局势不动摇，也才能够将我国从真正意义上建设成为社会主义现代化强国。我国在今后一段时间内，政府的宏观调控和各项经济政策的制定，都必须以经济高质量发展为基础，并要基于此建立完整的绩效考评体系、统计分析体系、政策体系、政绩考核体系，为我国经济高质量发展创造良好的外部制度环境。学术界关于高质量发展也展开了深入的分析。金碚（2018）研究提出，推动我国高质量发展，有利于实现我国经济结构的顺利转型，其经济发展模式和动力状态，都能更好地满足我国广大人民群众的美好生活需要。任保平等（2018）研究提出，高质量发展包括经济、改革开放、人民生活、城乡建设以及生态环境等各方面的高质量。高淑桂（2018）认为高质量发展，会改变我国的经济结构以及动力状态，通过提高物质技术水平来创造更大的价值。习近平总书记强调，高质量发展，就是能够很好满足人民日益增长的美好生活需要的发展，是体现新发展理念的发展，是创新成为第一动力、协调成为内生特点、绿色成为普遍形态、开放成为必由之路、共享成为根本目的的发展。[③] 李淑等（2019）研究提出，高质量发展就是在要素配置、供给需求、收入分配、投入产出以及经济循环等各方面都保持高质量。国家发展改革委在 2019 年明确提出，经济高质量发展就要求在公平公正的前提下，始终保持高效率和高效益的经济发

---

① 马克思. 资本论（第一卷）[M]. 北京：人民出版社，2008.
② 习近平著作选读（第二卷）[M]. 北京：人民出版社，2023：66.
③ 习近平著作选读（第二卷）[M]. 北京：人民出版社，2023：67.

展模式。① 基于此，本书所指的经济高质量发展与创新、协调、绿色、开放和共享息息相关，是新发展理念的具体体现。

二、经济高质量发展的内涵

（一）创新是经济高质量发展的强大动能

创新是推动经济高质量发展的第一动力。习近平总书记在 2019 年的天津考察过程中曾经提到，自主创新是推动高质量发展、动能转换的迫切要求和重要支撑，必须创造条件、营造氛围，调动各方面创新积极性，让每一个有创新梦想的人都能专注创新，让每一份创新活力都能充分迸发②。在 2019 年的 20 国集团领导人峰会上，习近平总书记提出，坚持改革创新，挖掘增长动力。③ 全球经济发展已进入结构性改革的关键时期，尤其是在互联网时代下，数字经济已经成为社会经济发展的主流，我国必须从未来产业发展趋势出发，建立完善的政策体系和管理框架，实现我国产业结构的全面转型升级，以求提高我国经济运行效率。在新兴技术和产业不断发展的当下，我国政府要充分发挥宏观调控职能，打造良好的营商环境，为社会的创新创业活动提供帮助。我国要加强国际创新合作，打破区域限制，集全球的智慧力量于一体，在全国乃至全球范围内广泛地应用创新创造成果，让更多的国家和人民群众能够享受创新成果。社会发展无疑要依托于创新活动的推动，将创新的第一动力作用充分发挥出来，是推动高质量发展的第一前提。近年来我国科技进步明显，但是和发达国家相比，我国科技进步对推动经济发展所做出的贡献仍然不够。我国必须认识到和发达国家之间的差距，在新一轮的科技革命进程中，能够将创新驱动发展的作用充分发挥出来，依托于先进的科学技术打造科学中心，争取将中国打造成为全球创新高地。

① 国家发展改革委经济研究所课题组. 推动经济高质量发展研究 [J]. 宏观经济研究，2019 (2)：5-17，91.

② 一项历史性工程——习近平总书记调研京津冀协同发展并主持召开座谈会纪实 [N]. 人民日报，2019-01-20 (1).

③ 携手共进，合力打造高质量世界经济 [N]. 人民日报，2019-06-29 (1).

（二）协调是经济高质量发展的内生特点

协调发展对平衡发展结构有着重要的意义，是经济高质量发展的制胜要诀。习近平总书记在多次重要讲话中强调，协调既是发展手段又是发展目标，同时还是评价发展的标准和尺度，是发展两点论和重点论的统一，是发展平衡和不平衡的统一，是发展短板和潜力的统一。① 我们必须以辩证的眼光来看待协调，处理好长期发展和当前发展、重点和非重点之间的关系，以便于协调我国城乡发展、协调我国不同区域发展、协调我国精神文明建设和物质文明建设、协调生态环境保护和经济建设。只有真正从整体上推动协调发展，才能解决我国在发展进程中出现的各类矛盾。贯彻落实区域协调发展战略，才能保证我国城乡区域发展的稳定性和科学性，实现我国不同区域之间的互帮互助与优势互补，打造城乡协调和区域协调的发展格局；协调精神文明建设和物质文明建设，有利于促进我国文化体制的全面深化改革，切实提高我国的文化软实力，将我国打造成为社会主义文化强国；协调国防建设和经济建设，加强我国军民深度融合发展，以切实提高我国社会发展的效益以及质量。

（三）绿色是经济高质量发展的生态要求

绿水青山就是金山银山，在我国高质量发展阶段，必须尤为重视生态环境保护，实现我国经济的绿色发展。习近平总书记在 2018 年的全国生态环境保护大会上提到，绿色发展是构建高质量现代化经济体系的必然要求，是解决污染问题的根本之策。② 在 2019 年的十三届全国人大二次会议内蒙古代表团审议期间，习近平总书记再次强调要保持加强生态文明建设的战略定力，探索以生态优先、绿色发展为导向的高质量发展新路子，加大生态系统保护力度，打好污染防治攻坚战，守护好祖国北疆这道亮丽风景线③。发达国家在传统工业化发展进程中，以污染环境为代价带动国内经济建设，走先污染后治理的路子，但环境遭到破坏以后，也对发达国家的经济发展带来反

---

① 习近平著作选读（第一卷）［M］. 北京：人民出版社，2023：430.
② 坚决打好污染防治攻坚战 推动生态文明建设迈上新台阶［N］. 人民日报，2018 - 05 - 19（1）.
③ 关于加强生态文明建设 习近平这样要求［N］. 中国日报，2019 - 03 - 08（1）.

噬。我们必须汲取经验，协调环境保护和经济发展，走新型工业化发展之路。在绿色发展期间，我国必须清醒地意识到，保护生态环境和社会经济发展之间的内在关联，不得再以牺牲环境为代价推动经济建设，必须建立以保护生态环境为核心的经济发展体系，坚持在保护中发展、在发展中保护，形成生态环境保护的产业体系，确保社会生产生活不会破坏宁静和谐的生态环境。

（四）开放是经济高质量发展的外部条件

实现我国经济高质量发展离不开改革开放。在 2018 年的博鳌亚洲论坛年会开幕式上，习近平总书记指出，过去 40 年中国经济发展是在开放条件下取得的，未来中国经济实现高质量发展也必须在更加开放条件下进行。[①]在经济全球化发展的背景下，各国经济发展紧密相依，只有加强国际国内两大市场资源的合理配置，进一步扩大开放，才能进一步提升我国的开放型经济水平，更加从容地应对国际经贸摩擦，切实提高我国在国际经济市场中的核心竞争力。因此，我国必须进一步拓展开放理念，打造对外开放的经济发展新格局，建立共建共享、合作共赢以及协商对话的对外开放经贸合作体系，要贯彻落实"一带一路"倡议，让改革开放的春风能够吹满大地。当前世界正在逐步改革与完善全球经济治理体系，而我国作为世界第二大经济体，也应当在全球经济治理中发挥一个经济大国的作用，为开放型世界经济格局的建设贡献力量。

（五）共享是经济高质量发展的核心目标

高质量发展的最终目的，是为了能够满足人民日益增长的美好生活需要。因此，扩大公共服务供给，解决广大人民群众所迫切需要解决的现实利益问题，实现共建共享，才能真正实现我国高质量发展的目标。未来我国要优先发展教育事业，切实提高我国人民群众的受教育水平以及就业质量，要加大力度建设社会保障体系，提高社会福利水平，坚持解决人民群众最迫切需要解决的问题，让每一位人民群众都能够获得美好幸福的生活。建立公平公正的高效收入分配体系，尽可能缩小我国不同区域和城乡之间的收入分配

---

① 习近平著作选读（第二卷）［M］. 北京：人民出版社，2023：143.

差距，尽可能均等化供给公共服务，让广大人民群众都能够在社会发展进程中感到安全和幸福。

三、经济高质量发展的特征

经济高质量发展的主要特点是生产方式的高效率和高效益，产品和服务的高质量，供给的持续性和公平性。在具体的经济形态上表现为供给体系的高质量、高效率、高稳定性。如表 4－4 所示。

表 4－4   经济高质量发展的特征

高质量发展	特征	解释
质量高	要素投入质量高	要求保持较高的各类新型要素投入质量，包括大数据、能源资源、资本、劳动力以及技术等
	中间品投入质量高	确保中间产品的质量能够满足生产需要
	最终产出质量高	能够提供高质量的产品和服务
效率高	技术效率高	将现有资源的作用高效发挥出来，以便于获得现有生产要素的最大投入产出比，切实提高资本效率、资源效率、土地效率
	经济效益好	根据资源的用途对各类资源进行合理配置，以便于达到最大化的要素边际生产率以及边际报酬，确保市场主体在经济活动中能够获得良好收益
	具有持续强劲动力推动效率提升	全要素生产率是推动经济增长的主要原动力，因此必须持续性提高全要素生产率
稳定性高	经济运行平稳	确保经济运行具备高度的合理性与平稳性，不会引发过大风险，造成经济运行失衡
	重大风险可控	产出的可持续性强，不会长期陷入中等收入陷阱等经济发展过程中的各类陷阱
	资源环境可承载	有效协调社会、环境以及经济之间的关系，不会因经济的发展而出现环境问题或重大社会问题

(一) 供给体系的质量高

供给体系主要包括三个紧密相依的环节，分别是要素投入、中间品投入和最终产出，这三个环节的质量都直接决定了供给体系的质量。供给体系中的要素投入，主要指的是劳动力、能源资源、技术、信息、资本以及数据等要素。例如，劳动力素质高、能源资源的绿色化程度高、技术和信息在生产活动中发挥了重要的作用、数据资源规模大等，就代表供给体系中的要素投入质量高。中间品则主要指的是生产过程中的中间产品，这些中间产品的精确度和质量过硬，就证明中间品投入质量过硬。而要制作出精度和质量满足生产要求的中间产品，一方面要转型升级产业结构，另一方面要提高产业分工和专业化水平，建立一个上下协同的供应链体系。最终产出的质量高主要指的是产品和服务的质量过硬，能够满足消费者的高品位需求。从产出形态来看，高质量供给体系表现为产品具备较高的性能和质量；从产业来看，高质量供给体系标志着产业结构的高级化。

(二) 供给体系的效率高

从静态角度来看，高效率的供给体系中，不仅要具备较高的技术效率，还必须具备良好的经济效益，只有实现了经济效益和技术效率的统一，才代表供给体系拥有较高的效率。技术效率是要充分挖掘现有资源要素的潜力，以便于获得最大化的要素投入产出率；经济效益则要求科学合理地配置资源，让每一项资源都能够用在刀刃上。高质量发展就是要合理配置现有资源，确保各项资源能够高效、集约地发挥作用，以求提高各类要素边际生产率、边际报酬。从动态角度来看，供给体系的效率随着时间的推移而不断提升，进而有效提高全要素生产率，持续性推动社会经济的高效发展。由此来看，改变经济增长动力，实质上就是通过对现有资源的合理配置来提高产出效率，进而提高供给体系的效率。

(三) 供给体系的稳定性高

高稳定性的供给体系是推动经济高质量发展的前提条件。从短期来看，高稳定性的供给体系，能够保证社会经济在合理区间内得以平稳发展；从长期来看，高稳定性的供给体系，能够持续性地促进产出。从空间角度来看，高稳定性的供给体系，一方面要能够形成一个科学完善的经济体系，另一方面要做到协调环境、社会以及经济之间的关系。除此以外，在经济发展期间，要合理利用自然资源，不得以破坏生态环境为代价推动经济发展，要保证经济增长是建立在资源环境承载力不受破坏的前提下。由此可见，建立一个高稳定性的供给体系的作用，就在于可以有效控制经济运行期间的重大风险，让全体人民可以共享经济发展的成果，经济运行平稳。

经济高质量发展的特征就是拥有高质量、高效率和高稳定性的供给体系，且高质量、高效率、高稳定性这三个要素会相互支撑，共同推动着经济的高质量发展。

四、经济高质量发展的关键是提高全要素生产率

全要素生产率指的是在不改变全部生产要素投入量的情况下，仍然可以增加的生产量。全要素生产率可主要用于评估纯技术进步提升的生产率。例如，某工厂资本和劳动力等生产要素投入量并未发生变化，但增加了5%的产出，此时全要素生产率就是5%。全要素生产率包括微观生产效率和资源重新配置效率。从微观层面来看，当企业运用新的技术或工艺来研发了新产品或新服务以后，就能够帮助企业开拓新的市场，同时企业对现有的机制体制作出调整以后，也能让人在推动企业发展的过程中，充分发挥主观能动性和积极性，进而有效提高该企业的全要素生产率。从宏观层面来看，通过合理配置社会的资源，能够向生产率较高的非农部门投入更多的劳动力资源，此时全要素生产率就能得到明显提升。

在我国经济高速增长阶段，劳动和资本要素投入较多，以破坏环境和消耗大量资源为代价，此时社会经济增长与全要素生产率之间关联不大。根据党的十九大报告，我国经济增长速度逐渐趋于平缓，社会经济将进入高质量发展阶段，当务之急是提高全要素生产率，实现我国经济发展质量、效率以及动力的变革。"三大变革"的核心动力就是提高全要素生产率。而要实现这一目标，首先要加强社会资源的合理配置；其次是加强技术研发，提高技术创新效率；最后是提高组织效率、管理效率。要想提高技术创新效率和组

织管理效率，首要前提就是加强资源的合理配置，因此，在经济高质量发展阶段，加强资源合理配置是提高全要素生产率的第一要务。

资源配置效率能够向获得最大化收益的领域或部门引入更多的社会资源，实现社会资源的市场化流动。当低收益部门的资源逐渐转移至高收益部门以后，就能达到优化和升级我国经济结构的目的，提高高收益部门在国民经济中的占比，进而有效提高我国经济发展的质量。不同部门之间存在的资源收益率差距、完善的资源市场化流动的体制机制，是资源能够在市场中合理流动的两大关键要素。而完善的资源市场化流动的体制机制有如下四个特点：第一，门槛低，即资源由原本的低收益部门向高收益部门流动时，不必经过烦琐的审批，也不必缴纳高额的资源转手费，只有降低资源的市场化流动门槛，才能保证资源要素在市场中的自由化流动；第二，宽领域，应当开放安全和国防行业以外的所有行业，只有进一步扩大投资准入的范围，才能给予要素资源流动更大的自由性和选择性，也才能够实现社会资本的合理配置，为有效提高资源配置效率创造条件；第三，多方式，应当将兼并重组、参股控股、承包、租赁和托管等多种形式利用起来，加强不同所有制经济主体之间的资源配置与资源流动；第四，严监管，要针对要素市场中的资源合理配置，建立严格完善的监管体制和法律法规，尤其要针对市场中的违法违规行为进行严厉的惩处。

全要素生产率实质上就是要对现有的资源进行合理配置，而资源重新配置的途径包括创新竞争、企业竞争、产业结构转型升级等，这些方式都能有效提高全要素生产率。第一，创新竞争可以重新调配资源，并最终达到提高全要素生产率的目的。企业在创新创造活动中，往往可以提高其技术水平和综合竞争力，这无疑能够扩大其规模效益，带来更大的收益，进而获得社会中更多的生产要素资源，提高全要素生产率。第二，企业竞争也可以实现企业间资源的合理配置，也能达到提高全要素生产率的目的。有综合竞争实力的企业，可以通过兼并重组、收购、参股控股等多种形式，重新配置企业间的资源，通过这种市场竞争机制下所开展的资源配置活动，能有效提高全要素生产率。相比于发达国家依托企业间的资源配置来提高全要素生产率而言，发展中国家则主要依托于产业间的资源配置来提高全要素生产率。第三，优化产业结构能够将资源用在合理的位置上，并最终达到提高全要素生产率的目的。根据 1978～2015 年我国劳动生产率的发展状况，可以看出三大产业为劳动生产率的提升作出了 56% 的贡献，而三次产业间劳动力资源的重新配置为提高整体劳动生产率作出了 44% 的贡献。[①] 在经济增长速度逐渐放缓以后，我国也开始促进产业结构的全面转型升级，其最终的目的都是为了提高我国的资源配置效率，以求提高我国的全要素生产率。

我国高质量发展的重要突破口就是加强营商环境的优化。我国政府近年来也充分意识到建立良好营商环境的重要性，开始进一步扩大开放，降低准入门槛等。加大力度建立良好的营商环境，一方面可以促进要素的市场化流动，实现社会资源的合理配置；另一方面可以完善创新机制，提升科技创新水平，最终通过提高全要素生产率实现经济高质量发展。如图 4-2 所示。

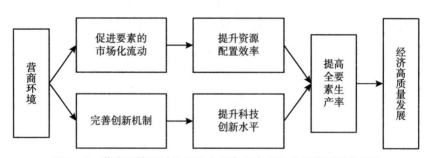

图 4-2　营商环境通过作用于全要素生产率促进经济高质量发展

第三节　营商环境对经济高质量发展的影响机理分析

营商环境包括政务环境、市场环境和法治环境，三大环境都会对市场经济主体的经济活动产生深远的影响。本节从这三个环境出发，进一步探讨了营商环境对经济高质量发展的影响机理。

---

① 蔡昉. 以提高全要素生产率推动高质量发展 [N]. 人民日报, 2018-11-09 (7).

一、政务环境对经济高质量发展的影响机理

政务环境通过深化"放管服"改革，处理好政府与市场的关系，提高政府行政效率，最大限度激发出市场主体的活力，从而推动经济高质量发展。如图 4-3 所示。

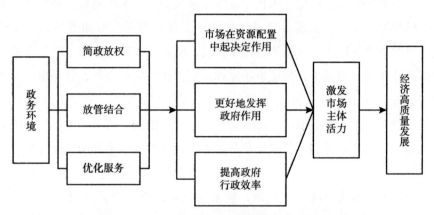

图 4-3 政务环境对经济高质量发展的作用机理

（一）优化政务环境，发挥市场在资源配置中决定作用

改革开放初期，我国建立了以计划经济为主，市场经济为辅的经济体制，此时市场在配置社会资源时发挥基础性作用；而随着改革开放的不断深化，计划经济体制也逐渐过渡为市场经济体制，我国形成了社会主义市场经济体制，此时市场在配置社会资源时将发挥决定性作用。之所以发生如此大的转变，就在于我国坚定不移走改革开放之路，提高对市场规律的认识，减少政府对市场资源以及经济活动的行政干预，发挥市场作用，优化资源配置，提高经济运行质量。我国在 2001 年开始改革行政审批制度，此后又提出了"放管服"改革，其最终目的都是为了能够提高我国政府的行政服务效率，实现我国经济结构的全面转型升级，提高经济发展质量，更好地抵御外部风险。事实上，自"放管服"改革以来，我国社会的发展潜力不断被激发，社会经济发展也出现了大量新的业态以及模式。由此可见，优化政务

环境，推进"放管服"改革，能够在市场资源配置过程中，将市场的决定性作用充分发挥出来，切实提高经济的发展质量。

（二）优化政务环境，更好发挥政府作用

经济高质量发展除了要充分发挥市场的作用外，也离不开"有为的政府"。社会主义市场经济体制，一方面要加强政府的宏观调控，依托于经济手段、法律手段和行政手段，从宏观层面对社会资源进行公平分配；另一方面要发挥市场的调节作用，依托于市场竞争机制、供求机制和价格机制，带动市场的健康发展，实现市场资源的合理配置，实现政府和市场的相辅相成。习近平总书记在多次重要讲话中强调，更好发挥政府作用，不是要更多发挥政府作用，而是要在保证市场发挥决定性作用的前提下，管好那些市场管不了或管不好的事情。① 也就是说政府不是管得越多越好，凡是市场能解决的，政府干预要适时退出。过多的政府干预会限制劳动力、资本等生产要素流动，抑制技术进步，给企业和产业带来资源配置效率低和产能过剩等问题，从而影响经济高质量发展。但是，当市场不能有效解决问题时，政府应该主动作为，解决市场失灵问题，从宏观层面建立一个公平公正的竞争环境，调节分配关系，为达成共同富裕的宏伟目标奠定基础。因此，优化政务环境，首要任务就是减少政府对市场活动的过度干预，促进经济高质量发展。

（三）优化政务环境，提高政府行政效率

党的十九届三中全会明确强调，党和国家机构改革的当务之急是由职能型政府转变为服务型政府。面对社会主要矛盾所发生的变化，党和政府也需要相应调整政府机构，改变政府职能，推动我国社会平衡、充分发展。在政府的职能转变过程中，要先解决机制体制中存在的问题，在简政放权的基础上，加强政府的宏观调控，管好市场无法管好的事，为人民和社会组织的发展提供良好的公共服务。通过改革，要尽可能建立高效规范的国家机构职能体系，提高政府的行政效率，带动社会创新创业活动的顺利开展。转变政府

① 中共中央文献研究室. 习近平关于社会主义政治建设论述摘编［M］. 北京：中央文献出版社，2017.

职能，就要求我国中央政府必须做到下放事权，由职能型政府转变为服务型政府，重点加强事中监管和事后监管。因此，优化政务环境，能提高政府行政效率，为企业和群众更好地服务，激发市场主体活力，促进经济高质量发展。

二、市场环境对经济高质量发展的影响机理

市场环境通过发挥价格机制、供求机制和竞争机制的作用，改善制约民营经济发展的体制机制障碍，完善产品市场和要素市场的发展，激发市场主体参与市场竞争，实现资源优化配置，完善现代市场体系，最终影响经济高质量发展。如图4-4所示。

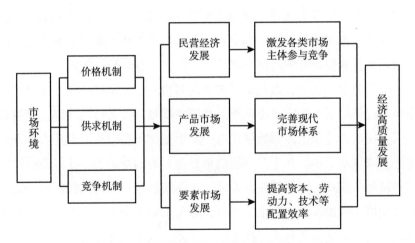

图4-4　市场环境对经济高质量发展的作用机理

（一）优化市场环境，促进民营经济发展

我国自改革开放以后，就在不断优化市场环境，为民营经济的发展营造良好的外部空间。我国不断提高民营经济和非公有制经济在国家经济发展进程中的地位，并坚持强调要推动民营经济和国有经济的共同发展。党的十九届五中全会正式通过的《中共中央关于制定国民经济和社会发展第十四个五年规划和二〇三五年远景目标的建议》中明确提出，为推动非公有制经

济的健康发展，我国的当务之急是为民营经济发展营造良好的市场环境。良好的市场环境是实现民营企业优胜劣汰的前提条件，确保能够为市场中的所有企业提供公平的竞争环境；优化市场环境，就要对现有的机制体制作出调整，解决民营经济发展进程中的后顾之忧，落实好市场决定资源配置的举措，使民营经济能够参与平等竞争；优化市场环境可以贯彻落实"两个毫不动摇"，解决民营企业在发展进程中所遇到的不平等问题。例如，融资问题、审批问题、人才短缺问题、税收问题，等等。优化市场环境，能够充分激发市场经济主体的发展活力，推动民营经济的健康发展，提高经济发展质量。

（二）优化市场环境，促进产品市场发展

在我国过去一段较长的经济发展进程中，经济的规模扩张主要依赖廉价劳动力以及广阔的物质资源。但廉价劳动力优势在当前的时代中已经逐渐弱化，以消耗大量资源为代价推动经济发展的模式已不可取，尤其是人民的生活水平和消费水平提升以后，也迫切需要更多个性化和高质量的产品，这就要求我国必须调整原有的经济发展模式。优化市场环境，能够为市场主体提供公平公正竞争的机会，避免市场中出现劣币驱逐良币的情况，激发市场经济主体通过创新研发的方式提高产品和服务质量；优化市场环境，就能有效提高需求层次以及供给体系质量，进一步挖掘出市场中的需求潜力，以更高的水平实现供求平衡。在生产环境约束日益显著的背景下，我国必须调整原有的经济增长模式，以创新驱动发展，才能实现经济的高质量发展。优化市场环境能够实现增长动力的全面变革，避免市场出现不正常垄断，让市场中能够出现更多新的商业模式、技术以及产品。因此，优化市场环境，能够推动产品市场发育成熟，完善现代市场体系，促进经济高质量发展。

（三）优化市场环境，促进要素市场发展

我国经济结构不协调的问题在经济发展进程中变得越来越严峻。传统产业产能过剩，新兴产业规模过小，第三产业在三大产业中的占比较低，这些问题都严重地制约了我国经济的高质量发展。优化市场环境，俨然成为优化我国经济结构的第一要务，建立公平公正的竞争市场，确保在行业以及企业间能够实现各类生产要素的自由流动，以求提高各项资源和要素的配置效

率。经过 40 余年的改革开放,实现市场定价的商品或服务在市场中的占比高达 97%[①],但截至目前,我国也未能形成完善的要素价格形成机制。要想充分将市场调节资源的作用发挥出来,就要推动社会主义市场经济体制的快速完善。一方面,这有利于实现资源的合理配置,确保各生产要素能够在行业间、企业间、区域间自由流动;另一方面,又有利于提高全要素生产率,做到公平高效地配置市场资源,直接由市场来决定要素价格。优化市场环境,还可以为市场引入更多的发展要素,改变过去单纯以成本为优势的经济发展模式,从而形成在人才、技术、资本、品牌等各方面都具备优势的综合竞争优势,并在此基础之上带动社会就业,推动产业发展,提升财税收入,促进经济增长。因此,优化市场环境,能够推动要素市场发育,提高资本、劳动力和技术要素等配置效率,促进经济高质量发展。

三、法治环境对经济高质量发展的影响机理

法治环境能够对市场各类主体的行为进行有效规范,形成全民守法的氛围,维护企业合法权益,保护知识产权,从而降低交易成本、鼓励企业创新发展,最终影响经济高质量发展。如图 4 - 5 所示。

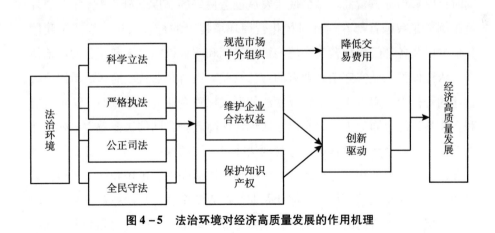

图 4 - 5 法治环境对经济高质量发展的作用机理

---

① 深化要素市场化配置改革 推动经济高质量发展 [N]. 光明日报, 2020 - 04 - 12.

（一）优化法治环境，规范市场中介组织

政府、市场和企业之间有赖于市场中介组织建立互动关系，市场中介组织能够解决市场失灵问题以及政府的职能缺陷，承担不能由企业或政府承担的事情，是市场体系中不可或缺的组成部分。市场中介组织可依托于市场运行规范，对市场中各要素的供给与需求进行调节；建立稳定健康的市场秩序，对于企业活动进行有效的监督与管控，确保社会各界的利益不受侵害，为企业的健康经营创造良好的外部环境。市场经济能够在市场中介组织的介入之下获得更高的效率，不仅可以有效控制交易成本，还能提高市场经济主体的决策效率以及资源配置效率。但不规范和不合法的市场中介组织，破坏了公正、有效和规范的市场秩序。总之，优化法治环境，能够以立法的形式来合法化和规范化市场中介组织，并通过法律法规对市场中介组织的各项工作进行监督，保证其运行过程以及管理机制合理合法，进而降低企业交易成本，推动经济高质量发展。

（二）优化法治环境，维护企业合法权益

我国营商环境建设期间，除了提出《优化营商环境条例》以外，其他地方部门也建立了专门性法规和制度，与《优化营商环境条例》形成互补，同时也能够为地方营商环境的健康发展创造良好的制度基础。《优化营商环境条例》是我国首部专门针对优化营商环境提出的行政法规，规范了我国各地方以及各部门优化营商环境的机制体制和改革措施。不断完善的法治体系，依法保护了诚实守信企业家的合法权益，支持企业就政府违反承诺或毁约违约等行为提起诉讼，承诺以立法的形式保障企业的合法权益，认定政府和企业签订的合同效力。只有以立法形式保障政企合同的法律效力，才能让企业在与政府合作的过程中，感受到法律对自己的保护，感受到社会的公平正义，企业才能够积极主动地参与到市场经济活动中，市场和社会才能得以繁荣发展。优化法治环境，能够让企业家产生安全感，真切地意识到国家的法律法规会保护自己的财产安全，激发企业家创新创业的动力和潜力，在国家供给侧结构性改革期间贡献企业家的力量，以促进我国经济的平稳发展。总之，优化法治环境，能避免企业合法权益受到非法侵害，让企业家和企业

都能积极主动地投入到创新创造活动中，推动我国经济高质量发展。

（三）优化法治环境，保护知识产权

社会主义市场经济的健康发展要建立在良好的产权保护之上，只有保障知识产权不受侵害，才能避免市场上出现恶性竞争。党的十八大以来，我国知识产权保护工作取得较大成绩。在国家和政府的号召之下，社会各阶层都充分意识到专利以及品牌的重要性，产生了版权意识，我国发明专利申请量也在逐年大幅攀升，截至 2023 年 6 月底，中国发明专利有效量达 456.8 万件，有效注册商标量达 4423.5 万件，同比分别增长 16.9% 和 9.1%。[①] 另外，国家立法部门也多次修订专利法，提高我国法律对知识产权的保护力度，尤其是专门针对各种知识产权侵权行为制定了惩罚性赔偿制度，让侵犯知识产权的行为者付出巨大的代价。创新引领发展，而知识产权只有得到国家律法的严密保护，创新活动才能得以顺利开展。习近平总书记在 2020 年的知识产权保护工作学习会议上提到，全面建设社会主义现代化国家，必须从国家战略高度和进入新发展阶段要求出发，全面加强知识产权保护工作，促进建设现代化经济体系，激发全社会创新活力，推动构建新发展格局。[②] 优化法治环境，建立完善的法律法规和政策制度，严密保护知识产权，让人们有更多的时间投入到发明创造当中。因此，优化法治环境，能够实现对知识产权的保护，让全社会对创新创造活动充满信心，从而推动经济高质量发展。

四、营商环境对经济高质量发展影响的综合分析

根据前面的分析，可以看出经济高质量发展与良好的营商环境有着密不可分的联系。优化营商环境，就能让政府和市场的作用都充分发挥出来，并实现二者的有效配合，驱动经济高质量发展；优化营商环境，还能够提高全要素生产率、资源配置效率，为经济高质量发展提供原动力；优化营商环

---

① 谷业凯. 知识产权事业发展稳中提质 [N]. 人民日报, 2023 - 07 - 19 (2).
② 林丽鹏. 加强知识产权保护 激发全社会创新活力 [N]. 人民日报, 2020 - 12 - 05 (2).

境，能够从立法层面对知识产权形成严密的保护，确保组织或个人的创新创造成果不被非法侵害，为经济高质量发展创造良好的外部空间。因此，可以进一步把营商环境对经济高质量发展的作用机理进行总结，详见图 4-6。

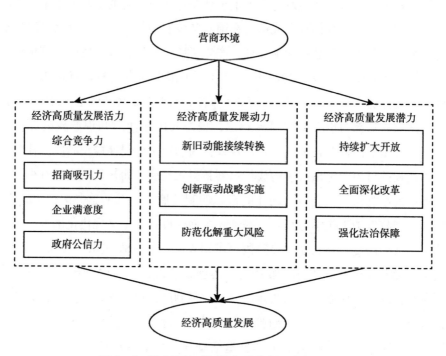

图 4-6 营商环境对经济高质量发展的作用机理

（一）优化营商环境，激发经济高质量发展活力

经济发展与市场主体息息相关，而营商环境的优劣，对市场经济主体的创新创业活动、投资者对市场的预判都会产生较大的影响。通过优化营商环境，也能够为市场吸引更多的优质投资者，并且让更多的市场经济主体投入到创新创业活动中，激发经济高质量发展的活力。

1. 优化营商环境，营造经济高质量发展的基础条件

投资者在作出投资决策之前，会首先对投资项目所处的营商环境进行综合性分析，因此，营商环境的优劣将直接决定投资者的最终决策。在当前的国际化发展阶段，一个国家和地区拥有良好的营商环境，才能吸引更多的外

商直接投资，才能让市场主体有着饱满的奋斗激情与热情，进而促进经济高质量发展。而恶劣的营商环境，将导致市场主体失去发展的动力，也无法吸引优质的外部投资者，最终营销环境会变得越来越恶劣，形成恶性循环。因此，要着力打造与发达国家同等水平的营商环境，增强吸引力和竞争力。

2. 提升招商吸引力，聚集支撑高质量发展的要素

在市场法则与经济生态中，各类资源要素总是集中于优质的营商环境中，形成"聚集效应"和"洼地效应"，这种营商环境下的经济发展也必然充满生机和活力。中国仍属于发展中国家，推动高质量发展需要从外部引资、引智、引技、引才、引制。在过去很长一段时间里，主要是通过拼资源、拼政策引进客商；今后，更需拼服务、拼信用、拼环境，从而营造更加符合市场规则、利于优质资源流入的环境，吸引企业、资金、项目、技术、人才等要素，为经济高质量发展提供有力支撑。

3. 关注企业和众需求，引领企业高质量发展

企业对于营商环境的评价最为中肯，当营商环境极度恶劣时，企业也会选择离开该环境，另谋发展。因此，优化营商环境，不能只是对政府部门进行考核，还要充分关注企业和群众对营商环境的评价，尤其要看企业满意不满意。要围绕企业和群众的需求，进一步简政放权，要从企业在营商环境中发展所遇到的重难点问题出发，改革政府职能结构，尽可能简化审批流程，优化政府服务，确保政府能够为企业提供优质高效的服务，推动企业的高质量发展。

4. 提升政府公信力，增强推动高质量发展的能力

要同时将市场和政府带动营商环境发展的作用充分发挥出来，前者要发挥决定性配置资源的作用，后者则要发挥宏观调控作用，这样经济才能真正得以高质量发展。随着市场经济不断成熟，虽然政府不能过多干预市场，但在优化营商环境的任务上可大有作为，而且优化营商环境的措施越有力、效果越明显，企业对政府就越信任、对发展越有信心。要通过优化营商环境提振企业信心，协同聚集更多的发展资源，使高质量发展沿着既定方略推进。

（二）优化营商环境，增强经济高质量发展动力

营商环境与社会生产力密切相关，通过对营商环境进行优化，就能提高社会生产力，增强经济发展动力。

1. 促进新旧动能接续转换

进入新常态以后，我国的经济增长速度逐渐放缓，原有的高速增长模式要逐渐转换为高质发展模式，因此，原有的以资源驱动发展的模式也要调整为以创新驱动发展的模式。这就要求我国政府必须加速调整现有的经济结构，转换增长动力，实现质量变革、效率变革、动力变革。要想实现上述目标，当务之急是优化营商环境，为传统企业的顺利转型创造良好的外部条件与空间，同时引入新的投资者和新的企业，实现整个营商环境中的良性循环与良性竞争，培育出更多新的业态和商业模式，实现旧动能向新动能的顺利过渡，以推动经济高质量发展。

2. 助推创新驱动战略实施

经济高质量发展并非一蹴而就，而是需要在创新的驱动之下得以可持续发展。目前，中国正在努力推动创新驱动发展战略。2020 年 9 月，世界知识产权组织公布全球创新指数，中国排名第 14 位，是中等收入经济体中，在创新发展方面唯一排名前 30 位的国家。① 但即使如此，我国的技术与产品创新仍然与发达国家存在较大的差距，政府部门也缺乏关于科学研究的顶层设计，导致我国市场中仍然难以出现原始创新技术或颠覆性技术。未来要加速优化营商环境，为贯彻落实创新驱动战略奠定良好的基础，打造全新的创新创造业态，更多更好地引进创新要素，使创新成为经济高质量发展的强劲动力。

3. 规避重大风险

贸易保护主义抬头，中美贸易摩擦不断升温，以规则对抗贸易霸凌、维护多边贸易体制和自由贸易规则的博弈不断加剧。尽管如此，营商环境的竞争才是国际上最主要的竞争，各个国家都应充分意识到优化营商环境的重要

---

① 关成华. 中国创新能力的现状研判与前景展望［J］. 人民论坛，2020（36）：76 – 79.

性，并从经济、文化、法律、创新等多个层面出发，加速调整营商环境。面对外部环境变化带来的诸多挑战，必须要把形势的复杂性和严峻性估计得足一些、看得透一些，切实提高营商环境来增强抵御风险能力，使经济高质量发展之路走得更加坚定有力。

（三）优化营商环境，厚植经济高质量发展潜力

优化营商环境是我国政府必须长期坚持的一项工作，这项工作要贯穿高质量发展的始终，彻底解决经济高质量发展的后顾之忧。

1. 持续扩大开放

改革开放以来，我国经济总量从世界第 15 位跃升为第 2 位。实践证明，扩大开放是创造中国速度、中国奇迹的核心因素，是新时代实现高质量发展的原动力。党的十九大以来，习近平总书记强调，要改善投资和市场环境，加快对外开放步伐，降低市场运行成本，营造稳定公平透明、可预期的营商环境，加快建设开放型经济新体制。[①] 中国只有持续扩大开放，不断优化营商环境，才能拓展经济高质量发展的内外空间。否则，就会影响和制约经济高质量发展的潜力。

2. 全面深化改革

党的十八大以来，中国深入推进"放管服"改革，解决了一些影响营商环境的突出问题，但是企业仍然遇到办证手续烦琐、办事多头跑、等待时间长等"烦恼"问题，依然面临成本高、负担重、融资难等"掣肘"问题。这些问题的存在，已经严重地阻碍了我国营商环境的优化发展，这就要求我国政府必须展开一场大刀阔斧的改革，该"放"的彻底放开，该"减"的彻底减掉，能整合的尽量整合，能简化的尽量简化，切实为企业减负松绑，为高质量发展释放红利、激发活力、增添动力。

3. 强化法治保障

发展经济，既靠政策，更靠法治，依法办事比什么优惠都强。事实上，只有在法治环境下，才能保证市场竞争的公平公正。习近平总书记多次强调

---

① 用公平透明为营商环境加分 [N]. 人民日报，2018－05－17 (5).

"法治是最好的营商环境"①，未来我国要加强国内法治建设，为市场经济主体的公平竞争创设良好的外部发展环境，为经济高质量发展奠定坚实的法律基础。

第四节 本 章 小 结

营商环境包括会对企业生产经营活动产生影响的政务环境、市场环境、法治环境，等等。高效廉洁的政务环境、公平公正的市场环境、纪律严明的法治环境，是推动营商环境优质发展的基础、关键和保障。经济高质量发展，必须依靠于创新发展、协调发展、绿色发展、开放发展和共享发展，缺一不可。只有体现新发展理念，在经济高质量发展进程中，才能真正满足市场经济主体的发展需要，满足人民日益增长的美好生活需要。经济高质量发展的关键是提高全要素生产率，通过优化营商环境，实现各生产要素的市场化流动，切实提高资源配置效率以及全要素生产率，推动经济高质量发展。

经济高质量发展的基础就是优质的营商环境。营商环境对经济高质量发展的影响机理可以分为三个层面：（1）从政务环境层面看，应通过深化"放管服"改革，尽可能减少政府对于市场发展和资源配置的过度行政干预，将市场合理配置社会资源的决定性作用充分发挥出来，使得市场经济主体表现出高昂的发展活力与激情，促进经济高质量发展；（2）从市场环境层面看，应改善制约民营经济发展的体制机制障碍，充分发挥供求机制、价格机制和竞争机制的作用，激发市场主体参与市场竞争，实现资源优化配置，完善现代市场体系，促进经济高质量发展；（3）从法治环境层面看，应建立全民知法懂法的法治氛围，执法机关严格执法，司法机关公正司法，规范各类市场主体行为，维护企业合法权益，保护知识产权，从而降低交易成本、鼓励企业创新发展，最终促进经济高质量发展。

---

① 习近平法治思想学习纲要［M］. 北京：人民出版社，2021.

第五章

中国营商环境建设的历史演进与存在问题

好的营商环境不但能够反映出国家与地区所具备的经济软实力,更能够在一定程度上增强综合竞争力。改革开放至今已经有四十多个年头,这段时期是我国构建现代市场体系的重要过程,同时也是营商环境逐渐优化的过程。习近平总书记指出"营商环境只有更好,没有最好。"① 现如今,中国的经济开始步入到高质量发展时期,打造良好的营商环境,能够吸引高端发展要素集聚,不断增强经济创新力和竞争力,助推经济实现高质量的发展。本章在分析中国优化营商环境促进经济发展的阶段及特征的基础上,从宏观角度大致描述我国营商环境的现状,并提炼出在优化政务、市场和法治营商环境方面的典型案例,从而找出目前我国营商环境与经济高质量发展要求的差距。

第一节 中国优化营商环境促进经济高质量
发展的阶段性特征

对于经济发展而言,营商环境是非常关键的一个要素。企业的发展,创新活动的开展,都需要一个好的营商环境作为保障。从改革开放到如今的四十多个年头里,随着社会主义市场经济体制的逐步建立与完善,我国的营商

---

① 习近平著作选读(第二卷)[M]. 北京:人民出版社,2023:216.

环境也在日益优化当中。中国通过优化营商环境促进经济发展可以分为以下四个阶段。

一、第一阶段（1978～2000 年）：开启对内改革、对外开放，注重投资环境改善

自 1978 年开始，中国改革计划经济体制，实施对外开放，设立经济特区，经济建设迅速发展，投资环境大幅改善。1979 年，我国农村启动以家庭联产承包责任制为主要内容的改革，以最大限度释放农村生产力。1979 年，我国正式颁布《中华人民共和国中外合资经营企业法》，其目的是全面维护外商投资的切身权益。早期利用外资的形式是"三来一补"经济，之后合作方式涉及合资经营、合作经营和独资经营等。20 世纪 80 年代国务院针对鼓励外商投资问题发布了专门的规定以及具体实施细则，为外商投资提供了更为法制、更为便利的环境。中央政府不断放开限制条件，出台税收减免、无偿土地的划拨使用等各类优惠政策，吸引外资进入。在 20 世纪 90 年代初，我国正式提出了构建社会主义市场经济体制的这一全新目标。同时，政府职能逐步趋于为市场经济发展而服务，而市场在整个资源配置体系内发挥出基础性的功能，在各类经营活动中，市场主体得到了应有的自主权。从 1995 年开始，国家计委编制《外商投资产业指导目录》，并不断深化改革，大幅放宽市场准入。

这一阶段，中国面向市场经济逐步转型，已经意识到营商环境对中国经济发展的重要性，但是这一时期对营商环境的认识局限于投资环境，对营商环境在吸引投资以外的重要意义仍未有充分的认识。这一阶段对营商环境的建设有两个特点：一是对内改革。通过开展税收优惠等多项措施改革积极引进外资，以市场换技术，外资进入有超国民待遇，但在某些进入手续办理方面又有更多的流程。到 2000 年引进外资额达到 593.6 亿美元，累计实际利用外资额达到 3702 亿美元，成为全球第二大外资流入国。① 二是对外开放。通过设立深圳、珠海、汕头、厦门、海南经济特区和上海浦东等国家级新

---

① 张建平，刘桓. 改革开放 40 年："引进来"与"走出去"[J]. 先锋，2019（2）：37 - 40.

区，发挥"四个窗口"（技术、知识、管理和对外政策）作用，从管理水平（政府的效率等）、经营条件（货币和物价、外汇管制、金融、信息服务和自主权等状况）等方面着手，建立一种灵活而有效地适应国际市场规律的经济体制模式。

二、第二阶段（2001～2011 年）：营商环境对接国际经贸规则

2001 年中国加入世界贸易组织（WTO），我国的对外开放也步入了一个全新的发展时期。党的十六大提出，我国社会主义市场经济体制现已初步形成。2003 年世界银行发布《营商环境报告》之后，各级政府日益重视营商环境的状况，更是把优化营商环境当作政府的主要工作之一。从地域角度来讲，对外开放一开始是以东南沿海等地作为重心，而后慢慢朝着中西部转移，依托宏观政策的支持，将外资逐步引入到中西部，形成东西南北中全面开放的格局。2006 年，我国出台了《利用外资"十一五"规划》，其代表着我国从原先"招商引资"的阶段，步入到了"招商选资"的新阶段，也就是原本是以吸引外资作为工作的主要目标，而后转变为以调整产业结构、科学配置资源为主要工作目标。之后，我国陆续颁布了《外商投资产业指导目录》以及《中华人民共和国企业所得税法》等，以便能够与国际投资准则进行合理对接。世界银行在 2008 年对中国 30 个省会城市及直辖市进行深入调研，发布《2008 年中国营商环境报告》，对中国开办企业环境、执行合同环境等营商环境指标进行比较，从开办企业程序、时间、成本、最低资本和执行合同的程序、时间和成本等衡量各省份营商环境的优劣程度，并进行排名。如表 5-1、表 5-2 所示。

表 5-1 　　　　　　　　　　2007 年中国开办企业环境

名次	省份	申请程序（个）	所需时间（天）	成本（人均收入，%）	最少资本（人均收入，%）
1	浙江	12	31	5.7	200.0
2	江苏	12	31	5.8	200.0

续表

名次	省份	申请程序（个）	所需时间（天）	成本（人均收入，%）	最少资本（人均收入，%）
3	广东	13	28	6.3	200.0
4	山东	13	33	6.0	200.0
5	上海	14	35	4.8	200.0
6	北京	14	37	3.2	200.0
7	福建	12	40	6.7	200.0
8	天津	14	41	3.7	200.0
9	辽宁	14	41	6.0	200.0
10	吉林	14	37	9.5	224.8
11	内蒙古	14	48	7.9	200.0
12	河南	13	41	11.6	267.0
13	海南	13	38	12.1	273.2
14	新疆	13	44	9.0	230.2
15	湖北	13	36	13.6	300.8
16	河北	14	42	9.8	202.5
17	重庆	14	39	9.5	273.3
18	黑龙江	14	42	11.9	207.9
19	四川	13	35	19.1	354.4
20	山西	14	55	9.3	243.5
21	江西	14	40	14.6	317.8
22	湖南	14	42	14.6	289.4
23	云南	14	42	13.9	383.0
24	青海	14	51	12.0	298.7
25	陕西	14	43	15.2	304.8
26	宁夏	14	55	12.0	335.8
27	安徽	14	42	19.4	349.0
28	广西	14	46	16.5	342.4
29	甘肃	14	47	14.1	408.7
30	贵州	14	50	26.6	605.2

资料来源：世界银行数据库。

表 5 - 2   2007 年中国执行合同环境

排名	省份	程序（个）	时间（天）	成本（标的额占比，%）
1	广东	31	120	9.7
2	江苏	31	112	13.6
3	浙江	31	285	11.2
4	上海	31	292	9.0
5	山东	31	210	22.0
6	天津	31	300	11.3
7	陕西	31	235	21.7
8	重庆	31	286	14.8
9	北京	31	340	9.6
10	辽宁	31	260	24.8
11	海南	31	310	14.5
12	福建	31	342	13.7
13	宁夏	31	270	28.7
14	河北	31	397	12.2
15	江西	31	365	16.5
16	河南	31	285	31.5
17	湖北	31	277	33.1
18	山西	31	300	26.4
19	内蒙古	31	330	23.7
20	黑龙江	31	290	31.5
21	广西	31	397	17.1
22	新疆	31	392	20.5
23	四川	31	295	35.5
24	贵州	31	397	23.0
25	吉林	31	540	18.4
26	安徽	31	300	41.8
27	湖南	31	382	26.6

续表

排名	省份	程序（个）	时间（天）	成本（标的额占比，%）
28	西藏	31	458	24.8
29	云南	31	365	36.4
30	甘肃	31	440	29.9

资料来源：世界银行数据库。

这一阶段，中国以加入 WTO 为契机，完善市场经济体制，营商环境改善明显。这一阶段对营商环境的建设有三个特点：一是明确了优化营商环境的目的。优化营商环境在于服务各类市场主体，而并不仅仅是为了吸引外资。之所以要改善营商环境，本质上是在于营造具有普遍适用性的公平、开放、透明的市场环境，无论内资还是外资，无论是何种市场主体，都能享受高效的行政服务，都能实现创新发展。二是优化营商环境的着力点兼顾"硬环境"和"软环境"。按照 WTO 的要求进行系统改革，既有能源、交通、通信、市政设施等"硬环境"的改变，也有在加快市场化进程、完善法律体系、转变政府职能等"软环境"上的改善。三是各地积极响应中央政策，出台更加细化与多样的引资政策，主要体现在外商投资企业的重要机构吸引、按照地方特色建立产业园区及世界级港口环境的营造。

三、第三阶段（2012～2017 年）：以"放管服"改革作为优化营商环境的突破口

党的十八大以来，我国系统推进营商环境优化。在党的十八届三中全会上，着重强调了市场在资源配置中起决定作用和更好地发挥政府作用。在 2017 年的时候，全国工商联公布了《2017 中国民营企业 500 强发布报告》，参加调研的五百强民营企业中，大部分都提出当前的营商环境已经有了很大程度的改善，这当中，提出社会、法治、市场和公共政策等环境获得了显著改善或有一定改善的民营企业分别是 441 家、447 家、431 家和 444 家，占

据了真实填写民营企业总数的比重分别是 95.45%、96.34%、92.89% 和 95.69%。[①]

（一）政务环境

各级政府出台了许多优化营商环境的措施，集中体现在商事制度改革和"放管服"改革上。我国在 2014 年的时候，正式开启了商事制度的改革工作，在 2015 年工商与市场监管部门通力实现了"三证合一""一照一码"的改革，之后又开展了"五证合一"等一系列登记管理体系的改革工作，极大地减少了微观主体进入市场经济的成本。全方位落实市场准入负面清单的管理规定，提高商标的注册效率，简化工程项目的审批流程，并对民众、企业办事的相关证明进行全面清理，取消那些不存在法律依据的要求。这一系列做法改善了营商环境，有利于企业的发展。自商事制度改革以来，政府在简政放权、实行全国统一的市场准入负面清单制度、放管结合、优化服务改革等改革上持续发力；同时加强了对非公经济，特别是中小企业的市场保护和资金支持，这一系列举措极大降低了优化营商环境要支付的制度成本，为优化营商环境设定的市场化、法治化、国际化的高标准原则奠定了基础。

（二）市场环境

在投资改善方面，我国在 2013 年时就跻身为全球前三的外资来源国与东道国。2017 年《外商投资产业指导目录》中限制性措施减少到六十三条，仅为 2011 年的三分之一。并且，针对外资的管理制度也进行了改革。这代表着我国吸引外资的模式，从最开始完全依赖于优惠政策逐步转变为营造国际领先水平的营商环境。此外，从 2013 年开始，我国开始建设自贸区，并逐渐衔接高水平的国际经贸规则。一直到 2017 年末，我国已组建了十一个自贸区（上海、广东、天津、福建、辽宁、浙江、河南、湖北、重庆、四川、陕西共十一个省份）。开展自贸区的试验活动，其目的是实现营商环境国际化的一种初步试验，将改革作为主要导向，在自贸区先行先试，再将改

---

① 袁军宝，席敏. 2017 民企 500 强门槛大增 用工税费融资问题仍成制约因素 [EB/OL]. http://m.xinhuanet.com/2017-08/24/c_1121538304.htm，2017-08-24.

善营商环境的经验广泛应用到全国各个地区，有助于在短时间内实现全国营商环境的高效改善。从扩大开放的层面来讲，汽车、船舶、飞机相关领域取消了持股比例限制，金融业确定了全面对外开放的时间表，外资银行、保险、支付和征信领域业务扩大，扩大贸易外汇收支便利化试点，允许非投资性外商投资企业以资本金开展境内股权投资等。这些扩大开放的措施与政务改革一道，形成了优化营商环境的两大驱动。

（三）法治环境

在党的十八届三中全会上，明确提出了构建法治化营商环境的要求。2014～2016 年，国务院颁发了《国务院办公厅关于多措并举着力缓解企业融资成本高问题的指导意见》《国务院关于印发注册资本登记制度改革方案的通知》等一系列文件，深入贯彻党的十八届三中全会中提出的有关法治营商环境建设的要求。具体来说，包括逐渐放开市场准入限制、简化行政审批流程、落实"多证合一"等诸多改革举措。与此同时，全国主要城市也配套出台了大量的地方政策性文件和改革措施，在全国范围内展开了优化营商环境的一系列活动。党的十八届五中全会上，提出了营造法治化、国际化和便利化的营商环境。在 2016 年末召开的中央经济工作会议中进一步提出，应当构建一个法治化的营商环境，加大吸引外商投资的工作力度。再一次重点突出了打造法治化营商环境的重要意义。

这一阶段，将优化营商环境的目标与扩大对外开放战略、政府改革进程紧密联系起来，呈现出两个特点：第一，以"放管服"改革作为优化营商环境的切入点。更加注重营商"软环境"的改善。其中，包含了促进监管改革创新，加强综合执法力度，重点维持市场的有序竞争。第二，突出营商环境法治化的重大意义。过去在营商环境建设中，充分运用了政策的灵活性，通过大量临时性的优惠措施和补贴手段吸引外资，但由于政策的不稳定性和市场规则的不断完善，投资者往往不能获得稳定的市场预期，使得外商投资的质量和规模未能实质性地提升。因此，建立统一、公平、透明的市场规则，强调营商环境的法治化，就是要纠正过去以政策实施为主的发展模式，通过完善相关立法，规范行政办事流程，为市场主体提供稳定的预期。

四、第四阶段（2018 年至今）：改革力度更大、精准度更高、节奏更快

从党的十九大召开到现在，我国对于营商环境的改善工作已步入全面推进的新时期。国务院常务会议在 2018 年先后多次专注于相同的一个议题，也就是如何进一步改善营商环境。在 1 月初召开的常务会议中，明确了改善营商环境对于现代化经济体系的关键作用，提出改善营商环境是实现高质量发展的扎实根基；1 月 17 日的会议决定扩大"证照分离"改革试点事项，探索形成可复制经验，进一步改善营商环境。这一阶段，我国市场准入不断放宽，开放度不断扩大，营商环境不断优化。2021 年，我国新设外商投资企业 6.1 万户，同比增长 23.3%，较 2019 年多 2.5%，高于同期新设企业总体增速 10.8 个百分点。[①] 我国新设外商投资企业数量实现增长，充分显示出我国营商环境持续改善和超大规模市场的极强吸引力。

（一）政务环境

我国在 2018 年初的时候，正式组建了推进政府职能转变和"放管服"改革协调小组，并建立了专门负责营商环境优化的专题小组。党的十九届三中全会通过了《深化党和国家机构改革方案》等决议，在现阶段国家治理方面掀起了一场变革。这当中，政府工作的主要任务便是加大力度开展"放管服"的改革工作，并强化营商环境优化。国务院在 2018 年着重推行地方政府在营商环境优化方面的成功经验和重要举措。2020 年，我国在建设数字化政府、高效能政府和服务型政府方面取得较大的成绩。

1. 建设数字化政府

数据开放平台建设稳步推进，56.3% 的省级政府、73.3% 的副省级城市政府、32.1% 的地级市政府已依托政府门户网站建立政府数据开放平台。[②] 推广应用电子证照，各地区、各部门持续推动政务服务平台与国家平台数据

---

①　林丽鹏. 去年新设外商投资企业数同比增 23.3%［N］. 人民日报，2022 – 02 – 20（1）.
②　国家发展和改革委员会. 中国营商环境报告 2021［M］. 北京：中国地图出版社，2021：32.

共享和业务协同，围绕一批全国通用、复用率高、业务关联性强的基础证照开展行业电子证照标准化工作，电子证照共享服务系统汇聚跨地区跨部门证照861种，① 为电子证照"全国互认"提供数据基础支撑。

2. 建设高效能政府

国务院办公厅先后印发相关文件，明确提出取消不合理审批等要求。各地聚焦减审批、减材料，减环节、压时限，优化办事流程，深入推进政务服务"一网、一门、一次""马上办、网上办、就近办、一次办"等改革举措，给市场主体带来了实实在在的获得感。

3. 建设服务型政府

建立便民服务热线。推动将地方政务服务便民热线归并为"12345政务服务便民热线"，优化流程和资源配置，实现热线受理与后台服务紧密衔接，使政务服务便民热线接得更快、分得更准、办得更实。

（二）市场环境

党的十九大报告首次提出"建设现代化经济体系"的战略目标，进一步提出要彻底消除严重限制统一市场、有序竞争的一切规定。习近平总书记在召开民营企业座谈会议中着重强调，要为民营企业打造公平竞争环境，给民营企业发展创造充足市场空间②。2018年11月5日，在我国举办的第一届中国国际进口博览会中，习近平总书记重点指出要营造国际一流营商环境③，党中央及国务院都格外重视营商环境优化的相关工作，加大"放管服"力度，加快政府职能转变，依托于营商环境优化，解决企业发展中的实际问题，从而激发市场活力。国务院在2018年底，提出竭尽全力消除各类不科学的规定，打造一个良性竞争的市场；逐渐为企业进行税收减负，帮助企业降低整体的经营成本水平；强化与规范事中事后监管工作，确保公平有序的市场。2020年，我国在降低市场准入门槛、降低融资成本和优化外商投资环境等方面均取得较大的成绩。

---

① 国家发展和改革委员会. 中国营商环境报告2021［M］. 北京：中国地图出版社，2021：32.
② 习近平著作选读（第二卷）［M］. 北京：人民出版社，2023：208.
③ 习近平著作选读（第二卷）［M］. 北京：人民出版社，2023：216.

1. 降低市场准入门槛

放宽市场准入限制。继 2018 年 12 月正式实施全国统一的市场准入负面清单制度以来，我们逐年为负面清单"瘦身"，给市场"让"出更大空间，2020 版负面清单共列入事项 123 项，比 2019 年版清单减少 8 项，进一步放宽准入限制、实现平等准入。启动海南自由贸易港放宽市场准入试点，在医疗、教育、金融、文化，商业航天、新能源基础设施等领域推出 22 条政策举措。

2. 降低融资成本

国家出台一系列政策，包括 2020 年增加 1.8 万亿元再贷款、再贴现额度，出台中小微企业贷款阶段性延期还本付息政策、普惠小微信用贷款支持，督促银行减费让利，加速利用金融科技开展产品创新等，为实体企业提供金融支持。2020 年初，央行设立 3000 亿元专项再贷款，向重点医用物品和生活物资生产、运输和销售的重点企业提供优惠利率信贷支持。经财政贴息后，企业实际融资成本降至 1.6% 以下，极大调动了企业生产防疫物资的积极性。

3. 减税降费再加码

为统筹推进疫情防控和经济社会发展，2020 年先后出台了 7 批 28 项税费优惠政策，包括对疫情防控重点保障物资生产供应给予税费优惠，对受疫情影响较大的行业企业给予税费减免，完善出口退税政策，减免社保费和医保费等。特别是为帮扶小微企业渡过难关，对小规模纳税人减免增值税，延缓小微企业、个体工商户所得税缴纳等，给市场主体带来了实实在在的获得感。

4. 优化外商投资环境

积极帮助外资企业克服疫情冲击，协调推进重大外资项目，提高外资项目备案便利化程度，推行不见面办理、容缺受理，做好投资保护和服务工作。出台进一步提升通关便利化水平、提高外籍商务人员来华便利度、降低外资享受优惠政策门槛等一系列政策，使我国成为跨国投资的"避风港"。

（三）法治环境

1. 通过《中华人民共和国外商投资法》

我国在 2019 年正式通过了《中华人民共和国外商投资法》，据此，在外资的准入、促进、保护、管理等准入前国民待遇以立法的形式得以保障，进一步改善营商环境。

2. 出台《营商环境优化条例》

2019 年 10 月 22 日，正式出台了《营商环境优化条例》（以下简称《条例》），其中归纳了最近几年内我国在营商环境优化方面的丰富经验和成功方法，并把有效、群众满意、企业认可的改革措施保留下来。将企业重点反馈的痛点、堵点，以及营商环境的显著缺陷进行深入探究，并根据国际领先水平，从健全体制等方面进行明确规定。

首先，《条例》第一次对营商环境优化的根本目标、主要范围、具体原则等作出详细的规定，重点突出政府公开听取意见、竭力保障中小投资主体的合法权益、公平有序竞争及包容审慎等各类创新措施，专注于企业重点反馈的融资困难、融资成本高、审批流程烦琐等难点，从制度的角度进行了具体规定，填补了法律层面上的空缺。

其次，《条例》进一步强调了"两平一同"，也就是各主体可平等地利用生产要素，公平有序地参加市场竞争，可同等接受法律法规的保护。各政府不可作出偏向部分企业或影响其他企业切身权益的行为，不可因投资主体所有制的性质不同、规模大小、所在地区等，作出任何歧视性的行为。

最后，《条例》明确规定：在市场准入上，除了负面清单之外的业务、行业，其他类型的主体都可以平等、有序地进入；在平等获取要素上，确保每个所有制市场主体可平等、有序地获得各类生产要素，包括但不限于人力资源、土地使用权等，充分参与到市场竞争的活动中。《条例》是站在国家的角度，出台的营商环境优化的"根本大法"，可谓是国内在营商环境法治化上的一大创举，给地方政府改善营商环境奠定了扎实的制度根基。

3. 颁布实施《中华人民共和国民法典》

2021 年 1 月《中华人民共和国民法典》（以下简称《民法典》）颁布实施，进一步夯实营商环境法治保障，加快我国法治化营商环境建设进程。《条例》中大多数规定也与《民法典》密切相关，其出台也为《条例》贯彻实施提供了更加坚实的上位法支撑。

《民法典》的实施有效提升了重点领域指标表现。世界银行营商环境评价指标中，开办企业等八项指标均与民法典有关，中国营商环境评价的特色指标中，知识产权创造保护和运用、市场监管、政务服务、包容普惠创新等指标也与《民法典》有关，《民法典》的颁布实施将为相关领域改革提供更加充分的法律依据，推动相关指标持续提升。比如，在获得信贷方面，第三百八十八条将世界银行关注的"让与担保"等非典型担保依法纳入我国担保体系；第六百四十一条、第七百四十五条明确出租人对租赁物享有的所有权和出卖人对标的物保留的所有权遵循登记对抗规则，符合世界银行和联合国贸易法委员会推行的现代动产担保制度对登记对抗的有关要求。上述规定将有效提升我国获得信贷二级指标"合法权利力度指数"得分。

这一阶段，营商环境成为从中央到地方各级政府推进全面深化改革和体制机制创新的重要内容。优化营商环境呈现以下三个特点：一是国家层面的相关政策密集出台。根据中国政府网"营商环境政策库"专题网页中公布的相关政策文件数量看，2018 年至今，中国国务院发布的各类营商环境相关政策文件明显增多，客观反映了从国家层面对优化营商环境愈加重视。二是地方层面狠抓政策落实。北京市、上海市在营商环境方面作出若干改革举措。关于开办企业，整个过程均可在网上进行办理，缩短了企业开办的时间，实施用工社保登记"二合一"的管理制度，在各行各业推行电子营业执照，改进刻章等相关服务；关于财产登记，推出所有业务"一窗受理、共同办理"的综合性服务，为群众、企业提供互联网和现场自助查询的服务方式；关于跨境贸易，采用国际贸易的"单一窗口"模式，对口岸收费目标清单进行对外公开，可在口岸通关前进行自主申报；关于税款缴纳，做到税款缴纳"最多跑一次"的改革目标。三是开始重视营商环境的评价问题。国家发展改革委牵头，结合世界银行指标体系和中国特色建立了中国营商环境评价体系，用企业全生命周期、城市投资吸引力和城市高质量发展水平三个维度，23 个一级指标和 106 项二级指标来评价营商环境。全国优化营商环境工作进入了以评促改、以评促优的全新阶段。

从改革开放到如今，已经历了四十多个年头，我国营商环境优化明显，得到市场主体和国际社会的充分肯定。从世界银行报告历年的数据可以看出，中国营商环境持续优化，从 2005 年的 91 位，提升到 2019 年的 31 位（见图 5 - 1）。特别是从 2017 年以来，我国在世界范围内的营商环境排名提高显著。

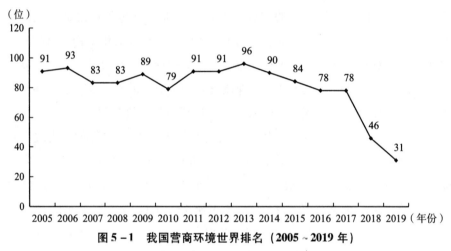

图 5 - 1 我国营商环境世界排名 （2005～2019 年）

资料来源：根据历年世界银行《营商环境报告》数据整理而得。

《2020 年营商环境报告》于 2019 年底正式公布，与 2018 年相比较而言，我国营商环境在全球范围内的排名，提高了十五名，并跻身于营商环境优化程度世界前十的行列内，已进入全球最先进营商环境国家行列。其中，在执行合同方面表现最佳，排名全球第 5 位；在纳税方面表现不佳，排名全球 105 名，如图 5 - 2 所示。

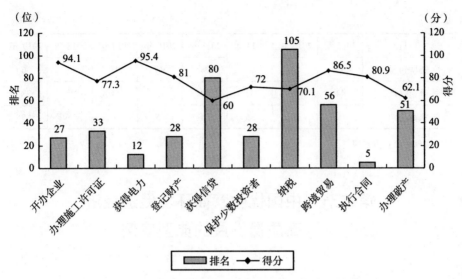

图 5 - 2　中国 2019 年营商环境分项指标的得分及全球排名

资料来源:《2020 年营商环境报告》。

从分项指标看, 2012 ~ 2019 年中国营商环境所有指标中办理施工许可证和开办企业两个方面改善最为明显, 指标排名分别提升 148 位和 124 位; 获得信贷方面改善不大, 排名从 70 位下降到 80 位。如表 5 - 3 所示。

表 5 - 3　　　　　　　　　　　2012 ~ 2019 年中国营商环境排名

项目	2012 年	2013 年	2014 年	2015 年	2016 年	2017 年	2018 年	2019 年
总体	91	96	90	84	78	78	46	31
办理施工许可证	181	185	179	175	177	172	121	33
开办企业	151	158	128	134	127	93	28	27
纳税	122	120	120	127	131	130	114	105
获得电力	114	119	124	92	97	98	14	12
保护少数投资者	100	98	132	118	123	119	64	28
办理破产	82	78	53	53	53	56	61	51
获得信贷	70	73	41	78	62	68	73	80

项目	2012 年	2013 年	2014 年	2015 年	2016 年	2017 年	2018 年	2019 年
跨境贸易	68	74	98	94	96	97	65	56
登记财产	44	48	37	42	42	41	27	28
执行合同	19	19	35	4	5	6	6	5

资料来源：世界银行。

第二节　中国优化营商环境促进经济高质量发展的典型案例

目前，中国经济已步入高质量发展阶段，全国范围内的各个地区均将优化营商环境当作现阶段经济工作的重要内容，颁布了一系列的政策集中于商事制度的深化改革，打造良好的营商环境，加强城市功能，助推企业实现更好、更快的发展。其中下面几个案例比较典型，值得向全国推广。

一、优化政务环境案例：浙江"最多跑一次"改革

浙江省于 2016 年末第一次启动了"最多跑一次"的改革工作。此改革是对"一窗受理、集成服务、一次办结"的一大创新举措，让广大的人民群众与企业前往政府办事的时候，实现"最多跑一次"的改革目标。

浙江省的"最多跑一次"改革大致经历四个阶段。第一个阶段："干部多跑腿、群众少跑路"，从 2016 年 12 月到 2017 年 5 月。改革提出之初，浙江省的党员干部们纷纷主动履行责任，为人民群众代办事务，通过每日繁忙、辛苦工作来获取民众的满意。第二个阶段："数据代人跑"，从 2017 年 5 月至 2018 年 10 月。省政府于 2017 年 5 月的时候，组织了一次专题会议，其主题是"转变信息孤岛的局面、做到数据无障碍共享"，并全力助推"最多跑一次"改革的深入落实。在此之后，重点推动政府朝着数字化的方向进行转型，实现"一证简化办""掌上政务"等。第三个

阶段："服务升级、领域延伸，'跑部门'向'跑政府'转变"，从 2018 年 10 月至 2019 年 11 月。2018 年 10 月，单独设立省委改革办、加挂省最多跑一次改革办的牌子。改革逐渐延伸到人大政协、社会组织等各类主体，并朝着公共服务、社会治理、民主法治等其他领域深入拓展。第四个阶段："以'最多跑一次'这一改革当作依据，高效地促进全省实现现代化的治理模式"。2019 年 11 月，浙江省委举办了十四届六次全会，并提出将"最多跑一次"这一理念推广到整个省域治理的方方面面，由此，"最多跑一次"改革进入了全新阶段。

　　经过多年的实践，浙江省实施的"最多跑一次"改革工作收获了非常明显的成果，主要实现了"六个有"。第一是群众和企业有获得感。比如，围绕群众和企业整个生命周期关键时期，整理出群众从呱呱坠地一直到身后"一件事"一共 24 件，企业从准入到退出"一件事"17 件，为企业、群众前往政府办事提供高效率的"打包服务"①。第二是党员干部们有着较强的主动性。开办"领跑者"专刊，设置"最多跑一次"微信公众号并开设"竞跑者"栏目，鼓励各地向好的学、与强的比、朝高的攀。第三是政府向数字化转变的过程获得了重大突破。助推"互联网 + 政务服务"的尽快落地，实现"掌上政务之省"的创设目标，集中主要力量以期让"群众、企业跑一次是基本，一次不跑是经常，跑数次是特殊"的承诺。根据中科院在 2019 年底所公开的《2019 中国数字政府建设指数报告》可知，届时浙江省数字政府的整体建设水平已在我国位居首位。第四是机关运行有效率。率先开展机关内部"最多跑一次"改革，重点解决不同层级之间、不同部门之间办事数次跑、多方跑、耗时长、流程烦琐等一系列主要问题，内部要提高所有机关的整体运行效率，外部则需要提高政务工作的质量。第五是省域治理能力有提升。比如，在县域内成立有关社会纠纷的调解机构，竭力达成纠纷调解"至多跑一次"。第六是改革法治有互动。主动适应改革发展需要，在 2018 年底的时候，颁布了全国"放管服"改革方面第一部综合性地方法规，即为《浙江省保障"最多跑一次"改革规定》，以地方立法的形式

---

　　① 张丽玮，张帆. 聊聊浙江"最多跑一次"改革三年［EB/OL］. http：//k. sina. com. cn/article_6456450127_180d59c4f02000sb9y. html，2019 - 12 - 27.

固化改革成果，为改革保驾护航。

在未来，浙江省必然会把"最多跑一次"改革逐渐应用到更广泛的领域内。随着人民群众的重心由数量转变为质量，由物质转变为精神，由传统转变为创新，浙江省定会多角度、全方面深化"最多跑一次"改革，且把其当作抓手，实施各行各业的改革，创造一个民众、企业均满意的服务型政府，提升现代化治理能力。

二、优化市场营商环境案例：福建国际贸易"单一窗口"

国际贸易"单一窗口"属于实现贸易便利化的一个重要手段，是世界银行评价各国营商环境的重要评分项目，受到各级政府高度重视，并被写入国务院《优化营商环境条例》。福建省早在 2015 年就正式上线了中国（福建）国际贸易单一窗口，由它来集中受理福建省外贸企业的进出口业务办理申请，方便各口岸有关部门间的信息传递、执法互助等。一直到 2020 年 8 月，福建国际贸易单一窗口一共联通了 40 多个部门，推出了 10 多类 100 多项的政务功能，涉及金融、生产、仓储、电商等诸多领域，涵盖了主要运输工具与主要商品等。主要业务应用率达到 100%，为超过 6 万家企业提供了政务服务，单证平均每日的处理总量超过 100 万票，① 做到了数据跨层级、跨部门、跨区域无障碍共享，初步形成了国际贸易主业务的"一站式"办理模式，整体的业务办理效率大幅提高，在助推福建省贸易的方便快捷、稳固外贸推动发展的过程中，均起到了格外关键的作用。

中国（福建）国际贸易单一窗口 4.0 版在 2020 年年中成功上线。强调整个链条一体化的服务模式，通过区块链、大数据等一系列新技术手段，全方位聚焦融合出入境业务流、资金流乃至信息流，达成银、关、贸、税的全链条管理，促使贸易活动变得更为智能化、简单化，实现了通关、金融等诸多方面的创新举措。

---

① 福建省发展和改革委员会. 福建单一窗口 4.0 版让贸易更简单、更智能、更便利［EB/OL］. http：//fgw. fujian. gov. cn/ztzl/fjys/dxjy/202201/t20220113_5814534. htm，2021－08－20.

关于港口服务。连接江阴、青州码头作业，强化船期发布等重要功能，从外部引进无车承运业务的新形式，为各类企业带来在散货、集装箱运输途中的车货匹配服务。作为货主而言，可自由地在相关平台中提交订单申请，而司机则也可利用平台来获取订单与安排车辆。同时，企业还能够第一时间掌控货物的整个运输流程，做到港口信息的无障碍共享，促使物流服务成功转型。

关于通关服务。推出智能化的报关体系，通关机器人可自主完成一键智能制单，计算机根据订单的内容而制作出相应的报关单，让原本冗杂烦琐的报关流程被"一键完成"，将以往需要经历的八个流程缩短到一个流程，而报关准备时间也从过去的24个小时最快可减少到5分钟内，报关数据的准确性一般可达到百分之百，每一单的申报费用至少降低100元。

关于税务服务。推出税务备案管理系统，让企业可通过互联网进行在线报税，全过程实现无纸化操作。同时，企业还能通过互联网填写税务备案的电子表格，利用单一窗口在网上将付汇申请提交给相关银行。付汇银行也能利用单一窗口及时审阅税务备案表，并线上审核签注，不必每一次付款时都需要在纸质单证上进行签字审核，整个业务的办理时效也得到了大幅提高，以往需要耗费两天或三天的时间，而现今最短只需要15分钟即可完成。另外，外汇管理局提供线上指导填写备案表，并对付汇信息进行严格监控。截至2020年5月，已经涵盖了整个省份内在上年办理5万美元以上付汇业务的全部银行，有将近400个注册网点，进行了600多笔对外支付业务，付汇总数额高达15亿美元。[①]

关于金融服务。推出单一窗口融资体系。银行可依托于惠数通这一平台，得到相关公司进出口业务的具体数据，并应用大数据模型，进一步测算出公司可得到的合理授信额度，给银行等各类金融机构提供准确直接的信息参照。银行减少用户需提交的申请材料，对审批手续进行简化处理，减少审批耗费的时间，可实时提供相关的金融服务。对于小微企业来说，甚至可在一天内完成授信手续。截至2020年5月，省内有十多家金融机构已上线了

---

① 郑璜. 福建国际贸易单一窗口4.0版正式上线［N］. 福建日报，2020－06－24.

单一窗口的融资方式，有效处理用户多达 60 户，累计授信额度接近 9 亿元，共计发放了 7 亿元贷款。① 在全国范围内第一次推出了有关出口"小微资信红绿灯"这一服务，通过互联网技术、大数据技术、人工智能算法等先进的技术手段，给诸多的小微出口企业带来了一款实时、规范、可视程度高的工具，这一工具是移动型的，可对国际买方存在的交易风险水平进行快速识别。这一服务拥有以下几类特征：第一，具有"易识别"特征，对用户所查询的企业，它所具有的交易风险会通过预评级结果以一种交通红绿灯的表现形式，最直接地呈现出来；第二，具有"随手查"特征，用户不管在什么时间什么地点，只需要点击单一窗口进入功能模块就能使用；第三，具有"覆盖广"特征，通过领先的技术手段衔接了最专业的世界企业数据库，涵盖着数以亿计的企业数据；第四，具有"秒回复"特征，将智能算法模型应用其中，最终的亮灯结果仅需耗费几秒就可实现；第五，具有"无费用"特征，现阶段用户在平台进行任何查询都不需要支付费用，真正做到为小微企业降低成本、减轻负担。

在中国（福建）国际贸易单一窗口的建设中，数项措施达到了全国范围内的领先水平，例如，在全国首先推出上线船舶出入境的"一单四报"等举措。今后，中国（福建）国际贸易单一窗口必然会以技术革新、应用改革为切入点，不断加强"单一窗口＋"的全新模式，为企业提供全方位服务，为口岸提高质量、增加效率服务，为外向型经济更好、更快地发展服务。

三、优化法治营商环境案例：上海成立优化营商环境法治保障共同体

上海市委在 2017 年的时候提出，应当尽全力将上海建设成为法治环境最优质的一座城市，领先于全国其他省份。上海市委又在 2019 年上半年印刷、发行了《关于建立上海市优化营商环境法治保障共同体的意见》

---

① 卢金福. 中国（福建）国际贸易单一窗口上线 4.0 版 突出全链条一体化服务 ［EB/OL］. https：//baijiahao. baidu. com/s?id＝1667483012648883467&wfr＝spider&for＝pc，2020－05－23.

及实施细则，提出构建全国范围内第一个优化营商环境法治保障共同体的口号。

上海市所提出的组建优化营商环境法治保障共同体，从问题导向出发，广泛招揽各方主体参与其中，集中主要力量建立实时发现问题、深层次分析问题、高效应对问题的一种运作方式，有助于提升对改善营商环境重大意义的共同认识，逐渐形成强大的合力，更进一步地推动社会各行各业参加到营商环境的优化活动中；有助于加强政府和市场间的充分衔接，更为方便地获取社会声音，消除群众、企业重点反馈的办事难点、堵点；有助于在更大的范围内宣传法律条文、创新措施，从根本上提高群众、企业对政府的满意度，促进各项制度与规定落实到位。

对于数量如此之多的成员单位，共同体为了能够更好地达成高效运行，制定了两个协调与配合的工作机制。其一，核心事项研讨决定机制，若遇到了核心问题或重要事项，可由共同体组织召开联席会议，一同研讨后决定；其二，日常运行机制，组建4个工作小组与1个专家讨论组。共同体将专注于营商环境优化时可以采用的方法，如探索建立先行区域、竭力突破体制机制、推动顶层制度设计、发挥司法保障职能等，促进成员单位通力协作进行问题商讨、出台政策、宣传培育、评估改善等一系列工作。

共同体重点关注与企业有关的行政审批项目的取消和调整改革，加快"证照分离"的改革进度，促进各方力量专注制度创新，将地方性法规、政策规定和相关文件内限制营商环境优化的陈旧规章废除，以保证地方性法规不仅契合于国家的宏观要求，更能反映出上海市的独有特色。共同体将不断尝试包容审慎的监管工作，依托于现有规定的条件下，对行政处罚裁量权进行更深层次的剖析、研究，为各领域的企业尤其是中小型企业、创新企业在起步阶段打造更为宽容的营商环境。

在2020年召开的上海市第十五届人大常委会第二十次会议上，正式出台《上海市优化营商环境条例》，且在当天正式开始实施。这当中，优化营商环境法治保障共同体等数个上海市率先提出的措施，被直接纳入上海市地方法的主要内容中。可见，未来上海市会持续打造外商投资更为方便、政务效率更高且服务更为优质的国际化营商环境。

第三节 中国优化营商环境促进经济
高质量发展存在的问题

改革开放 40 多年来，我国营商环境持续优化，取得了显著的成绩，但我们也应当看到当前营商环境还存在许多重大问题亟待解决，如一些地方市场准入门槛高，项目审批手续烦琐，办事效率低下，不依法行政的事情时有发生，"玻璃门""旋转门""弹簧门"等隐性壁垒还不同程度地存在。

一、"放管服"改革有待深化

在"放管服"改革过程中，不少地方结合本地实际，大胆探索，勇于创新，形成了许多好的做法。但是随着改革的深入，也逐渐出现一些问题。

一是地区间"放管服"工作缺乏统一性、联动性、协调性。比如，不少地方都在推进行政审批服务标准化，统一辖区内审批服务事项的名称、标准、流程等，这对提高审批效率非常必要，但由于是"各自搭台、各自唱戏"，部分领域也出现了"一个地方一个标准、全国没有标准"的现象。又如，"多证合一"的改革缺少统一的标准，致使部分"五证合一"，部分"二十二证合一"，更有甚者"三十四证合一"，这样的现象给营业执照整合后跨区域工作造成了很大的阻碍。再比如，地区间存在放权不同步，在一个地区确定为保留的审批事项，在另一个地区确定为下放，在其他地区则可能改为备案或取消。

二是部分地区政府出现"大包大揽""无所不管"的倾向。比如，有的地方推行"代办制"，为企业提供接洽、审办等全流程、精准化的免费服务，这些服务确实有效缓解了群众和企业办事过程中信息不对称等问题，促进了营商环境改善，但是有的市县每年动辄为"代办制"支出上亿元财政经费，如此"免费午餐"不仅难以持续、容易吊高市场主体"胃口"，还会抑制中介服务市场的正常发展。现阶段不但要应对传统层面上政府"缺位"

等问题，更要避免发生其他类型的"越位"等不良状况，避免越俎代庖、过犹不及。

三是有的地区改革过分追求速度而忽视改革的质量。比如，国家规定报告书类环评要在 60 天内完成，而有的地方则要求在 12 天内完成，这个时间仅够完成法定公示环节。又如，不少地区太过于重视放权数量目标的实现，在短时间内就取消并下放了较多审批事项，但由于不协调、不衔接、不配套，基层人力、财力不足，致使下放权力的速度过快，而监管工作并未及时跟上，导致监管存在不少"真空"的情况。

二、市场化营商环境有待优化

（一）企业注销难

自 2017 年实施简易注销改革以来，企业注销率虽逐步提高，但仍有很多应退出市场的企业不能及时顺利退出，对企业和个人都造成严重影响。没有及时注销的企业会被列入异常经营名录，进入监管部门的黑名单，给企业发展带来影响。企业的法定代表人、股东和合伙人在创办公司、个人信用和融资贷款等方面受到较多的限制。企业注销难主要表现在以下几个方面。

一是前置审批多。《中华人民共和国公司登记管理条例》等法规文件规定了企业注销的前置条件，包括证券、保险、出版印刷、劳务在内的 32 个事项需要前置审批。特别是实施多证合一后，一张营业执照上加载了许多个证照，其中任何一个主管部门有异议就无法注销，一定程度上延长了办理时间。

二是程序烦琐。企业注销一般要经过企业清算、监管部门备案登报、注销税务、递交注销资料、银行销户等程序，手续较为烦琐，除基本的清算报告、注销申请书等材料外，还需要提交各种票据、凭证、账本、报表、证明等材料，需要经办人找多个部门办理，反复跑多趟。

三是经办机制不灵活。有关部门在办理企业注销时，对纳税信用等级高于等级低的企业、正常经营与经营状态异常的企业，都按照一个标准、一个方式办理，缺乏区分度和针对性。

四是周期较长。企业注销整个流程要 5~7 个月，其中，公告时间为 45 天，到部门递交资料和审核办理时间有较大的不确定性，如出现一些较难追溯的问题则要 1 年以上，涉及破产清算至少 2 年以上。

（二）监管的效力有待提高

最近几年时间内，国务院不断实施简政放权的有关政策，在很大程度上降低了市场的准入标准，于是，大批量的市场主体纷纷涌入，由此给监管工作带来了更高的要求。国务院在 2019 年时，印刷并发行了《关于在市场监管领域全面推行部门联合"双随机、一公开"监管的意见》，在其中明确提出，在市场监管方面完善以"双随机、一公开"监管为主、重点监管为辅、信用监管为基础的监管体系，逐步建立一个公平公开、良性竞争的市场环境，营造一个极具便利性、法治化的营商环境。不过，在落实"双随机、一公开"的过程中存在以下问题。

一是缺乏配套细则和操作规范。当前，国务院和有关部门出台了"双随机、一公开"的相关文件，但配套的实施细则仍有待进一步完善，尤其是缺少基层实施双随机抽查的详细操作细则。国务院所颁布的"双随机、一公开"文件，尽管确定了监管工作人员与监管对象间的双随机，但这一文件往往只进行了原则层面上的规定，依然缺少详细的操作要求，在具体实践操作的时候，仍会存在不少需要应对的问题。比如，重复抽取检查到某一家监管主体多次是否需要重新抽取，一些一直未被随机抽查到的监管主体该如何保证其行为的合法性，并且缺乏统一的指导规程供基层参考，大部分开展的双随机仍然采取传统的抽查方式，缺乏科学性和规范性。

二是机构信息归集系统不完善。目前仅市场监管部门的双随机检查信息较为完善，有相应配套规则，其他部门的双随机检查与双随机监管平台的系统并不完全相适应。例如，制定双随机任务时要求引用信用规则，需对高中风险企业比率进行设定，但民政行政执法大队的监管对象一般为社会组织，并无高中风险企业，导致任务制定流于形式。另外，双随机监管平台上的监管主体信息更新不够及时，一部分本年度开立的社会组织还未进入监管主体库，另一部分本年度注销的社会组织也未从监管主体库移除，这一信息延迟现象容易导致监管不到位的情况发生。

三是基层监管力量比较弱，需要进一步提升执法人员的专业素质、综合能力。执法力量与执法需求不相适应，基层监管人员普遍偏少。同时，监管人员年龄老化严重，接受新事物的能力不足，面对监管方式改革，心理准备和工作能力不足，一定程度上影响了双随机监管的推进。

三、法治营商环境有待优化

（一）营商环境评价体系有待健全

目前，国际上对营商环境评价较为权威的机构是世界银行。但是世界银行的营商环境评价体系具有其局限性。一是覆盖范围有限。世界银行仅仅对全世界 190 个国家和地区的最大和第二大城市进行指数测算。在中国只有北京和上海两个城市被纳入指标体系中。因此，无法从宏观的角度了解中国其他城市的营商环境情况。二是评估体系复杂。世界银行往往用复杂案例设问的方式来了解条例规定的情况，并通过对大量的中小企业的问卷调查了解实际执行情况，数据样本广度和精度存在一定的局限性。三是评价维度偏窄。世界银行主要从营商程序便利程度和法律保障力度两个维度来衡量一个经济体的营商环境。可是企业实际经营中需要面对的环境因素远不止行政机构的直接影响，要素获取难易度、经济景气程度等也会影响企业的运营，这些都没有纳入指标体系中。若直接将该体系直接应用到我国各地的营商环境评价中，则缺乏统一的公信力，急需建立一套适合我国国情的、全国统一的营商环境评价体系。

（二）法治保障没有同步跟进

随着"放管服"改革进入深水区，碰到法律法规"天花板"的情况越来越多，一些改革实践或得不到合法性授权，或与法律法规以及有关红头文件"打架"。比如，一些地方开展相对集中的行政许可权改革试点，但用于指导行政审批的上位法、部门法规都没有修改，事项划转行政审批局后缺乏上位法支撑，导致本地行政审批局盖的公章在外地得不到认可，企业有时不得不"新章老章一起盖"。再比如，这些年涌现出了不少新产业、新业态、新模式，但法律法规上仍属于"空白地带"，在现实管理中只能按照传统产业类别来管；有的地方想要创新审批和监管方式，但由于缺乏相关法律依据，担心存在追责问责风险。

四、国际化营商环境有待优化

（一）服务业开放水平有待提高

改革开放以来，我国服务业逐渐对外开放，但从现阶段来看，服务业的整体开放水平仍需提升。

第一，服务业的开放根基不牢固。我国服务业发展的速度日益加快，然而，整体的水平依然与部分西方发达国家存在着很大的差距，主要反映在以下方面。一是整个行业的附加值率不够高，占据主要地位的往往是劳动密集型服务业，同时，传统服务业所占的比例也比较高，而那些拥有较高附加值的知识密集型服务业，却发展极为缓慢；二是整个服务业的竞争程度不足，存在过多的管制和规定，当前的监管水平无法满足新服务的发展需求。

第二，从市场准入的角度来讲，服务业依然可以提高开放水平。现阶段医疗、研发、教育等这些领域的开放，仍旧会面临不同程度的阻碍。从教育、医疗这两个领域来讲，我国目前还不允许外商独资设立教育和医疗机构，而外商投资在这两个领域又偏向于独资。这便是外国优秀医疗、教育资源很难被引入我国，一批又一批中国国民前往国外看病就医、留学的主要原因。从研发服务的角度来看，发达国家拥有全球领先的基因诊疗技术，却因为相关规定的阻碍，不能和国内企业开展研发合作。

第三，在落实"引进来、走出去"政策时，缺少一定的协调配合。实现服务业的开放，需要多个不同部门的通力配合，因而，建立跨部门的良性协调机制是目前的工作重点。因为政策的制定、审批乃至监管等工作，分别是由多个不同部门来负责的，很容易发生冲突或协调度不足等情况。

（二）自贸区功能作用有待提升

建设自贸区，是要不断积累发展经验，逐步形成和国际贸易细则相对接的制度框架与监管体系。总的看来，自贸区建设取得积极成效，但仍存在一些不足。

一是推进进展不一，发展水平参差不齐。上海自贸区成立早、基础好，中央各部门支持力度较大，改革开放与制度创新处于领先水平，在打造具有法治化、国际化的营商环境方面也取得了不错的成绩。广东、天津、福建处于第二梯队，其他 17 个自贸区成立时间较短，一些改革试点任务还未落实到位，主要是落实可复制、可推广的经验。此外，各地对自贸区的认识不完全一致，有的地方仅仅把自贸区当作一个争取优惠政策、招商引资的平台，对打造"制度高地"缺乏思路和手段。

二是开放程度不高，对外资准入限制仍较多。自贸区最初的外资准入负面清单中，特别管理措施接近 200 项，"十三五"初期为 122 项，2020 年已压减至 30 项，第一张海南自贸港外资准入负面清单只有不到 30 项，但是仍有不少行业仍在负面清单之内。在汽车、船舶、核电等制造业领域和金融、教育、医疗、信息等服务业领域，我国企业已具备较强的国际竞争力，自贸区也有开放的需求，但是这些行业开放不够。金融等领域有些开放举措在上海已试行多年，迄今尚未推广到所有自贸区。

三是创新力度不够，重大制度性创新有待加强。从与国际通行规则衔接的角度看，围绕公平竞争、环保、劳工、知识产权等高标准规则的制度创新较少；从企业需求角度看，放松管制和限制、提高资源配置效率、降低生产成本的重大改革措施也较少。自贸区很多创新成果集中在操作层面，体现为业务流程的优化、便利度的提升、审批效率的加快等，但在证照分离、外商投资备案管理等方面的杰出创举却比较少。

五、企业融资环境有待改善

2012 年，世界银行对中国 2000 多家企业进行调研，评估中国企业在经济环境中面临的问题。这些问题仍是当前营商环境中制约企业发展的障碍。调查结果如表 5-4 所示。民营企业和国有企业认为营商环境中存在的问题略有不同。国有企业认为营商环境存在的问题主要集中在金融准入（15.91%）、交通（15.91%）、人力资本问题（14.21%）、政治稳定性（10.80%）和税收管理（9.09%）。而民营企业则认为影响企业经营的首要问题为金融准入（20.96%）、人力资本问题（16.07%）、非正规部门竞争（15.81%）和税负（15.56%）。企业在生产和经营的过程中普遍关注的就是获得信贷问题。从前面表5-3可以看出，2012～2019年中国企业获得信贷的指标排名靠后，排名从2012年的70名降低到2019年的80名。

表5-4　　　　　　　　中国企业认为营商环境亟待突破的问题

营商环境存在的问题	民营企业		国有企业	
	企业数量（家）	比率（%）	企业数量（家）	比率（%）
金融准入	566	20.96	28	15.91
土地准入	128	4.74	9	5.11
商业许可	20	0.74	1	0.57
腐败	31	1.15	3	1.70
法律	6	0.22	2	1.14
犯罪、偷盗及混乱	16	0.59	5	2.84
海关和贸易监管	42	1.56	1	0.57
电力获取困难	129	4.78	3	1.70
人力资本问题（劳动力教育水平低）	434	16.07	25	14.21
劳工管理问题	49	1.81	6	3.41
政治稳定性	20	0.74	19	10.80
非正规部门竞争	427	15.81	10	5.68
税收管理	108	4.01	16	9.09
税负	420	15.56	9	5.11
交通	203	7.52	28	15.91
不知道	24	0.89	4	2.27
不回复	77	2.85	7	3.98
合计	2700	100.00	176	100.00

注："企业数量"指认为该问题是制约企业发展的最大问题的企业数；"不知道"指不能作出判断的企业数；"不回复"指调研中没有回复的企业数。
资料来源：世界银行企业调查数据。

此外，根据上海新沪商联合会大商学院发布的《2019 中国民营企业营商环境报告》显示，民营企业认为涉企事项中问题最突出的也是获得贷款（见图 5-3）。

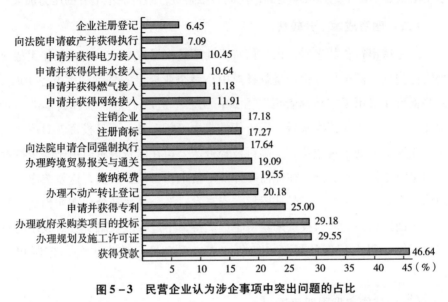

图 5-3 民营企业认为涉企事项中突出问题的占比

资料来源：上海新沪商联合会大商学院. 2019 中国民营企业营商环境报告［R］. 2019-03-17.

综合以上研究发现，从过去和现在，企业在生产和经营的过程中最为关注的是融资问题，融资问题成为优化企业发展环境的主要障碍。

（一）信贷渠道融资难度加大

首先，银行信贷额度明显趋紧。受去杠杆与金融严监管政策影响，从 2018 年开始，许多银行的中小微企业信贷头寸不足，导致部分中小微企业融资不畅，需要排队等待银行信贷额度，从而影响了企业正常经营性用款。民营企业获得银行贷款的机会较少，甚至一些已经上市的优秀民企也难以获得银行贷款。周小川在 2018 年的全国两会上表示，今后很长一段时期内贷款额度必然会收缩，而利息水平更会随之上涨，这样一来，向银行申请贷款的标准就会大大提高，最终形成银行贷款难度大、贷款审核严、贷款额较少等结果。其次，部分科研型、文化创意型企业根本没有多余的固定资产进行担保，严重缺少贷款的抵押物，轻资产的企业向银行申请贷款的难度会日益加大。最后，中小企业承受的融资压力相对较大。当遇到融资难的情况时，企业一般会积极开拓多元化融资方式。由于银行更倾向于给大型企业融资，中小微企业不得不选择成本更高的民间金融融资，融资成本上升的压力加大。

（二）融资成本上升较快

一是从银行贷款来看，由于信贷头寸不足，导致中小微企业往往无法获得银行贷款，甚至部分银行贷款针对中小微企业提供的贷款利率上浮70%，一些银行还采用了"价高者得"方式，无形中造成了企业融资成本进一步增加。二是从企业债券来看，发行债券成本不断上升，而且投资者对民营企业的债券基本处于观望状态。高科技轻资产公司在借贷融资时由于缺少抵押物担保而导致融资受限，往往需要外部增信来获得债权融资，这就造成融资的综合成本相对较高。三是从股权融资来看，部分高科技公司在初创期，通过引入创投机构的股权投资来获得融资支持，不过，股权融资会对股东的股权比例进行很大程度的稀释，如此一来，很容易出现失去公司控制权的风险。

（三）信贷审批周期较长

一是信贷审批更加严格，放款时间有所延长。北京的一些担保机构在银行担负小部分风险责任的条件下，开创了"见贷即保"等全新的业务形式，缩短审批周期，极大地加快了审批速度，让小微企业在较短的时间内得到所需的资金。但随着金融风险的不断积聚，金融政策日益趋紧，信贷额度审批和放款时间均较以往有所延长。二是中小企业信贷审批更加复杂，放款多在半年以上。由于经济实力差、缺乏良好信息披露机制和财务管理机制、缺乏良好的信用意识等问题的存在，针对中小微企业的信贷程序更加复杂，办理周期更长，融资慢的问题要实现根本性改善依然任重道远。

除此以外，税费成本高同样是各大企业反馈较多的问题。所谓税费成本，一般包含了增值税、所得税、房产税、印花税等一系列企业在经营管理过程中需要承担的税收负担，还包含教育费附加、文化事业建设费等一些必须缴纳的政府费用。再加上增值税的抵扣标准非常复杂，很难明确具体的责任主体，一些收费细则过于模糊，导致大部分的中小企业都很难获得优惠政策。

六、各地区营商环境存在明显差异

我国解决不平衡不充分的发展问题需要大力实施区域协调发展战略，而区域协调战略与改善营商环境息息相关。我国幅员辽阔，区域间资源禀赋和发展水平差距较大，各地区营商环境也存在明显差异。2018 年普华永道通过分析中国 GDP 排名前 80 的城市、总计 1244324 家企业的行为数据认为，营商环境质量指数排名前 30 的城市主要集中在东部地区，占比为 50%，其次为西部地区 24%，中部和东北部地区分别占 13%。[①] 从排名变化来看，2018 年指数排名提升最快的城市集中在东部地区。从这一数据可以明显看出，东部城市营商环境明显优于中西部地区。而东部城市间的营商环境也略有差异，珠三角和长三角城市群的营商环境优于其他城市（见表 5 - 5）。营商环境的地区差异较为明显，将会影响我国区域协调发展战略的实施。

表 5 - 5　　　　　　　2019 年中国城市群营商环境指数排名

城市群	营商环境指数均分	名次	硬环境指数均分	名次	软环境指数均分	名次
珠江三角洲城市群	63.75	1	62.02	2	64.91	1
长江三角洲城市群	58.47	2	60.35	3	57.21	3
山东半岛城市群	57.59	3	62.59	1	54.25	4
京津冀城市群	54.25	4	49.39	4	57.50	2
海峡西岸城市群	46.60	5	46.80	5	46.47	5
长江中游城市群	45.15	6	46.44	6	44.72	6
中原城市群	35.60	7	41.31	7	31.80	7

资料来源：万博新经济研究院、中国战略文化促进会、中国经济传媒协会，等 .2019 中国城市营商环境指数评价报告 [R].2019 - 05 - 11.

---

① 刘和平，黄国锋 .2018 中国城市营商环境哪家强？[EB/OL]. http：//xbjs. chinareports. org. cn/tbgz/2018/1127/6395. html，2018 - 11 - 27.

（一）京津冀地区：单点突出、协同不足，北京辐射带动作用有待增强

京津冀地区大力促进基本公共服务共建共享，持续推进审批制度改革和跨部门联合监管，深化跨境贸易等领域的城市合作，区域协同发展不断加强。北京市各项指标优势显著，但辐射带动作用有很大的提升空间。区域内产业梯度落差较大，人才、技术等资源共享整合力度不够，天津、石家庄等省份产业综合配套和承载能力不足，经济结构和增长内生动力仍有待调整优化，投资和人才吸引力、创新活跃度有待提升。

（二）长三角地区：结构合理、优势明显，区内城市均衡协同发展

长三角地区城市呈现较为均衡的一体化发展态势，经济结构持续优化，第三产业支撑作用进一步增强，外商投资的吸引力较强，民营经济发展势头良好，创新活动活跃，研发投入和产出水平处于国内领先水平。三省一市"互联网＋政务服务"平台加快建设完善，电子印章、电子证照等加速推广应用，"一网通办"、异地可办、"掌上可办"事项范围逐步扩大，区域内政务服务信息化、一体化程度不断提升。

（三）粤港澳大湾区：动力强劲、创新活跃，广深双核心引擎亮点突出

粤港澳大湾区广州、深圳等省份经济结构较为合理，人均产出位居全国前列，经济增长内生动力较为强劲，外商投资持续稳定增长，民营企业活跃发展，高质量发展特征逐步显现。相关城市以规则衔接为重点，在大湾区框架下推出一批政务服务合作事项，加快推进政务服务事项通办，促进要素便捷流动。大力实施最严格的知识产权保护，健全知识产权保护和运营体系，有力支撑科技创新活动和成果转化应用。

（四）东北和中西部地区：人口流失、创新疲弱，重点城市有待进一步做强

产业结构方面，第三产业占比相对较低且提升较慢，产业转型趋势不明显。经济增长动力方面，西部地区人均产出水平较低，经济增长对固定资产投资的依赖程度较高。财政收入结构方面，一些城市非税收入占比相对较高。投资吸引力方面，对民营、外资投资吸引力偏弱，一些城市外资增速存在较大波动；东北地区民营企业发展相对滞后，优质民营企业数量与东部沿海地区差距较大。人才吸引力方面，人口净流入不足，东北地区部分城市城镇就业人口呈下降态势，人口外流问题较为突出。创新活动方面，创新活动较为疲弱，创新投入普遍低于全国平均水平，专利申请量和授权量与东部发达地区差距较大，创新产出水平偏低。此外，部分城市政务服务、政务诚信、产权保护等领域存在短板，民营小微企业发展动力不足。

第四节　本 章 小 结

改革开放 40 多年的历程是我国现代市场体系建立的过程，同时也是营商环境逐渐优化的过程。中国在优化营商环境的过程中，逐渐实现了从单纯地为了吸引外资，到营造具有普遍适用性的公平、开放、透明的市场环境的转变；从注重交通、通信、市政设施等"硬环境"的建设，到注重营商"软环境"的改善，包括推动监管创新，完善综合执法，优化我国市场监管部门以及工商部门的服务体系，为市场主体的公平竞争创造良好的外部环境；从以过于灵活性和随意性的政策实施为主，到强调营商环境法治化，为市场主体提供稳定预期的转变；从国家出台优化营商环境相关政策但落实不够，到地方层面充分对接国家政策，狠抓政策落实，形成从中央到地方各级政府协力优化营商环境的转变。从省（市）级层面看，福建省的国际贸易"单一窗口"、浙江省的"最多跑一次"、上海市的"法治保障共同体"等典型优化营商环境的案例值得向全国推广和学习。

中国营商环境在取得很大进步的同时，仍存在"放管服"改革有待深化、营商环境评价体系有待健全、法治保障未能同步跟进、自贸区功能有待提升、企业融资问题改善不明显、地区差异有待缩小等问题。这些问题未能解决，势必会影响中国经济高质量发展。

第六章

中国营商环境评价体系构建及评价结果

前文已经对中国优化营商环境的大致情况有了一个宏观的定性了解，本章拟从定量的角度分析经济高质量发展下的中国营商环境优化问题。根据第二章的营商环境相关理论，构建中国营商环境评价体系，对中国营商环境综合评价。

第一节　中国营商环境指标体系构建

根据第二章文献综述研究，世界银行《营商环境报告》是国外学者研究营商环境指标体系的主要参考，该项报告对于各国或地区的营商环境进行了系统性综合分析。但是该报告在考察中国营商环境时，只选择了北京和上海两个城市，其他城市的研究缺失，使得研究的覆盖面不够。虽然世界银行2008年专门发布了《中国营商环境报告》，如表6-1所示，该报告中的样本城市主要包括我国26个省会城市以及4个直辖市，但评价指标由11个缩减为4个，包括开办企业、登记物权、获取信贷和强制执行合同，不能全面综合地评价我国主要城市的营商环境。而且数据缺乏连续性和对比性，仅仅只有2008年的数据，其他年份的缺失，不利于开展进一步的研究。

表 6 - 1　　　　　　　　世界银行《2008 中国营商环境报告》样本城市

地区	样本城市
东南	福州、南京、广州、杭州、上海
环渤海	北京、济南、天津、石家庄
东北	哈尔滨、长春、沈阳
中部	长沙、武汉、南昌、合肥、郑州
西南	成都、昆明、贵阳、南宁、海口、重庆
西北	呼和浩特、乌鲁木齐、太原、兰州、西宁、西安、银川

资料来源:《2008 中国营商环境报告》。

　　国内学者主要基于世界银行所建立的营商环境指标体系,评估了国内某个省份的营商环境。例如,厦门大学中国营商环境研究中心建立的中国营商便利度评价指标体系,就是参考世界银行所建立的营商环境指标体系,只针对福建省的营商环境进行评估。类似的研究多集中在某个单独的省份,缺少全国角度的省份营商环境研究,更没有办法在同一评价指标体系中进行省份之间的横向比较。

　　当然还有一些政府和研究机构从各自研究的角度出发,构建了营商环境指标体系,但他们大多都是从城市的角度来开展研究,只是样本城市的选取及数量略有差异,其评估标准各有不同。《管理世界》经济研究院选取的样本城市最为广泛,除了 27 个省会城市和 4 个直辖市以外,还包含了 5 个计划单列市以及我国具有较高典型性的 254 个地级市。国家发展改革委在中国城市营商环境的试评价中,主要选择了 22 个分布于我国不同地区的城市,其中包括 4 个直辖市、9 个省会城市、3 个计划单列市、5 个地级市以及 1 个县级市,其样本城市基本覆盖了我国所有城市类型。从城市的角度来衡量营商环境有个比较大的弊端就是,城市(省会城市)的营商环境并不能很好地代表一个省份的营商环境,各省的省会城市和最大的商业城市并不一定是同一个城市,而且在营商环境不一样的省份所具有的代表性也不一致:在营商环境相对较好的省份,省会城市可能与各地方城市之间的营商环境差距并不太大;而在营商环境本身不佳的省份,省会城市可能与地方城市的差异较大。此外，这些研究基本都是锁定某一年来研究的，研究数据只有一年，缺乏数据的连续性。

综合以上分析，本书从《优化营商环境条例》出发，参考樊纲等编制的《中国分省份市场化指数报告》中的方法，结合营商环境相关理论，构建符合国情的中国营商环境指标体系。

《优化营商环境条例》第八条指出，国家要尽快建立完善的营商环境评价体系，该评价体系应当以满足市场主体和社会公众需求为主，为我国各地方政府优化营商环境提供指导。根据这一要求，结合营商环境的概念和内涵，充分考虑中国营商环境历史演进及现存问题等因素，结合前人研究思路和成果尝试构建中国营商环境指标体系。该指标体系将从政务环境、市场环境和法治环境三个层面来衡量中国营商环境的情况，具体指标体系设置如表 6 -2 所示。

表 6 -2　　　　　　　　　　中国营商环境指标体系

一级指标	二级指标	三级指标	解释
政务环境	政府与市场的关系	市场配置资源的比重	反映市场配置资源的程度
		政府对企业的干预	反映行政审批手续方便便捷情况
		政务服务效率	反映政务服务效率情况
市场环境	非国有经济的发展	非国有经济在工业企业主营业务收入中所占比例	反映工业中非国有经济的发展情况
		全社会固定资产总投资中非国有经济的占比	根据投入，就可以推断出非国有经济的发展现状
		城镇总就业人数中，非国有经济就业人数的占比	以劳动力投入，就可以反映出非国有经济在各部门的发展现状
	产品市场的发育程度	由市场决定价格的程度	可以充分衡量市场能够决定农产品、生产资料以及零售品价格的自由程度
		商品市场上的地方保护	反映市场准入制度是否健全
	要素市场化配置	金融市场发育	反映金融市场的发育程度
		劳动力市场发育	反映劳动力市场的发育情况
		技术成果市场化	反映技术成果的市场化程度

续表

一级指标	二级指标	三级指标	解释
法治环境	市场中介组织发育和法律制度环境	中介服务机构发展	反映为企业提供法律等服务的中介组织和行会组织发展情况
		市场主体合法权益保护	反映对生产者合法权益的保护程度
		知识产权保护	反映对知识产权保护情况

一、政务环境

由第三章的理论分析可知，优化政务环境先要处理好政府与市场的关系，建设人民满意的服务型政府。因此，政务环境主要通过政府与市场的关系这个二级指标来衡量，下设市场配置资源的比重、政府对企业的干预、政务服务效率3个三级指标。

（一）市场配置资源的比重

《优化营商环境条例》第三条指出，国家必须全面深化"放管服"改革，尽可能避免政府过度干预市场经济活动，让市场对资源配置起决定性作用，以求切实降低交易成本，推动社会创新创造活动的顺利开展。改革开放以来，我国逐渐实现由政府通过计划方式分配经济资源到主要由市场来分配经济资源的转变。在营商环境较好的地区，往往政府收入占国内生产总值的比重相对偏低。所以，政府配置资源的占比，可以用各地政府支出在地区生产总值中的占比来表示，相应的，它的剩余项则可以用来表示市场配置资源的占比。但政府支出占比和营商环境并不是简单的线性关系，市场发展阶段以及历史背景等会对二者之间的相关性产生较大的影响，不能单纯地以降低政府支出比重来优化营商环境。如果政府收支过低，已经不足以支撑政府向社会公众供给良好的公共服务，那么也会破坏外部营商环境。但从当前发展来看，政府支出比重过高导致营商环境较差的现象普遍存在，因此本书以该指标来衡量市场配置资源比重。

（二）政府对企业的干预

《优化营商环境条例》第四十条指出，行政机关应当尽快下放事权，对现有的行政审批流程进行优化和调整，尽可能避免市场主体在行政审批期间耗费不必要的精力，提高行政机关的服务效率。例如，当市场主体的条件和要求符合相关标准时，行政机关可以直接采取告知承诺的方式为其进行审批。简化行政审批手续，一方面可以避免我国行政机关出现滥用职权的腐败行为，避免出现权力寻租现象；另一方面又可以尽可能减轻我国市场主体的负担，为市场经济主体开展经营活动，创造更便利的外部环境。因此，可以通过行政审批手续的方便简化情况来反映政府对企业的干预程度。一般认为，政府对企业的干预越少，政务环境越好。

（三）政务服务效率

《优化营商环境条例》第三十四条指出，政务服务效率代表着政府的服务质量、服务水平，服务型政府就需要调整其原有的服务方针、工作作风，要切实提高其政务服务的便利性、规范性和高效性。尤其是在当前的互联网时代中，我国各地政府都应当尽快依托于现代化信息技术打造在线政务服务平台。通过线上线下融合节约人力资源，实现政务服务效率的提高。因此，可以用社会组织、社会保障和公共管理就业人数占总人口的比例来反映各地政府的相对规模，进而体现各地的政务服务效率。一般认为，政务服务效率越高，政务环境相对越好。

二、市 场 环 境

由第三章的理论分析可知，优化市场环境要关注民营企业发展的诉求，促进各种生产要素自由流动，实现要素市场化配置。因此，市场环境的评估指标主要包括产品市场发育程度、非国有经济的发展、要素市场化配置。这三个指标属于二级指标，其中，产品市场发育程度，可以分为两个三级指标，分别是商品市场的地方保护、市场决定价格的程度；非国有经济的发展，可以分为三个三级指标，分别是城镇总就业人数中非国有经济就业人数占比、社会固定资产总投资中非国有经济的占比；工业企业主营业务收入中非国有经济的占比；要素市场化配置，可以分为三个三级指标，分别是技术成果的市场转化程度、劳动力市场的发育程度、金融市场的发育程度。

（一）非国有经济的发展

《优化营商环境条例》第六条指出，要为非公有制经济发展创造良好的外部环境，把非公有制经济的创造力和活力充分激发出来。我国民营经济在改革开放以后取得较大的发展。根据习近平在民营企业座谈会上的讲话，我国近一半以上的税收都来自民营企业，"民营经济具有'五六七八九'的特征，即贡献了50%以上的税收，60%以上的国内生产总值，70%以上的技术创新成果，80%以上的城镇劳动就业，90%以上的企业数量"①，在我国推动经济高质量发展的过程中，民营经济是不可或缺的力量。党和政府也充分重视推动民营经济的健康发展，在党的十九届五中全会上进一步提出，优化民营经济发展环境，构建亲清政商关系，促进非公有制经济健康发展和非公有制经济人士健康成长。因此，衡量以民营经济为主的非国有经济的发展程度对市场环境的测度有着重要的意义，可以用以下三个指标综合考量。

1. 非国有经济在工业企业主营业务收入中的比例

非国有经济的发展状况，往往能够充分体现出一个国家或地区的市场环境的优劣。因此，可以用"1－国有及国有控股工业企业主营业务收入/规模以上工业企业主营业务收入"来近似表示非国有经济在工业企业主营业务收入中的占比。一般认为该比例越高，市场环境越好。

2. 非国有经济在全社会固定资产投资中所占比例

这个指标可以从投入的角度反映整个经济部门中非国有经济的发展情况。这一指标的评估结果越高，市场环境相对越好。

3. 非国有经济就业人数占城镇总就业人数的比例

这个指标从劳动投入方面衡量包括非工业部门在内的各部门中非国有经济发展的情况。一般认为该比例越高，市场环境相对越好。

（二）产品市场的发育程度

商品经济的发展往往需要依赖于产品市场。在我国改革开放之初，只建立了公有制经济，这种单一的产品市场不利于我国社会经济的发展。因此，

---

① 习近平. 在民营企业座谈会上的讲话［N］. 人民日报，2018－11－02（2）.

党和政府提出推动国内商品经济发展的政策与号召，自此我国开始建立商品市场，希望通过商品市场来满足人民的生活所需。党的十四大明确了建立社会主义市场经济体制的经济体制改革目标。党的十八届三中全会提出要加快完善现代市场体系，建立较为完善的市场机制，例如，竞争机制、价格机制等，不仅有利于进一步优化配置市场资源，同时能够激发市场经济主体在经营活动中的活力，促进经济高质量发展。

1. 价格由市场决定的程度

《优化营商环境条例》第二十一条指出，我国政府部门要尽快加强反垄断治理，避免市场中出现不正当的竞争行为，同时也避免在市场经济发展进程中出现权力寻租现象，营造公平竞争的市场环境。由市场直接决定产品价格，才能从真正意义上发挥市场对资源配置的决定性作用，才能够推动市场经济的自由健康发展。根据党的十八届三中全会的要求，政府不得过度干预市场价格，要由市场自发的形成产品或商品的价格。近几年，在我国价格体制全面深化改革阶段，我国已经基本形成了科学的定价制度，有机结合准许成本和合理收益来制定产品价格，政府不再过多干涉市场中产品或服务的价格，通过这种定价机制能够充分发挥价格杠杆作用，逐步推行公平竞争审查制度，持续加强市场价格监管和反垄断执法力度。"市场决定价格的程度"可主要包括三个评价指标，分别是农产品价格、生产资料价格、社会零售商品价格这三个价格的市场决定程度，通过对这三个指标进行加权平均计算，就可以计算出市场决定价格的程度。一般认为，当该评价指标的评价结果越高，就意味着产品市场的发育越好，市场环境越好。

2. 商品市场上的地方保护

《优化营商环境条例》第二十条指出，政府部门要尽快根据我国市场发展现状制定统一的市场准入负面清单制度，要进一步降低我国市场的准入门槛，为各类市场主体在市场中的公平竞争创造良好的法律环境。各地区、各部门不得另行制定市场准入性质的负面清单。部分地方政府为了保护本土企业，保障地方经济利益，往往会针对外来企业设置较高的市场准入门槛。例如，针对本地企业和外地企业实施差别化的质量检验标准，甚至对外地企业的产品或服务实施限制销售的政策，等等。地方政府的这种地方保护主义，不利于商品或产品在我国市场中的自由流通，市场资源也无法进行自由的配置，长此以往必然会破坏当地市场环境。商品市场上的地方保护可以使用各地企业在全国销售产品时遇到的地方保护与相应省份的相对经济规模之比来表示。一般情况下而言，商品市场的地方保护越多，就证明目前产品市场的发育程度越低，市场环境越糟糕。

（三）要素市场化配置

要想更好地实现我国经济结构的转型升级，当务之急就是依托于市场来合理配置生产要素，以求有效提高经济发展质量。目前我国的要素市场发育相对滞后，市场配置资源的决定性作用还未能得到充分发挥，不利于我国建成高标准的市场体系。中共中央、国务院于 2020 年 4 月正式颁布《关于构建更加完善的要素市场化配置体制机制的意见》，在该文件中提出我国要尽快完善要素市场化配置，要确保我国各项生产要素能够在市场中得以自由的流通与配置。在资本要素方面，着力增加有效金融服务供给，尽快建立成熟的多层次资本市场；在劳动力要素方面，要保证我国市场中劳动力要素的自由流动；在技术要素方面，要为我国市场经济主体开展技术创新活动创造良好外部条件，且确保科技成果能够顺利地实现转化。

1. 金融市场发育

《优化营商环境条例》第二十六条提出，为解决民营企业和中小企业在融资过程中的一系列问题，国家从政策和制度层面为金融机构提高对中小民营企业的贷款力度奠定了基础。同时，金融监管部门也需要尽快构建完善的监督考核机制和激励机制，使其能够积极主动地为中小民营企业发放贷款，同时要鼓励金融机构尽快简化其贷款审核流程，为中小民营企业提供更加优质高效的信贷服务。习近平总书记在 2018 年的民营企业座谈会上明确提出，要优先解决民营企业特别是中小企业融资难甚至融不到资问题，同时逐步降低融资成本。要改革和完善金融机构监管考核和内部激励机制，把银行业绩考核同支持民营经济发展挂钩，解决不敢贷、不愿贷的问题。要扩大金融市场准入，拓宽民营企业融资途径，发挥民营银行、小额贷款公司、风险投资、股权和债券等融资渠道作用。① 可以用"金融业的市场竞争"和"信贷资金分配的市场化"两项基础指数来衡量。"金融业的市场竞争"可以用金融机构资产中非国有金融机构资产占比作为替代变量,这一指标的评价结果越高,就证明目前市场中形成了良性竞争,市场环境较好;"信贷资金分配的市场化"可以用总负债中非国有企业负债占比作为替代变量,这一指标的评价结果越高,就说明目前非国有企业的贷款数量已经在逐年攀升,信贷资金分配的市场化较高。一般认为,金融市场发育越好,要素市场化配置越佳,市场环境越好。

2. 劳动力市场发育

《优化营商环境条例》第二十二条指出,建立统一开放的人力资源市场体系,将有利于人力资源在我国市场中的合理配置和有序流动,避免在劳动力市场中出现城乡分割、性别歧视等。人才是推动经济高质量发展的最重要的资源。我国拥有 9 亿劳动人口,而这些丰富的人力资源也成为我国能够在国际市场中站稳脚跟的关键②。但未来我国还需要进一步提高人力资源的质量,尤其要培养更多的高素质管理人才、技术人才,才能真正满足高质量发展对人才的要求。该指标可以通过评估熟练工人、管理人员和技术人员等人力资源的供应情况进行衡量。一般认为,劳动力市场发育越好,要素市场化配置越佳,市场环境越好。

3. 技术成果市场化

《优化营商环境条例》第二十三条指出,政府及有关部门需要为新产品和新技术的市场化构建完善的政策体系,充分发挥市场主体在推动科技成果转化中的作用,确保能够为市场主体开展创新创造活动,提供良好的外部政策环境。近年来,我国加快科技成果转化。科技部分别于 2008 年、2009 年、2011 年、2012 年、2014 年和 2015 年,选出了 455 家国家技术转移示范单位,并采用市场化手段推进技术转移示范机构的考核评价。2018 年,我国科技成果转化合同金额平均达 156.9 万元,与 2017 年相

---

① 习近平. 在民营企业座谈会上的讲话 [N]. 人民日报, 2018 – 11 – 02 (2).
② 王博雅. 为高质量发展提供人力资源支撑 [N]. 经济日报, 2020 – 03 – 25 (12).

比，上升42.6%。① 我们必须牢记科学技术在带动社会生产发展方面的重要性，要通过技术成果转化，将技术的创新成果转化为现实的生产力。技术成果的市场化程度，可以用各地技术市场成交额与本地科研人员数量的比例来衡量。当技术成果能够很快进行市场转化时，要素市场化配置越佳，市场环境越好。

三、法治环境

由第三章的理论分析可知，优化法治环境要以人民为中心，保护市场主体合法权益，保护知识产权。因此法治环境主要通过市场中介组织的发育和法治环境这个二级指标来衡量，下设中介机构服务发展、市场主体合法权益保护和知识产权保护3个三级指标。

（一）中介服务机构发展

《优化营商环境条例》第四十三条和第七十一条对中介服务机构进行界定并明确其责任和义务。中介服务机构应当向全社会公开其制定的统一审批流程、审批条件以及收费标准。如果中介服务机构和行业协会商会，在提供中介服务时存在强制接受等违法违规现象时，国家应当从立法层面对其违法违规行为进行严厉惩处。除了生产型企业和消费者在市场中占据重要地位以外，中介组织在完善的市场中也发挥着重要的作用，为市场经济主体提供技术服务、法律服务、财务服务。要进一步清理、精简涉及民间投资管理的行政审批事项和涉企收费，规范中间环节、中介组织行为，减轻企业负担，加快推进涉企行政事业性收费零收费，降低企业成本。② 可以使用"律师、会计师等市场中介组织服务条件"和"行业协会对企业的帮助程度"两个指数来反映市场中介服务机构发展水平。一般认为，市场中介服务机构发展得越好，法治环境越好。

---

　① 王光辉，刘开迪．以核心科技成果转化促进经济高质量发展［N］．中国社会科学报，2021－01－30．
　② 习近平．在民营企业座谈会上的讲话［N］．人民日报，2018－11－02（2）．

（二）市场主体合法权益保护

《优化营商环境条例》第十四条明确强调要保护我国市场经济主体的合法权益，这里的合法权益包括财产权、人身权等，任何单位以及机构都不得随意实施冻结或扣押财产的强制行政措施；要充分尊重中小投资者的参与权和知情权；在没有国家法律法规或国务院决定的情况下，各地方政府不得采取地方保护主义，不得随意设置市场准入退出条件，不得随意增加市场经济主体的义务。要想推动市场的健康发展，就必须保证市场在运转过程中不会侵害市场经济主体的合法权益。习近平也多次强调，"要千方百计把市场主体保护好，为经济发展积蓄基本力量"。[①] 市场主体合法权益的保护，可采用各地执法机关的执法效率、公正执法程度作为评估指标。一个国家或地区越能够保护市场经济主体的合法权益，法治环境越好。

（三）知识产权保护

《优化营商环境条例》第十五条提出，我国必须从立法层面加速保护知识产权，尤其要建立保护知识产权相关的协同机制、援助机制、法律救济机制，确保能够从多个层面出发，充分保护市场经济主体的知识产权。另外，国家要尽快改革现有的专利申请制度以及商标注册制度，要尽可能提高其专利申请和商标注册的审核效率。根据 2020 年政府工作报告，明确提出我国各地必须加强知识产权保护力度。截至 2022 年底，中国发明专利有效量为421.2 万件，同比增长 17.1%。[②] 我国对知识产权的保护力度，可以用三种专利申请批准数量和科技人员数量的比值作为替代变量。一般认为，对知识产权保护得越好，法治环境越好。

第二节　中国营商环境指数计算方法

本书主要收集了各统计局、企业年度报表等公开数据，结合参考国家发

---

① 习近平著作选读（第二卷）［M］. 北京：人民出版社，2023：319.
② 中国发明专利有效量421.2 万件［N］. 人民日报（海外版），2023－07－01（2）.

展改革委《中国营商环境报告》以及北京国民经济研究所中国市场化指数数据库等，计算中国营商环境指数。以 2008 年为基期年份，在基期年份中，各单项指数的最大值为 10，即表现最好，最小值为 0，即表现最差。然后根据基期年份的指数，确定各省份得分，得分均在 0～10 之间。接着对同一方面指数进行加权平均，计算出中国营商环境一级指标的指数。最后，使用算术平均法计算出分省营商环境指数。

基期年份的指数计算方法如下。

当指数对应的原始数据高低与营商环境好坏成正相关时，其计算公式为：

$$\text{第 } i \text{ 个指数} = \left[\,(V_i - V_{\min})/(V_{\max} - V_{\min})\,\right] \times 10 \qquad (6-1)$$

其中，

V_i 表示某个地区第 i 个指数的原始数据；

$V_{\max}$ 表示所有 31 个省份第 i 个指数相对应的原始数据中的最大值数据；

$V_{\min}$ 表示所有 31 个省份第 i 个指数相对应的原始数据中的最小值数据。

当指数对应的原始数据高低与营商环境好坏成负相关时，根据公式（6-2）可计算指数：

$$\text{第 } i \text{ 个指数} = \left[\,(V_{\max} - V_i)/(V_{\max} - V_{\min})\,\right] \times 10 \qquad (6-2)$$

经过这样处理，各项指数都和营商环境成正相关关系。

为了保证各地区指数与以前年份具有可比性，可利用公式（6-3）和公式（6-4）来计算基期以后年份的指数：

$$t \text{ 年的第 } i \text{ 个指数} = \left[\,(V_i - V_{\max}(0))/(V_{\max}(0) - V_{\min}(0))\,\right] \times 10$$
$$(6-3)$$

此时指数对应的原始数据高低与营商环境好坏成正相关关系。

$$t \text{ 年的第 } i \text{ 个指数} = \left[\,(V_{\max}(0) - V_i)/(V_{\max}(0) - V_{\min}(0))\,\right] \times 10$$
$$(6-4)$$

此时指数对应的原始数据高低与营商环境好坏成负相关关系。其中脚标（t）代表所计算的年份，脚标（0）代表基期年份。

第三节　中国营商环境综合评价

通过以上构建的中国营商环境指标体系及计算方式，可以看出中国营商环境的总体进展情况及各省、自治区、直辖市营商环境优化情况。具体分析如下。

一、中国营商环境总体及分省（区、市）评价

（一）中国营商环境总体评价

2008~2018年中国营商环境指数如图6-1所示，可以看出，2008~2011年，我国营商环境指数平均值稳定在5.5左右，增长速度较慢，甚至在2010年有所倒退，说明这一阶段我国优化营商环境的总体效果一般。党的十八大以来营商环境指数逐年提升，2013年突破6，2018年突破7。与2008年相比，2018年的营商环境指数提高了1.67，这说明随着我国对优化营商环境越来越重视，"放管服"的成效逐渐显现出来，我国营商环境总体不断优化。

图6-1　2008~2018年中国营商环境指数

（二）中国营商环境分省、自治区、直辖市评价

从分省、自治区、直辖市营商环境指数看，如表6-3所示。除西藏自治区外，2008~2018年各省份营商环境均得到不同程度的优化。营商环境改善最大的是天津市，营商环境指数提高超过4.0；福建、广东、陕西三省份的营商环境改善程度较大，营商环境指数提高了3.0以上；浙江、重庆、湖北、北京、上海、湖南、江西等省份营商环境指数提高均超过2.0；广西、新疆、青海、贵州、辽宁、内蒙古、云南等省份的营商环境改善程度一般，营商环境指数提高较少，增加不到1.0。这说明，虽然西部的营商环境总体较低，但重庆、陕西等省份的营商环境优化速度较快，进步比较明显。东部地区营商环境不仅总体情况较好，优化的速度也较快，还有很大的优化空间。

表6-3　　　2008~2018年中国分省、自治区、直辖市营商环境指数

省份	2008年	2009年	2010年	2011年	2012年	2013年	2014年	2015年	2016年	2017年	2018年
北京	7.24	7.36	7.94	8.10	8.75	9.12	9.37	8.89	9.14	9.42	9.70
天津	6.59	6.64	7.06	7.43	9.02	9.42	9.29	9.44	9.78	10.29	10.83
河北	5.50	5.64	4.98	5.18	5.44	5.61	6.03	6.32	6.42	6.56	6.69
山西	4.29	4.12	4.51	4.59	4.79	4.97	5.15	5.48	5.66	5.86	6.07
内蒙古	4.66	4.74	4.46	4.53	5.19	5.19	4.96	4.84	4.80	4.83	4.85
辽宁	6.32	6.51	6.24	6.32	6.53	6.57	6.88	6.66	6.75	6.81	6.87
吉林	5.72	5.80	5.42	5.55	6.06	6.11	6.27	6.47	6.70	6.84	6.98
黑龙江	4.84	4.88	4.78	4.94	5.94	6.12	6.16	6.00	6.14	6.34	6.54
上海	8.14	8.41	8.79	8.89	8.70	8.94	9.77	9.73	9.93	10.18	10.45
江苏	7.84	8.21	8.59	9.18	9.94	9.86	9.64	9.30	9.26	9.46	9.67
浙江	7.78	8.03	8.18	8.31	9.28	9.37	9.73	10.00	9.97	10.29	10.62
安徽	5.92	6.04	6.12	6.42	6.25	6.50	7.40	6.98	7.09	7.26	7.44
福建	6.79	6.89	6.72	6.91	7.33	7.47	8.09	8.96	9.15	9.50	9.87
江西	5.45	5.48	5.61	5.80	5.68	5.83	6.74	6.82	7.04	7.28	7.52
山东	6.89	6.94	6.75	6.85	7.24	7.39	7.76	7.85	7.94	8.08	8.23
河南	5.89	5.99	6.08	6.19	6.34	6.51	6.85	7.05	7.10	7.27	7.44

省份	2008 年	2009 年	2010 年	2011 年	2012 年	2013 年	2014 年	2015 年	2016 年	2017 年	2018 年
湖北	5.40	5.57	5.50	5.70	6.21	6.58	7.16	7.35	7.47	7.78	8.11
湖南	5.35	5.33	5.47	5.68	5.70	5.84	6.78	7.09	7.07	7.33	7.60
广东	7.52	7.62	7.73	7.88	8.33	8.64	9.30	9.68	9.86	10.20	10.56
广西	5.68	5.69	5.13	5.31	6.19	6.31	6.48	6.26	6.43	6.55	6.66
海南	4.43	4.31	4.68	4.76	5.46	5.68	5.87	5.21	5.28	5.41	5.54
重庆	6.04	6.10	6.22	6.32	6.94	7.22	7.80	7.69	8.15	8.47	8.79
四川	5.78	5.79	5.75	5.81	6.03	6.18	6.52	7.01	7.08	7.26	7.45
贵州	4.44	4.35	3.53	3.59	4.33	4.49	4.81	4.52	4.85	4.93	5.02
云南	4.49	4.46	4.94	5.08	4.39	4.45	4.81	4.43	4.55	4.57	4.59
西藏	1.27	1.06	0.39	0.01	0.02	-0.23	0.71	1.00	1.02	-1.14	1.27
陕西	4.33	4.25	3.92	4.31	5.11	5.62	6.29	6.21	6.57	6.94	7.34
甘肃	3.72	3.67	3.28	3.37	3.26	3.49	3.86	4.50	4.54	4.67	4.80
青海	2.95	2.79	2.37	2.33	2.55	2.76	2.53	3.13	3.37	3.45	3.53
宁夏	4.14	4.29	3.83	3.91	4.28	4.38	5.15	4.95	5.14	5.30	5.46
新疆	3.51	3.47	2.81	2.88	2.87	2.92	3.45	4.15	4.10	4.21	4.32

从各省、自治区、直辖市营商环境排名看，如表6-4所示，2008年营商环境排名前5的省份是上海、江苏、浙江、广东和北京，排名最后5位的省份是西藏、青海、新疆、甘肃和宁夏；2018年营商环境排名前5的省份依次是天津、浙江、广东、上海和福建，排名最后5位的省份是西藏、青海、新疆、云南和甘肃，排序稍有变化。宁夏回族自治区从2008年的倒数第5位，上升到2018年的24位，优化营商环境较为明显。云南省则从2008年的22位降到2018年的28位。

表6-4　　　2008~2018年中国分省、自治区、直辖市营商环境排名

省份	2008 年	2009 年	2010 年	2011 年	2012 年	2013 年	2014 年	2015 年	2016 年	2017 年	2018 年
北京	5	5	4	4	4	4	4	7	7	7	6
天津	8	8	6	6	3	2	6	4	4	2	1

续表

省份	2008 年	2009 年	2010 年	2011 年	2012 年	2013 年	2014 年	2015 年	2016 年	2017 年	2018 年
河北	16	16	19	19	21	22	21	18	20	19	19
山西	26	27	23	23	24	24	23	22	22	22	22
内蒙古	21	21	24	24	22	23	25	25	26	26	26
辽宁	9	9	9	11	10	11	12	16	16	18	18
吉林	14	13	17	17	15	17	19	17	17	17	17
黑龙江	20	20	21	21	17	16	20	21	21	21	21
上海	1	1	1	2	5	5	1	2	2	4	4
江苏	2	2	2	1	1	1	3	5	5	6	7
浙江	3	3	3	3	2	3	2	1	1	1	2
安徽	11	11	11	9	12	13	10	14	12	14	14
福建	7	7	8	7	7	7	7	6	6	5	5
江西	17	18	14	14	19	19	15	15	15	12	12
山东	6	6	7	8	8	8	9	8	9	9	9
河南	12	12	12	12	11	12	13	12	11	13	15
湖北	18	17	15	15	13	10	11	10	10	10	10
湖南	19	19	16	16	18	18	14	11	14	11	11
广东	4	4	5	5	6	6	5	3	3	3	3
广西	15	15	18	18	14	14	17	19	19	20	20
海南	24	24	22	22	20	20	22	23	23	23	23
重庆	10	10	10	10	9	9	8	9	8	8	8
四川	13	14	13	13	16	15	16	13	13	15	13
贵州	23	23	27	27	26	25	27	26	25	25	25
云南	22	22	20	20	25	26	26	28	27	28	28
西藏	31	31	31	31	31	31	31	31	31	31	31
陕西	25	26	25	25	23	21	18	20	18	16	16
甘肃	28	28	28	28	28	28	28	27	28	27	27
青海	30	30	30	30	30	30	30	30	30	30	30
宁夏	27	25	26	26	27	27	24	24	24	24	24
新疆	29	29	29	29	29	29	29	29	29	29	29

2018 年，除重庆市和湖北省以外，营商环境排名前 10 的其余 8 个省份均来自东部；排名中间位置的 13 个省份中，中部省份、东部省份和西部省份分别有 7 个、3 个和 3 个。从上述数据来看，我国不同区域的营商环境存在较大差距，东部地区的营商环境整体优于中西部地区，西部地区的营商环境有待进一步优化，中部地区的营商环境大体居中。

二、中国营商环境分项指标分析

（一）中国营商环境分项指标总体情况分析

2008～2018 年中国营商环境分项指数如图 6－2 所示。

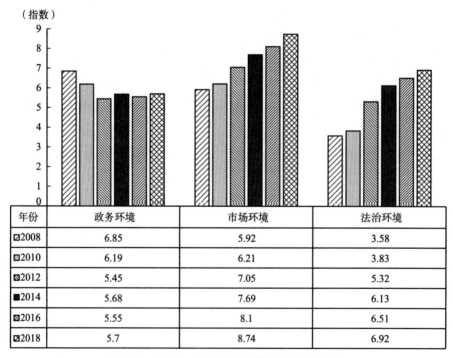

年份	政务环境	市场环境	法治环境
◨2008	6.85	5.92	3.58
▣2010	6.19	6.21	3.83
▨2012	5.45	7.05	5.32
■2014	5.68	7.69	6.13
◪2016	5.55	8.1	6.51
▧2018	5.7	8.74	6.92

图 6－2　2008～2018 年中国营商环境分项指数

1. 政务环境

2008～2018 年政务环境得分整体呈先降后升的趋势。政务环境指数从 2008 年的 6.85 逐步降低到 2012 年 5.45 的最低点，然后逐年缓慢回升到 2018 年的 5.7，但仍没有超过 2008 年的水平，对我国营商环境优化有一定的延缓。这说明政府对市场活动的干预仍然存在，政府相对规模扩大，削弱了市场配置资源的作用，政府的服务效率方面还有很大的提升空间。

2. 市场环境

2008～2018 年市场环境得分小幅上升。市场环境指数从 2008 年的 5.92 逐年上升到 2018 年的 8.74，增幅达到 47.6%，对我国营商环境优化有一定的促进作用。这说明 2008 年以来，特别是党的十八大以来，我国民营经济发展较为迅速，产品市场发育程度较高，要素市场化配置也逐渐完善。

3. 法治环境

2008～2018 年法治环境得分大幅提高。法治环境指数从 2008 年的 3.58 逐渐提高到 2018 年的 6.92，增幅达到 93.3%，对我国营商环境优化有较大的提升作用。这说明 2008 年以来，我国在营造法治营商环境方面效果最好，取得较大的成绩，进步非常明显。

（二）中国营商环境分项指标分省、自治区、直辖市情况分析

为了便于分析每个省、自治区、直辖市分项指标的整体情况，我们计算 2008～2018 年各省、自治区、直辖市分项指标的平均分，用平均分进行比较，如图 6-3 所示，得出以下情况分析。

1. 各省、自治区、直辖市政务环境情况

各省、自治区、直辖市的政务环境得分差距明显。江苏省 8.74 分居于首位，排名前 5 的省份为江苏、天津、上海、广东和浙江。西藏自治区排名末位，得分仅为 0.37 分，与其他省份差距明显，排名倒数后 5 的省份为西藏、新疆、青海、内蒙古和宁夏。中国政务环境全国平均得分为 6.08，共有 20 个省份的得分超过全国平均水平，说明各省、自治区、直辖市的政务环境总体有了较大的改善。

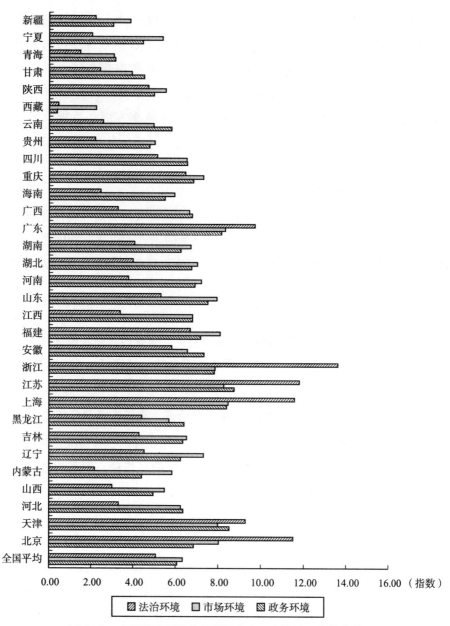

图 6 – 3　中国营商环境分项指标分省、自治区、直辖市情况

2. 各省、自治区、直辖市市场环境情况

各省、自治区、直辖市的市场环境得分相对集中。上海市 8.46 分排名第一，排名前五的省份为上海、广东、江苏、福建和北京。西藏自治区排名末位，得分为 2.23 分，与其他省份有一定的差距，排名倒数后五的省份为西藏、青海、新疆、甘肃和云南。中国市场环境全国平均得分为 6.34，共有 18 个省份的得分超过全国平均水平，说明各省、自治区、直辖市的市场环境总体有了较大的改善。

3. 各省、自治区、直辖市法治环境情况

各省、自治区、直辖市的法治环境得分差距巨大，法治环境成为各省份总体营商环境的关键。浙江省排名第一，得分为 13.60，遥遥领先其他省份；江苏省、上海市、北京市紧随其后，得分均超过 10。西藏自治区排名末位，得分仅为 0.44 分，与其他省份差距明显，排名倒数后五位的省份为西藏、青海、宁夏、内蒙古和贵州。中国法治环境全国平均得分为 5.07，仅有 11 个省份的得分超过全国平均水平，说明各省、自治区、直辖市的法治环境还有很大的优化空间。

三、中国不同区域营商环境比较

《中共中央关于制定国民经济和社会发展第十四个五年规划和二〇三五年远景目标的建议》从四个方面提出了区域协调发展：第一，推动西部大开发形成新格局，推动东北振兴取得新突破，促进中部地区加快崛起，鼓励东部地区加快推进现代化。第二，推进京津冀协同发展、长江经济带发展、粤港澳大湾区建设、长三角一体化发展。第三，推动黄河流域生态保护和高质量发展。第四，推动共建"一带一路"高质量发展。以下根据评价结果，采用 2008～2018 年各省份平均数据，分析相关区域的营商环境。如图 6-4 所示。

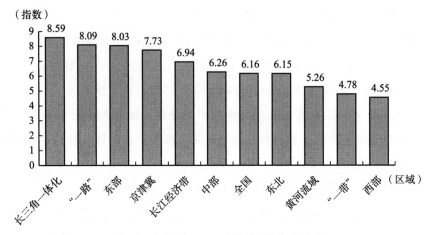

图 6 - 4　中国不同区域营商环境指数比较

（一）传统四大区域营商环境比较

（1）西部大开发战略涵盖四川、陕西、甘肃、青海、云南、贵州、重庆、广西、内蒙古、宁夏、新疆和西藏共十二个省份。该区域营商环境均值为 4.55，低于全国营商环境均值 6.16，在比较的十个区域中垫底。该区域重庆市的营商环境最好，得分为 7.25，四川省和广西壮族自治区紧随其后，得分也超过 6。西藏自治区营商环境最差，得分仅为 0.49，拉低了整个西部的整体水平。

（2）东北振兴战略覆盖黑龙江、辽宁与吉林三省。该区域营商环境均值为 6.15，与全国营商环境均值基本持平，但和其他区域比较还有较大的差距，在进行比较的十个区域中仅超过黄河流域、"一带"和西部地区。该区域辽宁省营商环境最好，得分为 6.59 分，黑龙江省营商环境最差，得分为 5.70 分。

（3）中部崛起战略涵盖湖北、湖南、河南、山西、江西、安徽六省。该区域营商环境均值为 6.26，略高于全国营商环境均值，在比较的十个区域中排名第六。该区域营商环境得分都较为接近，营商环境差异化较小，其中安徽、湖北、河南、江西和湖南五省的得分均超过 6。

（4）东部率先发展战略涵盖北京、天津、河北、山东、江苏、上海、浙江、福建、广东和海南共十个省份。该区域营商环境均值为 8.03，比全国营商环境均值高出 1.87，表现较为抢眼，在比较的十个区域中排名第三。

该区域营商环境最好的是上海市，其次是浙江省和江苏省，得分均超过9，广东省、天津市、北京市属于第二梯队，得分超过8，福建省、山东省得分超过7，河北省和海南省营商环境还有很大提升空间，目前得分均不超过6。

（二）新时期四大区域营商环境比较

（1）京津冀协同发展战略涵盖北京、天津、河北三省份。该区域营商环境均值为7.73，高于全国营商环境均值，但低于东部地区营商环境得分。该区域北京和天津两市的营商环境较好，均超过8，但河北省的营商环境较差，仅为5.85分，拉低了该区域整体营商环境。

（2）长江经济带发展战略覆盖上海、江苏、浙江、安徽、江西、湖北、湖南、重庆、四川、云南和贵州11个省份。该区域营商环境均值为6.94，比全国营商环境均值高出0.78，但低于京津冀区域0.79。该区域上海市、浙江省、江苏省表现抢眼，营商环境位列前三，是该区域的领头羊，云南省和贵州省的营商环境还有待进一步改善，得分均不超过5，是该区域得分最低的省份。

（3）长三角一体化战略涵盖上海、江苏、浙江、安徽四省份。该区域营商环境均值为8.59，远高于全国营商环境均值，在比较的十个区域中表现最佳，排名第一。该区域上海、浙江和江苏三省份齐头并进，优化营商环境取得较好的成效，得分均超过7，安徽省排名最后，营商环境得分为6.67。

（4）黄河流域生态保护和高质量发展战略涵盖青海、四川、甘肃、宁夏、内蒙古、陕西、山西、河南、山东九省份。该区域营商环境均值为5.26，比全国营商环境均值6.16低了0.9，在比较的十个区域中排名第八。该区域山东省一枝独秀，营商环境得分7.45，排名该区域第一；河南省和四川省表现也不错，得分超过6；陕西省和山西省紧随其后，得分超过5；内蒙古自治区、宁夏回族自治区、甘肃省和青海省营商环境不容乐观，得分都在2~5之间，青海省营商环境最差，得分仅为2.89。

（三）共建"一带一路"倡议涵盖区域营商环境比较

"一带一路"包含两部分：丝绸之路经济带，简称"一带"；21世纪海上丝绸之路，简称"一路"。

（1）"一带"圈定重庆、云南、宁夏、吉林、黑龙江、辽宁、陕西、内蒙古、新疆、青海、甘肃、广西、西藏共十三省份。该区域营商环境均值为4.78，远低于全国营商环境均值，在比较的十个区域中排名第九，仅仅比排名第十的西部地区高出0.23。该区域重庆市营商环境最好，得分为7.25，排名该区域第一；辽宁、吉林和广西三省份的营商环境相对较好，得分分别为6.59、6.17和6.06；丝绸之路经济带核心区新疆维吾尔自治区的得分为3.52，营商环境与该区域其他省份相比还有较大的差距；西藏自治区的得分最少，仅为0.49。

（2）"一路"途经上海、广东、浙江、海南、福建共五省份。该区域营商环境均值为8.09，表现较好，在比较的十个区域中排第二，仅仅落后于长三角一体化区域0.5。该区域上海和浙江两省份的营商环境得分均超过9；广东省为8.85，排名第三；21世纪海上丝绸之路核心区福建省得分7.97，营商环境还有待进一步优化；海南省仅得5.15分，排名垫底。

四、基于中国营商环境综合评价的结论

（一）我国营商环境逐渐优化

2008年以来，我国营商环境逐渐优化，在世界的排名逐渐提升。2008～2011年优化的速度较为缓慢，甚至停滞。党的十八大以来，随着我国对优化营商环境的认识不断深入，持续推进"放管服"改革，营商环境优化速度加快。党的十九大以来，我国经济转向高质量发展阶段，营商环境持续改善，以匹配经济高质量发展提出的新要求。

（二）营商环境分项指标中法治环境表现突出

2008年以来，我国政务环境优化不够明显，政府对市场活动还有不同程度的干预，政府的服务效率还有较大的提升空间；江苏、天津、上海、广东和浙江等省份在政务环境优化方面取得较大的成效，值得其他省份学习借鉴。我国市场环境优化较好，特别是党的十八大以来，民营经济发展较为迅速，产品市场发育程度较高，要素市场化配置也逐渐完善；上海、广东、江苏、

福建和北京等省份在优化市场营商环境方面积累了较多经验，可以向全国推广。我国优化法治环境成效显著，随着《中华人民共和国外商投资法》《优化营商环境条例》《民法典》的相继出台，为法治环境优化提供强大的法治保障；浙江、江苏、上海、北京四省份在这方面做得较好，其他省份可以重点关注。

（三）各省、自治区、直辖市营商环境优化程度不一

2008 年以来各省份营商环境优化程度不一。从横向看，上海、浙江和江苏三省份的营商环境优秀，属于第一层次；广东、天津和北京三省份的营商环境良好，属于第二层次；福建、山东、重庆三省份的营商环境较好，属于第三层次；安徽、湖北、河南、辽宁、四川、江西、湖南、吉林和广西九省份的营商环境一般，属于第四层次；河北、黑龙江、陕西、海南、山西五省份的营商环境及格，属于第五层次；内蒙古、宁夏、云南、贵州、甘肃、新疆六省份的营商环境较差，需要花大力气提升优化；青海和西藏两省份的营商环境最差。从纵向看，天津市营商环境改善最大；福建、广东、陕西三省份的营商环境改善程度很大；浙江、重庆、湖北、北京、上海、湖南、江西等省份营商环境改善较大；广西、新疆、青海、贵州、辽宁、内蒙古、云南等省份的营商环境改善程度一般。

（四）我国营商环境存在较大的区域差异

从区域看，我国营商环境区域差异明显。从传统区域看，东部营商环境优于中部，中部优于东北，东北优于西部；从新时期区域看，长三角一体化营商环境优于京津冀，京津冀优于长江经济带，长江经济带优于黄河流域；从"一带一路"营商环境看，"一路"营商环境明显优于"一带"地区。与全国营商环境均值比较，长三角一体化、"一路"、东部、京津冀、长江经济带、中部等区域的营商环境优于全国营商环境均值；东北、黄河流域、"一带"、西部等区域弱于全国营商环境均值。

第四节　本 章 小 结

借鉴国内外营商环境评价相关研究，结合《优化营商环境条例》中我

国优化营商环境的各项标准和方针,从我国国情以及国际经验出发,建立中国营商环境评价指标体系。该评价指标体系将从市场环境、政务环境和法治环境出发,构建 5 个二级指标和 14 个三级指标,对我国营商环境进行评估。同时测算出 2008 ~ 2018 年中国营商环境指数。从总体来看,中国营商环境不断优化,营商环境指数由 2008 年的 5.45 逐步提升到 2018 年的 7.12。从分项指标看,中国政务环境优化不够明显,市场环境优化明显,法治环境优化成效显著。从区域角度看,中国营商环境有较大的地域差异:总体上东部地区的营商环境优秀,中部地区营商环境良好,东北地区营商环境有待进一步优化,西部地区的营商环境略差。从优化速度看,东部地区营商环境不仅总体情况较好,优化的速度也较快,还有很大的优化空间;西部的营商环境总体较低,但重庆、陕西等省份的营商环境优化速度较快,进步比较明显。

第七章

营商环境对经济高质量发展
影响效应的实证分析

前面已经从文献、理论和定性的角度分别阐述了营商环境对经济高质量发展影响较大，优化营商环境是经济高质量发展的基础，经济高质量发展为优化营商环境创造了良好的外部条件等。本章采用动态面板数据模型，实证分析营商环境及其组成部分对经济高质量发展的影响，以期进一步理清营商环境如何影响高质量发展，为进一步优化营商环境，推进经济高质量发展作出理论和实证贡献。

第一节　模型选择和变量设定

一、模型选择

考虑到经济发展的连续性或惯性，当前经济发展会显著受到过去经济发展的影响，本章中所采用的全要素生产率计算过程中，劳动、资本都会受到过去一年的影响。因此本章将建立动态面板数据模型来分析营商环境对经济高质量发展的影响，方程基本形式如式（7-1）所示：

$$y_{it} = \alpha + \rho y_{i,t-1} + \beta x_{it} + u_i + \varepsilon_{it} \quad (t = 2, \cdots, T) \tag{7-1}$$

在动态面板数据模型中，解释变量包括滞后项，采用传统参数估计方法极有可能会出现有偏性和非一致性，因此应采用 GMM 估计法。差分 GMM 法在有限样本条件下，就有可能出现弱工具变量问题，对于计算结果精确度会产生影响。阿雷利亚诺和布伦德尔为了能够提高计算精度，提出了"系统 GMM 方法"，该方法能够修正潜在内生性问题、个体异质性问题、测量误差和遗漏变量偏差等问题，进一步提高模型估计的准确度。除此以外，一阶差分 GMM 估计方法在计算过程中，有可能出现潜在偏差，这种误差会导致最终计算结果和实际结果之间出现较大差距，"系统 GMM 方法"则可以有效缩小这种差距。动态面板 GMM 估计可以被划分为一步估计和两步估计，其估算方式取决于权重矩阵。邦迪等在研究中发现，两步 GMM 估计在有限样本条件下可以有效纠偏，获得更加准确的估算结果。鲁德曼认为系统 GMM 法在估算过程中，工具变量会随着时期数量的增加而增加，甚至其数量会超过内生变量。因此，本章拟建立两步系统 GMM 动态面板数据模型进行分析。

二、变量设定

（一）被解释变量

经济高质量发展，拟用全要素生产率（TFP）代替。在我国 2018 年的中央经济工作会议上，党和政府明确提出要尽快构建高质量发展的评价指标体系。随后国内学者也开始关注这一课题，但目前学者们关于经济高质量发展评价指标体系的建立仍未有统一的看法。目前，经济发展质量在学术界有两种看法：一种认为经济发展质量就是生产效率（Barro，2002；康梅，2006），提出要用劳动生产率或者全要素生产率来评估经济发展质量，如刘文革等（2014）就提出用 Malmquist 指数计算市场的生产效率，其计算结果就可用于评估经济增长质量。另一种认为经济增长到一定阶段就会产生质变，经济高质量是一个非常综合的概念，需要用多维度综合指标衡量。如师博、任保平（2018）就参考了联合国人类发展指数和经济脆弱度指数，建立了经济高质量发展的评价指标体系，并收集了中国 31 个省份 1992～2016

年的面板数据，计算了各省份的经济增长质量指数。前者的优点在于不同方法计算的全要素生产率结果基本接近，后者计算衡量的结果差异较大，因此，本章节拟采用全要素生产率作为经济高质量发展的替代变量。计算方法上主要参照余永泽（2017）提出的基于生产函数估算的 SFA 方法等，得到更为准确的结果。

（二）解释变量

营商环境及其组成部分，拟采用营商环境指数（排名），详见第六章内容。我国经济增长速度逐渐放缓，高质量的营商环境，是推动我国经济高质量发展的前提条件。在各区域经济发展进程中，可以看出企业投资和市场资源总是流入营商环境较好的地区，良好的营商环境能激发地方经济发展的活力。根据世界银行的报告，在好的营商环境下，国内生产总值和投资率都会有所提升。不少国际机构都尤为重视营商环境，各国以及各地区也都积极改善营商环境，并认为好的营商环境代表着一个国家和地区的综合实力、国际竞争力。主要解释变量及含义见表 7-1。

表 7-1　　　　　　　　　　主要解释变量及基本含义

解释变量		变量名称	主要内容
营商环境 （Business）	政务环境	Government	政府与市场的关系
	市场环境	Private	非国有经济的发展
		Product	产品市场的发育程度
		Factor	要素市场化配置
	法治环境	Law	市场中介组织发育和法律制度环境

（三）控制变量

1. 利用外资

利用外资（FDI），采用全国各省份利用外资金额作为变量。在我国改革开放初期，为推动我国经济的外向发展，党和政府制定了多项政策来吸引外商直接投资。时至今日，开放经济已经成为全球经济发展的主流。我国宏观经济发展与外国直接投资的进入不无关系，在吸引了外商直接投资以后，一方面可以产生技术溢出效应，实现我国技术升级和产业升级，另一方面又能够为国内提供更多的就业岗位。利用外资对经济增长有显著的作用已经得到大量文献的证实。周忠宝等（2020）使用了我国 31 个省份 2003 ~ 2016 年的数据，建立了经济高质量发展评价指标体系展开分析，在他所建立的评价体系中，主要包括经济、社会发展和生态环境这三个一级指标，重点探讨了利用外资和经济高质量发展之间的内在关联。他认为对于中西部地区的经济发展而言，利用外资能够显著地提高这些区域的经济发展质量；但东部地区利用外资却降低了区域经济发展质量。与之研究结果不同的是，李娜娜、杨仁发（2019）研究表明 FDI 能够显著促进区域经济高质量发展，但利用外资在不同区域高质量发展进程中，所发挥的作用并不相同，二者之间的关系呈现"V"型变化趋势，FDI 在经济高质量发展水平较高的区域中，所产生的促进作用最为明显。因此，本章选择 FDI 为控制变量。

2. 人力资本

人力资本（Humancapital），经济学家普遍认为人力资本质量与劳动者的受教育水平相关，因此本章以各省份劳动者平均受教育年限作为人力资本的替代变量。劳动者的平均受教育年限越高，对于推动地方经济高质量发展所产生的促进作用也就越明显。事实上，当今世界的竞争已经转变为对人力资本的竞争，人力资本对于推动经济增长将发挥重要的作用。有研究表明：人力资本对经济增长具有显著的直接影响，并通过提高劳动力素质和物质资本质量对经济增长产生显著的间接效应[1]。改革开放以后，国内许多学者对教育在经济增长中的作用及其贡献进行了研究，但在教育对经济增长贡献的计量结果上差距非常大，无法达成共识。一方面，认为改革开放四十多年中国经济发展的最重要的一个优势就是人口红利；另一方面，各种关于教育对经济增长贡献的测算发现教育的作用有限[2]。

3. R&D 投入

R&D 投入指研究与试验发展投入（Research）。在以创新驱动发展的时

---

① 张文爱. 人力资本对经济增长的贡献：直接影响与间接效应——来自 OECD 成员国的经验证据 [J]. 云南财经大学学报, 2020, 36（8）：3 - 17.

② 杜育红, 赵冉. 教育对经济增长的贡献——理论与方法的演变及其启示 [J]. 北京师范大学学报（社会科学版）, 2020（4）：5 - 16.

代，科学技术对于经济增长所产生的促进作用已然毋庸置疑。科技提升能够提高社会生产力，进而带动经济可持续发展。R&D活动在众多科技活动中所占据的地位极为显著，增加R&D投入，才能带动技术进步，并显著推动经济增长。能龙阁、袁一斐（2019）收集了我国1995～2016年间的科技数据进行统计分析，探讨了科技创新投入对经济增长所产生的影响。通过他们的实证分析结果来看，科技创新投入增长率的不断攀升，可以有效提高GDP增长率；前者是后者的格兰杰原因，但后者并不是前者的格兰杰原因；二者是典型的双向动态关系，相比较而言，科技创新投入增长率会显著影响GDP增长率，而GDP增长率对科技创新投入增长与所产生的影响相对更弱。浦小松（2019）收集了包括我国4个直辖市在内的283个市级地区的数据进行实证分析，探讨了不同城市科技支出和经济增长之间的相关性。他认为二者在任何经济发展阶段都是显著的正相关关系，每增加1%的科技支出，就能够增加0.4%～0.44%的GDP。

第二节　描述性统计与回归结果

一、变量描述性统计

首先，从全要素生产率情况来看，同省份年份之间变化不大，不同省份之间全要素生产率情况差异较大，如全要素生产率较高的地区，广东、江苏、山东三省份的平均值在0.8以上，而全要素生产率较低的地区如甘肃、青海、宁夏、新疆等省份全要素生产率平均值在0.2以下。从营商环境来看，上海、江苏、浙江、广东、天津等省份营商环境较好，处于领先地位，而云南、西藏、甘肃、青海、宁夏、新疆等省份营商环境相对较差。值得注意的是，天津市近年来营商环境持续优化（由2008年的第8名升至第1名），上海市则由2008年的第1名降至2018年的第4名。其次，从政务环境、市场环境、法制环境等营商环境具体领域来看，各省份也差异明显，但基本与总体营商环境相一致。各地在利用外资、人力资本发展、科研投入等方面也有较大差距，各变量的描述性统计如表7-2所示。

表7-2 变量的描述性统计

变量名称	均值	标准误	最小值	最大值
TFP	0.378	0.220	0.062	1.031
Business	6.060	2.080	-1.140	10.290
Government	16.000	8.960	1.000	31.000
Private	16.000	8.960	1.000	31.000
Product	16.000	8.960	1.000	31.000
Factor	16.000	8.960	1.000	31.000
Law	16.000	8.960	1.000	31.000
FDI	4.520	4.860	0.000	22.570
Humancapital	8.810	1.010	6.720	12.760
Research	3.540	4.340	0.030	23.430

二、回归结果

（一）营商环境对经济高质量发展的影响

在总体样本回归过程中，首先我们将营商环境作为解释变量，得到模型1；然后依次加入利用外资、人力资本、研发投入等控制变量，得到模型2、模型3和模型4；采用两步系统GMM方法进行模型的估计，得到结果如表7-3所示。

表7-3 营商环境对经济高质量发展影响的总体回归结果

变量名称	模型1	模型2	模型3	模型4
L.TFP	0.66 *** (123.43)	0.64 *** (84.10)	0.63 *** (64.72)	0.62 *** (55.28)

变量名称	模型 1	模型 2	模型 3	模型 4
Business	0.01 *** (33.27)	0.006 *** (20.00)	0.01 *** (25.14)	0.01 *** (15.14)
FDI		0.002 *** (29.32)	0.002 *** (31.51)	0.003 *** (10.78)
Humancapital			− 0.006 *** (− 8.84)	− 0.001 (− 1.37)
Research				− 0.002 *** (− 6.44)
常数项	0.06 *** (29.67)	0.085 *** (17.53)	0.12 *** (22.88)	0.08 *** (9.33)
卡方值	104826	17833	38141	43346

注：*** 代表1%的显著性水平，括弧内为 Z 值。L. 表示被解释变量的滞后一期，下同。

从总体回归结果来看，营商环境系数为正且高度显著，由此可见，营商环境和经济高质量发展确实存在显著正相关关系。一方面，良好的营商环境，能够为当地积聚大量的经济发展要素，吸引更多优质的劳动力以及资本，而这些要素的聚集也能推动当地经济高质量发展。另一方面，良好的营商环境会降低市场的交易成本，包括私营企业在内的所有企业都会爆发出超强的发展活力，进而提高整个区域的核心竞争力。此外，良好的营商环境也能够促进资源的合理配置，影响经济的产出效率，存在一定的规模经济效应。这也是近年来中央一直提出要"优化营商环境"的重要原因。中国近年来的实践经验也表明，好的营商环境对区域经济高质量发展影响显著。利用外资系数为正且高度显著，证明外商投资对我国各地区经济高质量发展有积极影响。改革开放以来，在中国经济发展的现阶段，利用外资不仅显著促进了我国的技术进步，优化产业结构。同时，外商投资还带来了大量的现代管理经验和人才，进一步规范了我国社会主义市场经济体制和企业运行机制，从而促进了我国经济发展质量的提升。本章中，人力资本与研发投入对经济增长未能取得预期正向影响，一个可能的原因是经济发展基础差的地区近年来人力资本水平和研发投入提升幅度更大。

（二）政务环境对经济高质量发展的影响

将政务环境作为主要解释变量，得到模型1；然后依次加入利用外资、人力资本、研发投入等控制变量，得到模型2、模型3和模型4；采用两步系统GMM方法进行模型的估计，得到结果如表7－4所示。

表7－4   政务环境对经济高质量发展影响的回归结果

变量名称	模型1	模型2	模型3	模型4
L. TFP	0.8 *** (182.40)	0.76 *** (141.79)	0.76 *** (99.38)	0.77 *** (72.04)
Government	− 0.002 *** (− 20.35)	− 0.001 *** (− 23.27)	− 0.002 *** (− 33.65)	− 0.001 *** (− 14.89)
FDI		0.003 *** (63.81)	0.002 *** (31.51)	0.004 *** (13.49)
Humancapital			− 0.001 *** (− 3.28)	0.002 (3.61)
Research				− 0.001 *** (− 4.32)
常数项	0.11 *** (34.00)	0.11 *** (26.97)	0.11 *** (29.92)	0.07 *** (10.78)
卡方值	37366	151485	64812	52692

注：*** 代表1%的显著性水平，括弧内为Z值，考虑到数据的可获得性，政务环境采用各地区政务环境排名代替。

从回归结果来看，政务环境系数为负且高度显著，证明政务环境对经济高质量发展有正积极影响。党和国家在全面深化行政体制改革以后，其治理能力得到了长足的提升，而对国家治理体系现代化水平进行评估的主要标准之一就是政务环境。自党的十八大以来，党中央和国务院就多次从国家层面，加速调整政府的职能结构，持续深化改革"放管服"，力求为广大经济主体建立良好的政务营商环境，尽可能减少政府部门对市场的干预。提升政务服务和能力水平，一方面可以为市场经济主体提供优质的公共服务，另一方面又可以有效降低市场的制度性交易成本。优化政务环境，有利于市场经济体制的发展，实现政府与市场的有效结合，提高市场资源配置效率，提升地区经济发展质量，进而促进我国各地区整体的经济发展水平，提升地区的竞争力。

（三）市场环境对经济高质量发展的影响

将市场环境（包括三个变量）作为主要解释变量，得到模型 1；然后依次加入利用外资、人力资本、研发投入等控制变量，得到模型 2、模型 3 和模型 4；采用两步系统 GMM 方法进行模型的估计，得到结果如表 7 - 5 所示。

表 7 - 5　　　　　市场环境对经济高质量发展影响的回归结果

变量名称	模型 1	模型 2	模型 3	模型 4
L. TFP	0. 76 *** (203. 10)	0. 76 *** (119. 79)	0. 76 *** (80. 05)	0. 77 *** (79. 68)
Private	- 0. 002 *** (- 17. 10)	- 0. 002 *** (- 10. 77)	- 0. 002 *** (- 13. 71)	- 0. 001 *** (- 10. 67)
Product	- 0. 001 *** (- 15. 10)	- 0. 001 *** (- 7. 86)	- 0. 001 *** (- 7. 50)	- 0. 001 *** (- 7. 12)
Factor	- 0. 0006 *** (- 12. 30)	- 0. 0003 *** (- 6. 69)	- 0. 0003 *** (- 4. 80)	- 0. 0002 *** (- 4. 00)
FDI		0. 003 *** (20. 16)	0. 002 *** (15. 18)	0. 003 *** (15. 55)
Humancapital			0. 001 *** (2. 35)	0. 003 *** (2. 85)

变量名称	模型1	模型2	模型3	模型4
Research				-0.001*** (-2.83)
常数项	0.15*** (40.96)	0.12*** (25.43)	0.11*** (17.03)	0.09*** (8.52)
卡方值	115781	132000	209911	49931

注：*** 代表1%的显著性水平，括弧内为 Z 值。考虑到数据的可获得性，市场环境采用各地区市场环境排名代替。

从回归结果来看，市场环境系数为负且高度显著，证明市场环境对经济高质量发展有正积极影响。党的十八大报告指出，协调政府和市场在市场经济发展进程中之间的关系，是未来我国改革经济体制的重要任务。党的十八届三中全会强调，在市场资源的合理配置过程中，一方面要充分发挥市场的决定性作用，另一方面又要更好地发挥政府的宏观调控作用。优化市场环境，能够解决各地方经济发展进程中的制度问题和市场问题，改变原有的粗放型经济发展模式，促进我国产业结构的全面转型升级。面对我国部分行业产能过剩和效益大幅下滑等问题，实质上就是我国政府对市场发展干预不当的产物，要想推动市场的公平竞争，切实提高市场的经济发展效率以及发展质量，就必须将市场在市场资源配置进程中的作用都充分发挥出来，才能带动市场经济的可持续发展。我国还需要进一步扩大开放，充分利用国际市场和国际资源，为我国经济高质量发展提供动力。优化市场环境，将成为我国跻身国际市场的关键，有利于推动我国开放型经济体制的建设与完善。

（四）法治环境对经济高质量发展的影响

将法治环境作为主要解释变量，得到模型1；然后依次加入利用外资、人力资本、研发投入等控制变量，得到模型2、模型3、模型4；采用两步系统 GMM 方法进行模型的估计，得到结果如表7-6所示。

表7-6 法治环境对经济高质量发展影响的回归结果

变量名称	模型1	模型2	模型3	模型4
L. TFP	0.88 *** (296.41)	0.84 *** (90.43)	0.84 *** (102.61)	0.85 *** (68.39)
Law	-0.0006 *** (-25.16)	-0.0003 *** (-8.88)	-0.0003 *** (-9.31)	-0.0004 *** (-9.03)
FDI		0.003 *** (20.17)	0.003 *** (22.69)	0.004 *** (19.96)
Humancapital			-0.0001 (-0.19)	0.005 *** (6.63)
Research				-0.002 *** (-6.64)
常数项	0.05 *** (50.99)	0.04 *** (15.83)	0.04 *** (9.95)	-0.001 (-0.28)
卡方值	747701	159006	214783	17212

注：*** 代表1%的显著性水平，括弧内为 Z 值。考虑到数据的可获得性，法治环境采用各地区法治环境排名代替。

从回归结果来看，法治环境系数为负且高度显著，证明法治环境对经济高质量发展有正积极影响。党的十八届四中全会提出，要加大力度保护知识产权、人身安全以及财产权，对各种侵犯合法权益的违规行为进行严厉惩处，促进市场的公正发展。党的十八届五中全会提到，要为非公有制经济的发展创造良好的外部法治环境，进而激发民营企业在市场发展进程中的创新创造动力。最好的营商环境要拥有完善的法律法规，并按照国家的法律法规保护市场经济主体的合法权益，确保非公有制经济也能够在市场中得到公平公正的对待。在我国供给侧结构性改革期间，也必须为其各项改革工作的顺利开展，制定完善的法律法规和政策制度。

三、稳健性检验

本章采用替换核心变量法，对回归分析结果的稳健性进行检验，利用人均 GDP（GDPper）作为全要素生产率的替代变量，然后分别以营商环境及其组成部分（政务环境、市场环境、法治环境）作为解释变量，并在每个方程中加入利用外资、人力资本水平、研发投入等控制变量进行回归，得到结果如表 7－7 所示。

表 7－7　　　　　　　　　　　稳健性检验回归结果

变量名称	营商环境	政务环境	市场环境	法制环境
L. GDPper	0.83 *** （82.25）	0.90 *** （99.81）	0.91 *** （170.19）	0.90 *** （94.70）
Business	0.006 *** （5.42）			
Government		− 0.002 *** （− 6.21）		
Private			− 0.003 *** （− 9.94）	
Product			− 0.001 *** （− 14.58）	
Factor			0.0004 （0.19）	
Law				− 0.002 *** （− 7.70）
FDI	0.006 *** （43.03）	0.006 *** （12.34）	0.004 *** （20.73）	0.006 *** （21.90）
Humancapital	− 0.015 *** （− 20.71）	− 0.018 *** （− 17.18）	− 0.018 *** （− 23.79）	− 0.018 *** （− 19.88）
Research	0.008 *** （14.69）	0.006 *** （10.15）	0.005 *** （12.25）	0.006 *** （8.76）
常数项	0.13 *** （16.97）	0.22 *** （18.68）	0.11 *** （17.03）	0.22 *** （40.99）
卡方值	563000	90036	82487	216175

注：*** 代表1%的显著性水平，括弧内为 Z 值。

从回归结果来看，营商环境及其组成部分对经济发展的影响基本呈现出与上文一致的变化，主要解释变量显著且与前面分析结果基本保持一致，证明本章的分析结果是可靠的、较为稳健的。

第三节　主要结论与启示

在 2020 年 8 月的经济社会领域专家座谈会上，习近平总书记强调，"实现高质量发展，必须实现依靠创新驱动的内涵型增长"①。从经济发展历史来看，一个国家或社会经济发展的成果、状态以及速度，往往与这个国家的全要素生产率息息相关。从我国改革开放的实践来看，全要素生产率在经济发展过程中所起的作用也不容忽视。当前，随着我国经济从高速增长转向高质量发展，用全要素生产率来衡量经济发展质量有一定的理论和现实依据。在此基础上，本章采用动态面板数据模型，实证分析了营商环境对经济发展质量的影响。结果表明：地区营商环境确实对地区经济高质量发展有显著积极影响。

一个国家或地区经济发展的质量和速度，往往取决于其营商环境的好坏。因此，区域之间的竞争在一定程度上也是营商环境的竞争。一方面，当一个国家或地区拥有良好的营商环境时，好的投资者或者社会资源就会蜂拥而至。我国经过 40 余年的改革开放，在逐渐失去了原本的人口红利和政策红利以后，制度、人才以及创新等才是未来经济社会发展的驱动要素。因此，建立一个科学高效、稳定公平、诚信法治的营商环境，才能够吸引更多的优质要素，才能真正推动经济高质量发展。各类发展要素往往更愿意聚集于良好的营商环境中，而这些要素在形成了规模效应和聚集效应以后，就能够为所在区域的经济发展作出卓越的贡献，形成综合竞争优势，这种综合竞争优势除了能够带动经济发展以外，还能够稳定社会就业、提高财税收入、实现产业升级。另一方面，良好的营商环境，能够让市场经济主体的经营活

---

① 习近平. 春来潮涌东风劲——习近平总书记指引数字化推动高质量发展述评［EB/OL］. http：//www. moj. gov. cn/pub/sfbgw/gwxw/ttxw/202303/t20230319_474652. html，2023 - 03 - 19.

力充分展现出来。衡量一个国家或地区营商环境的好坏，就是要衡量这个国家和地区的法治环境、制度环境，这两大环境是企业能够公平公正参与市场竞争的关键，使每一个市场经济主体都能够拥有平等的发展机会。在全球经济增长速度逐渐下滑以后，各国政府为提振本国经济，纷纷开始加强营商环境的优化，力求降低企业交易成本，提高企业竞争力。良好的营商环境能够明晰政府和市场的边界，除了发挥政府的宏观调控作用以外，还能充分提高市场调节机制的有效性和高效性，避免市场主体在市场经营活动中陷入无序竞争。良好的营商环境不仅能留住区域内优秀的经营主体，同时还能吸引更多的外来投资者，激发市场经济主体在区域内开展创新创造活动的热情。此外，政务环境、市场环境、法治环境作为构成营商环境的三大要素，均对高质量发展有显著积极影响。

传统以扩张规模和资源要素驱动发展的模式已不太适应当前经济发展，我国经济发展急需提质增效。经济要高质量发展，就是要改变传统的经济发展模式，创新体制机制，实现资源的高效配置、生产技术的升级以及产品质量的提高。对于我国经济发展而言，提高全要素生产率非常关键，任重而道远。要想将全要素生产率带动经济发展的作用充分发挥出来，首要任务就是优化营商环境。市场发展动力、市场经济主体的活力、生产要素的聚集程度都与营商环境息息相关，国家政府必须在机制体制层面为营商环境的改善创造良好的政策背景，在现代化经济体系的建设与完善进程中，依托于良好的营商环境，扫平经济高质量发展进程中的一系列障碍。优化营商环境还能实现各类要素在市场中的自由流动，依托于市场调节机制，实现各项资源的高效配置；完善公平竞争的市场环境，要求政府必须对市场经营主体的经营行为进行事中监管和事后监管，确保市场经营主体可以生产出更多高质量的产品或服务；优化体制环境，要求政府必须从立法层面充分保护市场主体的知识产权，以求充分激发市场主体参与创新创造活动的积极性与主动性，实现旧动能向新动能的顺利转换。此外，利用外资也能显著提高我国经济发展质量，事实上，我国政府也充分意识到这一点，自改革开放以后，就在不断通过改善营商环境的方式吸引外商投资。目前我国已经提出了要建立以国内大循环为主体，国内国际双循环的新发展格局，这就要求我国一方面要引入更多的外商直接投资，为国内大循环的发展引入更多的资源；另一方面又要扩大开放，实现我国生产链和创新链的融合发展，有效协调国内外的各项技术、标准和规则，实现国内外双循环的相互促进发展。

第八章

其他经济体优化营商环境促进
经济发展的经验借鉴

前面几章从定性和定量的角度分析了中国营商环境的总体情况和存在的问题。本章主要把视野拓展到国际范围，看看其他经济体在优化营商环境方面有什么好的经验做法值得我们学习。根据世界银行《2020 年营商环境报告》，中国在全球营商环境中排名第 31 位，尽管与 2019 年的第 46 位相比已经有了大幅提升，但是和拥有良好营商环境的经济体相比，目前我国的营商环境仍存在诸多问题，我们通过分析和归纳其他经济体优化营商环境的经验以及做法，对标对本，找出差距，探索出符合中国国情的优化营商环境的最佳方案。

第一节　其他经济体优化营商环境促进
经济发展的实践

一、新加坡优化营商环境的主要做法

新加坡在 2020 年的营商环境排名中高居第二。事实上，近年来新加坡的营商环境排名始终稳居第二，且正在逐步缩小和第一的差距。

（一）推进政务服务体系和服务能力现代化

在电子政务和数字治理领域，新加坡是全球当之无愧的佼佼者，其政务服务的信息化建设和数字化管理值得我国学习。

一是推行整体政府服务理念。推行"一窗式整体政府服务"，即公民只需要通过一个邮箱或者口令，就可以直接登录新加坡的政府网站，该政府网站上可以为公民提供上千个在线服务，仅通过该政府网站，就可以让民众收到所有与政府相关的信息或者服务。在新加坡的政府网站中，社会公众可以保存自己的个人信息和证明材料，在政府网站中向相关部门申请服务时，可以随时在网站中调用。

二是注重保护社会公民的隐私，保障信息安全。新加坡的政府网站采用了 SingPass 双重认证系统，能够最大限度避免在系统中泄露公民的隐私信息。用户在登录网站时，除了要输入口令以外，还需要配合用户的手机，才可以登录个人账户。新加坡政府于 2012 年正式通过并实施《个人资料保护法令》，该文件以立法的形式保护公民的个人隐私，也进一步加强了新加坡政府对民众隐私信息的保护力度。

三是加强数字政府的服务均等化建设。作为全球互联网普及率最高的国家之一，目前新加坡仍有一定的低学历人群未能掌握上网技巧，也无力负担昂贵的上网费用。因此，新加坡政府于 2005 年开始建立"公民联络中心"（Citizen Connect Centre，CCC），专门提供免费的网络服务，残障人士、低收入人群以及老年人都可以得到公民联络中心的服务。迄今为止，新加坡境内的公民联络中心已经有 26 个，已经为 12 万人提供了帮助。[①] 新加坡政府于 2017 年提出了升级版的公民联络中心（CCC＋），旨在为弱势群体在使用政府网站时提供更加优质的网络服务。

（二）营造活跃的市场化营商环境

新加坡的营商环境具有较高的活跃度，已经实现了市场化转型。

第一，为市场经济主体提供了高效便捷的商事登记服务。多年以来，新

---

① 马亮. 新加坡推进"互联网＋政务服务"的经验与启示［J］. 电子政务，2017（11）：48 - 54.

加坡政府都注重为投资者提供便利的公司注册服务，并尽可能减少对市场发展的干预。投资者和市场经济主体只需要登录新加坡会计与企业管制局官方网站，在网站的相关页面填写注册相关的信息就可以完成公司注册，新加坡政府工作人员会在一天内对于注册信息进行审核，并直接在网站上告知注册成功的信息，实现了公司注册的完全信息化。

第二，营造了极其浓郁的创业创新氛围。新加坡在改革了其政府机构以后，打造了亲商安商环境，政府的服务部门能够为中小企业提供全方位的服务，使得中小企业能够全身心地投入到创新创业活动中。1996 年 4 月，该国国家生产局与工业标准化研究所合并，成立国家标准化生产委员会，后改名"新加坡标准化生产创新局"。相较我国市场监管局、中小企业局职能，该机构主要有"中小企业培育、产业创新激励、标准质量管理及国内市场监管"等四个主要职能，重在围绕营造亲商安商环境，以中小企业为主，通过在"低成本融资、企业培训、技术创新"等方面推行行之有效的政策举措，指导激发企业创新力、开展国内国际标准化建设及推广，协助企业做好国别分析、对接国际市场。2018 年，"新加坡标准化生产创新局"与"新加坡企业国际化管理局"合并，成立"新加坡企业发展局"，从而企业国际化服务职能进一步得到拓展。相较于我国发展改革、市场监管、商务、中小企业等部门，该机构实现了企业国内培育与国际化战略帮扶的统筹和一体化服务，不仅能够帮助本国企业走出国门，实现国际化发展，同时也能够为新加坡市场吸引更多的优秀外国资本；新加坡政府还专门出台了推动营商环境国际化的政策，尽可能减少企业国际化发展期间的制度性成本。例如，外国资本在新加坡开展投资活动，自提出项目申请到新加坡审核通过的全过程最少可控制在 10 天以内。

第三，制定有效的税收制度。相对于国内营业税、增值税、城建税等众多烦琐税种，新加坡实施单一公司税制，即 17% 的"标准公司税"。世界银行数据显示，该国是世界上税负最轻的国家之一。公司税在实际征收过程中，政府根据公司成立时间长短、净利润等因素，采取浮动税率（公司税17% 的折扣），即三级累进税率制。其中，该国新成立公司，可享有前 3 年的政府免税计划，主要豁免税如下：0 ~ 10 万新币可纳税的收入，0 税收优惠；10万~30万新币可纳税的收入，只征收50%的税，即8.5%；高于30万新币的部分，执行正常税率17%。新加坡还签署了多项双重课税规避协定和投资保证协定，确保跨国公司在新加坡开展国际业务，能够充分享受新加坡政府所出台的一系列税收优惠政策。例如，地区总部或国际总部优惠15%~10%的税收优惠政策；项目列入新加坡国际航运企业计划或全球商人计划后，项目税率被降低至5%或10%。

第四，实施针对性非税收激励机制。新加坡政府除了提供税收激励机制以外，还会通过非财务援助、股本融资或者赠款等多种方式，实施非税收激励机制。例如，新加坡允许外商资本直接在本土市场中建立100%控股的私人股份公司，且新加坡政府不会对外国资本的业务开展以及业务范围横加限制。在投资津贴方面，新加坡政府除了为企业提供了投资扶持政策以及财政扶持政策以外，如果外资企业所开展的业务和项目符合新加坡的发展需要，该外资企业在缴纳企业所得税时，可以按项目固定资产投资额30%或50%来抵扣。

（三）加强营商环境法治化建设

新加坡是一个严刑峻法的国家，目前针对营商环境已经建立了较为完善的法律体系，其法治环境足以推动经济健康发展。

第一，完善的商业法规体系。为有效解决企业在发展进程中的法律纠纷，目前新加坡专门就电子商务、移民政策、工资福利等建立了完善的司法审判体系，并能够保证相关执法部门做到严格执法。例如，在新加坡的《竞争法案》中，就明确禁止了一系列有碍于市场公平公正竞争的商业行为。例如，掠夺性定价、串通操纵价格、串通投标等，以推动市场的良性竞争。

第二，完善的知识产权保护体系。新加坡除了加入《与贸易有关的知识产权协定》《保护工业产权巴黎公约》以外，还专门制定了《版权法》《专利法案》《注册商标设计法》等相关的法律法规，其完善的知识产权保护体系，能够更好地保障市场经济主体的专利技术。新加坡有大量的知识密集型产业，其严格完善的商业法规体系和知识产权保护体系，也为新加坡吸引来一大批外国科技企业，带动了新加坡科技水平的稳步提升。新加坡经济发展局明确提到，目前新加坡已经形成了一整套的知识产权保护体系，能够在知识产权自创造到最终实现成果转化的全过程中，有效保护企业知识产权，确保企业的创新创造活动能够为企业带来价值的提升。

（四）构建开放的国际化营商环境

新加坡对欧美、日本以及周边市场的发展依赖性较高，是典型的外贸驱动型经济。

第一，新加坡积极打造多边贸易体系。目前，新加坡已经与全球多个经济体签署了投资担保协定和自由贸易协定，已经建立了极为广泛的自由贸易协议网络，为新加坡企业的国际化发展尽可能铺平道路，规避非商业性风险。新加坡现已和50多个国家签订了避免双重征税的协议，这也保证了在新加坡投资的企业能够与东道国企业享受同等的税率。

第二，推行"1＋3总部经济"，即一大"总部"＋三大"中心"。一大"总部"，指各国公司在建立国际总部时，其选址总是倾向于新加坡。例如，日本、美国、欧洲等国的企业总是倾向于在新加坡建立亚洲总部。新加坡是全球经贸枢纽，拥有极为严密的多边贸易体系，跨国企业在新加坡往往能够建立深度的贸易合作关系，形成便利的交流与交易，正因为如此，新加坡才吸引了越来越多的亚洲公司。据不完全数据统计显示，目前新加坡境内有多达2.6万家国际公司，在全球500强企业中，在新加坡建立亚洲总部的就占1/3。① 此外，还建立了国际研发中心和全球外汇交易中心。且新加坡无外汇管制，其跨国界贷款的总额在全球排行第10位。资金可以自由流入流出，公司利润汇出没有限制也没有特殊税费。通过政府主导强力推进国际研发中心建设。新加坡从国家战略发展的层面，建立了高层次科研机构，该科研机构与跨国公司建立了深度合作关系，专门用于新技术的研发，为本国企业提供前沿核心技术。同时更多运用"计划经济"（而非市场）手段强力推进研发中心建立。例如，该国认为生物医药产业发展潜力大，在该产业基础并不完备情况下，即迅速成立了生命科学部长委员会，该委员会和生物医学研究

---

① 郭澄澄. 新加坡从全球自由贸易港转型为全球创新中心的启示 [J]. 华东科技, 2017（4）: 46 – 49.

理事会建立合作关系，目前已经形成了贯穿上下游产业链的全套生产体系，当前该国生物医药产业创造的价值已占国内生产总值的 4% 以上。

二、英国优化营商环境的主要做法

根据世界银行《2020 年营商环境报告》，英国的营商环境高居全球第 8 位，且英国的经济开放程度在全球排名靠前，包括其移民、资本流动、投资和贸易等各个方面。

（一）高效的政务营商环境

英国政府紧随市场的变化和需求进行机构改革。在布莱尔政府时期，负责国际投资和贸易的英国贸易投资总署（UKTI）仅是英国贸易和工业部（DTI）的一部分，而如今负责该项职能的英国国际贸易部（DIT）是一个独立的中央政府部门。该制度可以确保英国实现国际贸易投资规则的统一规划、统一发力和统一协调，减少多部门互相推诿的情形，为企业提供相对确定、透明的制度环境和畅通有效的诉求反映渠道。

在英国境内注册公司，只需要向英国相关部门提交身份证明、授权书以及公司英文名即可，英国审核部门的审核时间会被控制在 5 个工作日以内。公司股东只需要填写注册申请表。在公司注册期间，只要公司的性质以及经营项目不违反英国公司法即可。另外，英国政府不会限制本国公司注册股东的国籍，股东可以自行决定公司的注册资本，公司注册资本最少可为一英镑，且英国政府不会对注册公司的注册资金进行验证，在完成注册后的 24 小时内，英国工商局网站上就能够查询到该公司的注册信息。

英国有超过 90 家监管机构，涵盖教育、医疗、慈善、交通运输、通信、传媒、公用事业和环境等诸多领域。如表 8-1 所示。英国各监管机构均有权在其所监管领域适用竞争法的各方面规定，这些权力与英国竞争和市场管理局（CMA）权力并存。虽然英国竞争和市场管理局并非经济监管机构，但对英国的竞争制度负有全面责任。与其他发达国家相比，英国的监管要求通常较低。

表 8 – 1   英国主要监管机构

领域	监管机构	职责
金融业	金融行为监管局（FCA）	负责对超过 58000 家金融服务公司实施金融行为监管以及对超过 18000 家公司实施审慎监管，包括对冲基金、支付提供商、投资公司、消费信贷公司、资产管理公司、经纪人、保险中介、财务顾问，确保市场良好运转，运行目标是保护消费者、保护金融市场并促进竞争
	审慎监管局（PRA）	负责针对 1500 家大型投资公司、商业银行、保险公司、建房互助协会等进行严格监管，以保证这些公司在经营活动中的安全性，实现市场的良性竞争
能源业	天然气与电力市场办公室（Ofgem）	非内阁政府部门和独立监管机构，受欧盟指令认可，通过制定战略和政策优先事项作出决策，包括价格控制与执法，保护现有和未来电力和燃气消费者的利益，资金主要来自受许可公司缴纳的许可费
	水务办公室（Ofwat）	主要用于监管英格兰和威尔士地区的饮用水和污水处理行业，是具备高度独立性的监管机构，旨在确保饮用水和污水处理行业能够为消费者提供健康的饮用水，同时实现整个行业的公平竞争
航空业	民用航空管理局（CAA）	根据英国 1971 年设立的民航局法案，将与欧洲航空安全局共同负责对英国航空领域事务进行监管。CAA 在欧盟航空事务中也发挥积极作用
通信业	通信管理局（Ofcom）	专门负责监管通信相关的移动电话、视频点播、电视、无线电波等，依据《2002 年通信管理局法》设立，并依据若干国会法令运作。在 2019 年优先事项中，Ofcom 致力于鼓励投资和改善全国宽带和移动网络覆盖，确保宽带、电话和电视客户（特别是弱势群体）获得公平对待
铁路与公路运输业	铁路与公路办公室（ORR）	非内阁政府部门和独立监管机构，成立于 2004 年，负责对英国铁路网运能的有效利用及铁路安全进行监管
医疗业	护理质量委员会	负责监管英格兰医疗和社会护理，确保医疗和社会护理服务安全、高效、高质。其职责包括对护理提供者进行注册，进行服务监督、检查与评价，采取行动保护使用服务的人士，以及针对医疗和社会护理中存在的重大质量问题发表独立意见
食品卫生	食品标准局（FSA）	FSA 在直接适用的欧盟食品法框架内运作。有关食品和动物饲料的若干关键监管职能则在欧盟层面行使，特别是通过欧洲食品安全局进行的风险评估，以及通过欧盟委员会工作组作出的诸多风险管理决策。欧盟委员会负责管理有关潜在消费者危害的快速预警系统，并识别及跟踪从非欧盟国家进口的食品

（二）便利的市场化营商环境

一是英国具有开放的经济体系。英国主张尽可能推动市场的自由化发展，政府尽可能减少对企业发展的干预，推动本国自由经济与贸易发展。英国境内90%以上的企业均为中小型企业，而英国为这些企业提供了完善的商业环境市场和开放的经济体系，这些企业在英国都得到蓬勃的发展。竞争与市场管理局是英国主要的竞争监管部门，负责实施竞争法，按照英国的法律禁止反竞争行为。外汇管制方面，自20世纪70年代末，英国取消外汇管制制度，对公司利润的汇出也无限制。资本流动方面，英国给予企业完全的自由，无须任何授权。

二是英国拥有优惠的税务政策。自从首相约翰逊上台，为避免脱欧严重影响英国经济，英国政府力求把英国打造成全球"税收天堂"。主要措施包括：计划减少公司所得税，从原来的19%降至12.5%，鼓励吸引企业家来英国创业拉动经济；提出在英国打造10个类似新加坡的自由港，在自由港内免征关税，货物可自由进出自由港，为英国吸引更多的外国大型企业；减免英国的买房印花税，鼓励消费者在英国购买住房，拉动英国房地产业的发展，以求推动英国经济建设。

三是英国有极其发达的金融服务业。作为全球第二大金融中心，英国在银行业、保险业、资产管理和资本市场等领域拥有核心竞争力，是金融服务净出口国。2021年，英国金融服务业为英国经济贡献了1648亿英镑。[1] 同时，英国还是世界上最开放的资产管理市场之一，该行业多年来持续增长，截至2021年底，英国资产管理总规模达到11.6万亿英镑，比前一年增长了5%。[2] 伦敦是全球私募股权和房地产基金的管理中心，在对冲基金中占有全球18%的份额，吸引了全球16%的主权财富基金。[3] 英国在金融科技领域也是全球的领先者，统计显示，英国集中了全球251家外资银行，也拥

---

① 英国经济及产业情况 [EB/OL]. https：//finance. sina. com. cn/jjxw/2023 – 07 – 27/doc –imzecmnw3025427. shtml，2023 – 07 – 27.

② 2021～2022年英国投资管理调查报告 [EB/OL]. https：//baijiahao. baidu. com/s? id =1750163095837790932&wfr = spider&for = pc，2022 – 11 – 22.

③ 于宏巍，杨光. 英国私募基金监管体系、政策支持及借鉴意义 [J]. 清华金融评论，2017 (4)：89 – 92.

有全球近四分之一的金融科技独角兽公司（估值在 10 亿美元以上的初创企业），这也让英国成为全球金融科技的风向标。①

四是英国外资优惠政策多。除英国部分地方政府可能会为外资提供不同形式的优惠政策外，英国中央政府层面没有专门针对外资的优惠政策，在英企业可一视同仁享受当地有关政策。例如：中小企业税收优惠，为帮助中小企业立足和成长，英国政府提供一系列税收优惠计划，包括企业投资计划（Enterprise Investment Scheme）和风险投资信托（Venture Capital Trusts），可为有意赴英投资的中小企业主提供个人所得税减免。研发税收优惠，英国可为投资英国研发项目、创新服务和产品的公司提供研发支出的税收减免优惠政策。中小型企业（少于500人，年营业额低于1亿英镑或资产负债表低于8600万英镑）可获得中小企业研发减免，大型企业或者为大型企业研发服务的各类企业可获得研发支出税收抵免。专利税收优惠中另一项非常有价值的税收优惠政策是专利盒（Patent Box），对于在英国获得专利的企业而言，企业由此获得的利润可按照 10% 的优惠税率缴纳。英国为企业提供了投资优惠政策，刺激和鼓励创业，英国皇家税务与海关局为英国纳税人提供两项投资激励计划，分别是种子企业投资计划（SEIS）和企业投资计划（EIS）。纳税人可以投资在英国境内永久成立的合格早期阶段和以增长为重点的企业，并获得极大的税务减免，在种子企业投资计划上其税务减免可高达50%，每个纳税年度可投资的资金最高可达10万英镑，企业投资计划则可以在任何纳税年度投资最高可达100万英镑，并获得30%的税收减免。②

（三）高度成熟的法治化营商环境

英国是法治高度成熟的国家，各项法律制度健全，执法体系完善，管制相对宽松。英国设计了一系列可有效保护知识产权的法规。例如，《版权、设计和专利法》《专利法》《影像录制法》《商标法》等，而这些法规本身

---

① 钱德虎. 拥有全球 1/4 金融科技独角兽的英国，为何能成为世界金融创新中心？[EB/OL]. https：//mp. weixin. qq. com/s？__biz = MzA3NDM4NjEyNA = = &mid = 2653744225&idx = 1&sn = 70a3b08dc4ba8d392e60361898503efb&chksm = 84d8d3c2b3af5ad42119c899eb520b16ff4b955d77281b43bcd964d8a9bf16721b60ff617da6&scene = 27，2019 - 04 - 24.

② 《企业对外投资国别（地区）营商环境指南》编委会. 企业对外投资国别（地区）营商环境指南：英国（2019）[EB/OL]. http：//www. ccpitxian. org/web_files/attachment/202003/18/20200318095712735689774401620676608. pdf，2019 - 12.

相互重叠，其中的各项条例极其复杂。目前，英国已经加入了《专利合作条约》《世界版权公约》《伯尔尼保护文学和艺术作品公约》《录音制品日内瓦公约》《巴黎保护工业产权公约》等，在加入这些公约以后，更有利于保护英国国内的知识产权。英国有完善的立法来保护小股东的合法权益，鼓励资本结合，使每个投资人都得到公平对待。在破产清算方面，根据2018年世界银行的统计，英国破产清算的平均耗时为1年，平均清算成本为6%，分别低于经合组织高收入国家1.7年和9.3%的平均值。[①] 英国拥有良好的信用制度。英国的征信系统已经完成了人口和企业的全面覆盖，其法律效力也在发达国家中名列前茅，为企业获取有效信贷提供充分支持。英国建立了 Credit Score，即信用分数制度，以量化的信用分数来评估英国每一个人的信用值，信用值过低的话将会影响英国人的方方面面。因此，信用至上已经融入英国的商业和创业环境中。

三、韩国优化营商环境的主要做法

根据世界银行《2020年营商环境报告》，韩国的营商环境在全球排名第五，连续6年入围前五。这一排名在二十国集团（G20）中保持最领先地位，在经合组织成员国中继新西兰、丹麦排在第3。韩国拥有极为先进的产业技术以及良好的研发环境、商业环境，且韩国还有完善的基础设施和税收优惠政策，这也使韩国的经济增长拥有着巨大的发展潜力，营商环境排名保持全球领先。

（一）政务环境

一是提高政策的可预测性及透明度。韩国政府在制定或修改可能影响外商投资的法律法规时，积极采纳外资企业意见。2015年7月，韩国开通了外资规定信息门户网站。通过该网站，外资企业可以检索新制定或修改的法律规定，并提出意见。此外，为了让外国投资者积极参与政策制定并提出意

---

① 《企业对外投资国别（地区）营商环境指南》编委会．企业对外投资国别（地区）营商环境指南：英国（2019）［EB/OL］．http://www.ccpitxian.org/web_files/attachment/202003/18/20200318095712735689774401620676608.pdf，2019－12．

见，韩国定期举行国会商议会，邀请相关部门及主要外国投资者共同参与政策研讨。

二是建立 InvestKOREA 平台。为帮助外商成功落户韩国，韩国成立了国家投资振兴机构——韩国投资局（InvestKOREA）。该机构一站式提供外商落户韩国所需服务，如投资咨询、投资选址、公司成立、投资申报、申请投资红利等。韩国投资局在海外 36 个国家的贸易专员被指定为专门负责人，与当地企业沟通，提供投资韩国所需信息等。韩国投资局还成立外商企业创业支持中心研究所，在外国投资者设立公司期间，以优惠的价格提供办公室、秘书服务等服务。

三是实施外商投资监察专员制度。韩国的外商投资监察专员制度始于1999 年，在有效解决在韩外资企业经营难题等方面发挥了积极作用。外商投资监察专员由总统委任，其旗下设有外国企业困难处理团，处理团由金融、会计、法律、产业选址、税务、劳务等领域专家组成，为外资企业在韩经营提供支持。世界银行认为，韩国的外商投资监察专员制度为促进全球外商直接投资以及预防国际投资纷争起到了典范作用。

四是设立外商投资专门负责人。韩国政府分别在企划财政部、产业通商资源部、环境部、雇佣劳动部等 21 个政府部门指定外商投资专门负责人，旨在加强外国投资者与政府部门的联系。外商投资专门负责人在其所在部门制定和完善相关法律法规时征集外国投资者的意见，帮助企业解决问题。

五是智能化的办税服务。早在 2002 年，纳税人就可以直接在韩国的家庭税收系统中进行线上申报、线上缴税，税收系统还会直接为纳税人开具纳税证明，纳税申报人不必来回跑。目前，韩国线上电子税务局能够为纳税人提供 95％的业务，已经基本实现了无纸化办公，且能够全年 24 小时为纳税人提供服务，切实提高了韩国办税服务便利化水平。另外，韩国还推出了现金发票和电子税金计算书，电子税金计算书与我国的增值税发票类似，拥有极为简单的办理手续；现金发票则主要采用实名认证的方式面向消费者开具，确保企业能够诚实地进行纳税申报，避免出现隐瞒收入的行为。

（二）市场环境

第一，打造创新型营商环境，推动新兴行业发展。韩国于 2018 年特许网络技术公司开办网络银行，而网络专业银行的出现，一方面能够为韩国提供更多的就业岗位，另一方面又能够拉动相关产业的发展。技术融合发展，也让韩国的金融市场中出现了大量新的金融产品和金融服务，其金融市场中的操作便利度得到明显提升。韩国政府还专门加强了"监管沙盒"工作的开展，这里的"监管沙盒"主要指的是由企业负责对新技术或新产品进行小规模的测试，在有效控制风险的情况下，鼓励企业开展创新活动。韩国政府为进一步打造良好的创新创业环境，专门实施校企计划，打造实验室创业项目，以便于科研创新成果能够实现市场化。实验室创业项目将以高校论文或专利为基础，在政府资金的支持之下打造技术密集型创业项目。根据相关统计数据显示，实验室创业项目启动 5 年后，有 80% 的项目都成功存活下来，其中，有 27% 的项目远超普通企业。[①] 韩国产业技术大学、延世大学等高等院校被韩国教育部指定为"实验室特色型创业先驱大学"，且韩国教育部还会为先驱大学提供 15 亿韩元的建设资金，专门用于加强项目基础设施的建设。

第二，积极营造良好的投资环境。自爆发 1997 年亚洲金融危机以后，韩国政府也在大力吸引外商直接投资，降低了外国资本来韩投资的门槛，并建立了开放型和支持型的外商投资政策，而这些引入韩国的外商投资，对于带动韩国经济发展发挥了重要作用。韩国政府近两年正在逐步扩大外商投资规模，为了引入更大规模的外商资本，专门为外国企业提供了具有针对性的优惠政策。韩国政府除了要引入更多的外商投资以外，也开始注重于筛选高质量的外商资本。近几年，韩国政府着力于在高附加值产业中吸引外国投资，此举也能够进一步提高韩国经济的实力，为韩国提供更多的就业岗位。韩国对新产业投资限制以及投资门槛也在不断下降，甚至为新融合产品进入市场打开绿色通道，并对现有的管理机制和体制进行改革，以求推动韩国包括外企在内的所有企业的高速发展。

第三，积极为企业排忧解难。韩国打造了多个经济自由区、自由贸易区和外商投资区，尤其是外商投资区多达 105 个。韩国政府除了为企业选址提

---

① 何媛，田明. 韩国政府多举措打造创新营商环境［EB/OL］. http：//m. xinhuanet. com/2018 - 10/31/c_1123641068. htm，2018 - 10 - 31.

供帮助以外，还会在税收、签证以及资金等各个方面为创新产业发展提供政策支持。例如，在韩工作的外国高收入管理层，5年内一律按照17%的税率缴纳所得税，而其他在韩国工作的劳动者的税率为38%，这就足以为韩国吸引更多的外国优秀人才。韩国政府还建立了一站式解决障碍机制，例如，个别协商机制、部门说明会、外商投资企业CEO恳谈会等，以求切实解决企业经营活动中所存在的诸多问题。

（三）法治环境

首先，韩国政府于1998年专门推出《外国投资促进法》，为韩国市场引入了更多的外商直接投资，使韩国市场内出现大量的外国公司。这项法案使韩国99.8%的产业都能获得外国投资，并为投资者的利益提供了强有力的保障。该法案还为外国投资者提供税收减免、现金福利和廉价土地等激励措施。其次，韩国设有外商投资园区（FIZ）、自由贸易区（FTZ）、经济自由区（FEZ）等特殊经济区域。韩国也专门针对这些特殊经济区域的发展制定了相应的法律法规以及发展规划，例如，自由贸易区将参照《自由贸易区的指定及运行相关法》。再次，韩国建立了极为完善的知识产权保护制度。韩国为保护国内的知识产权，除了制定了传统的保护法律法规外，例如：《专利法》《外观设计保护法》《商标法》《半导体电路布图设计相关法律》等，还专门针对新知识产权保护制定了各项法律法规，例如：《种子产业法》《外贸法》《互联网数字内容产业发展法》《防止不正当竞争及保护营业秘密法》等。根据韩国国家投资促进局的相关信息，相比于美国和日本等发达国家而言，韩国的专利审查效率更高，能够更好地保护本国的知识产权。最后，韩国建立了极为完善的税收法律体系。目前，韩国政府以立法形式加强了对各项税收工作的监管，且韩国国税厅的多项原则性规定也在通过国会审议以后转变为法律，这就进一步提高了韩国税收管理水平。为确保税务机关可以获得第三方数据，对于纳税人的纳税申报进行严格监管，韩国还专门以立法形式明确提出国税厅可以与390个外部信息系统共享纳税人信息，加强对纳税人违法违规纳税行为的监督与管控。

第二节　其他经济体优化营商环境重点领域的改革经验

上节主要从宏观角度探讨其他经济体优化营商环境的经验，本节聚焦到重点领域比较其他经济体在优化营商环境方面比我们做得好的地方。近年来，世界主要经济体均高度重视优化营商环境，采取一系列改革举措。在开办企业、办理建筑许可、登记财产、跨境贸易和办理破产等 5 个方面积累了许多有益的实践。

一、以数字化为突破延伸企业全生命周期服务

新西兰开办企业仅包含 1 个主体准入登记环节，新设企业在网上提交申请即可自动获得经营资格。加拿大依托 BizPal 平台，一站式办理企业开办手续，并根据企业生命周期持续提供定制化服务。爱沙尼亚开发 X－Road 平台，连接政府、企业间近千个信息系统和数据库，以数据共享提升企业全生命周期办事便利度。

二、以法治化为牵引强化建筑质量控制

新加坡、澳大利亚、英国建立了综合建筑控制立法生态系统，并在建筑法律中明确强制检查的要求和标准。日本对不同风险等级的建筑实行分类管理，高风险的建筑由政府监管，低风险的建筑由私营机构的检查人员进行检查。澳大利亚维多利亚州通过立法强制要求建筑施工相关主体购买职业保险，确保一旦发生建筑质量等问题，各方能够承担相应责任。

三、以优质服务为重点提升登记财产质效

葡萄牙建立的一站式财产登记注册系统 Casa Pronta 实现了全国覆盖，

在全国各地都能完成注册手续。新加坡在土地登记处、地籍处及线上平台同步提供财产登记相关信息查询服务，向社会公开收费明细、申请流程、服务交付标准等。英国就登记财产建立了独立的投诉机制，市场主体可以通过投诉评估办公室、电子邮件或电话等进行投诉。

四、以自动化为抓手缩短跨境贸易时限

新西兰建立贸易单一窗口，运用大数据分析等手段实现自动化清关风险管理，80%进口到新西兰的货物21秒内完成清关和放行，85%的海运货物和60%的空运货物在实际到达新西兰前已完成清关。① 阿联酋大力推行原产地证书数字化，缩短了出口单证的合规审查时间，并采取合并签发多批次货物合格证书的方式，有效降低了进口成本。

五、以规范化为标尺完善办理破产流程

欧盟、新加坡、日本建立预重整机制，各方当事人在向法院提出破产重整申请前先进行谈判和表决。澳大利亚、新加坡、韩国、美国大力简化清算流程，明确破产案件处置的流程和标准，大幅压缩债权申报、财产调查等耗时和费用。泰国注重对办理破产法规政策的宣传培训，提升破产管理人制订重整计划、开展重整谈判等方面的技能。

从以上其他经济体优化营商环境重点领域的改革经验来看，中国在优化营商环境重点领域还有进一步改善的空间。开办企业方面，部门间信息共享、协调合作仍有不足，综合性服务能力有待提升。办理建筑许可方面，建筑施工安全管理中尚未引入强制责任保险制度。登记财产方面，土地所有权有关信息获取比较困难，土地争议纠纷解决机制以及财产登记错误的追索机制尚不健全。跨境贸易方面，报关程序之外的环节与自动化、标准化仍有差

---

① 海南省委外办调研组. 新西兰优化营商环境经验对海南的启示［EB/OL］. https：//dfoca. hainan. gov. cn/ywdt/dyyd/202106/t20210623_2998303. html，2021 – 06 – 23.

距。办理破产方面，破产程序主要针对法人特别是大中型企业，无法很好保障小微企业的权利。

第三节　其他经济体优化营商环境实践对中国的启示

一、注重优化注册登记流程

市场经济主体的创业激情与企业注册登记的便利度息息相关。世界银行《营商环境报告》排名中靠前的国家或地区，在这方面一般呈现三个特点：一是准入条件较松。这些国家大多采取准则主义，能够方便快捷地为公司提供注册服务，国家政府的审核效率较快；而另一种方式严格准则主义则以准则主义为基础，对公司设立要件、公示等做了进一步严格规定，但仍以形式审查为主。二是环节相对较少。在美国，申请人只需要向州务卿提交企业登记注册的相关文件，州务卿在对这些文件进行审查后，申请人缴纳相关的登记费用，就宣告企业注册成功。在新西兰，开办企业少到只有 1 个环节，0.5 天就能办结。三是实行无纸化登记。日本早在 1999 年就提出了信息化登记的相关法律，近几年建立了公司信用信息公示平台，可直接为申请人提供网上登记服务。在新加坡，企业选名、印章制作、社保登记等环节均可在网上完成，最快可在 1 天之内拿到执照。无纸化登记，能够极大地节约登记时间和社会成本，业务人员也能够直接在网上对申请人的数据进行审核、发放执照，明显减少了业务员的工作量。

相比而言，我国企业开办流程还比较烦琐。应积极借鉴发达国家或地区经验，推动更多领域的企业开办向形式审查转变；优化办理流程，推行"一窗受理、并行办理"等模式，可以进一步简化企业的注册流程；无纸化登记制度的落实，也能在互联网中共享企业注册登记时的相关数据、资料，进一步拓展电子营业执照的适用范围。

二、注重发挥中介组织作用

审批效率是决定企业营商环境优劣的关键所在。英国2014年发起了一场"挑战文牍"运动，在这场运动中，英国精简了一些过于复杂的审批流程，也减少了一批政府审批相关的法律法规。新加坡在投资准入审批方面实行自由港政策，除涉及污染环境及危害公共安全等特殊行业外，对外商投资企业几乎没有限制；项目审批方面成立专门负责审批的经济发展局，一个外国投资项目从申请到批准设厂在20天以内就能办成。经济发达国家还普遍高度重视发挥中介组织的作用，把大量审批权力，特别是技术性审批的权力，下放给行业协会或具备资格的社会团体，政府部门集中精力对审批事项进行监督。像在美国，商会、行业协会等中介组织，都行使着许多行政审批职能。

这些年在"放管服"改革过程中，我国大量审批事项或取消或下放，审批效率显著提升。但也要看到，准入后"办证难"问题、建设项目报建审批慢问题，仍较为突出。应围绕减环节、减时间、减成本，扩大许可事项改革覆盖面，更多采用取消审批、审批改为备案、告知承诺等审批方式。充分发挥中介组织的作用，不仅可以提高公共服务质量，而且有助于减轻政府压力和负担。应培育发展专业化中介市场，进一步把超出政府职能范围的审批事项剥离出来，通过各种方式交给中介组织去办理，让专业的机构办专业的事。

三、注重引入第三方监管

美国、德国等发达国家社会信用体系完善，现代信用服务业发达，事中事后监管过程中信用监管占有相当分量。对企业或个人提供的信息，政府部门原则上将其视作企业或个人的信用承诺，并建立了严格的失信惩戒机制。对于失信的企业和个人，不仅在政府部门办事受到限制，甚至在全社会也难以立足。同时，为了提升政府监管效能，避免政企不分，发达国家还大力培育、引进第三方监管。美国承担行业监管职责的独立机构，一般都以委员会的形式存在，比较典型的如美国联邦通信委员会、美国证券交易委员会等。进行行业监管的主要方式包括：制定行业规章和技术标准、配置专业资源、开展专业的安全调查、处理客户投诉、对违规企业和商品进行处罚等。

我国进一步深化"放管服"改革，应着力整合工商、税务、土地、房管、海关、公安等部门掌握的企业信用数据，加强与第三方征信平台的合作，完善社会征信体系，大力推进信用监管，健全"一处违法、处处受限"的关联处罚机制，大幅度提高违信成本。进一步加强事中事后监管，加大第三方专业机构监管能力建设，拓宽公众舆论监督渠道，逐步形成政府、市场、社会共同参与与监督的格局。

四、注重强化法治保障

用法律来规范行政审批行为，是很多发达国家都坚持的一个重要原则。在日本，每一项行政审批都要于法有据，对没有法律依据的审批制度一律视为无效。美国各个城市都制定了地方性法规，对监管者和市场主体的权利义务作出详细规定。例如，纽约专门制定了《摊贩管理条例》和《摊贩保护第一修正案》等城管类法规，使摊贩和执法者的行为均有法可依，从根源上避免了异议和冲突。新西兰投资监管政策法治化程度高，是其营商环境备受好评的原因之一，其外资监管政策，无一不是通过法律条文的形式加以明确。

良好的营商环境，必然是一个公正的法治环境。只有有法可依、有法必依，才能形成公平竞争的市场秩序，让市场主体明确行为边界、形成稳定预期。进一步优化营商环境，应以保护产权、维护契约、统一市场、平等交换、公平竞争、有效监管为基本导向，着力完善社会主义市场经济法律制度，积极推进各级政府事权规范化、法律化。对一些与现行法律法规发生抵触的好探索、好做法，应加快推进相关法律法规的立改废释，用法律的形式把改革成果固定下来，为"放管服"改革保驾护航。

五、注重发展电子政务

发展电子政务已成为世界各国进一步提高行政效率、节约行政成本、优化公共服务的重要举措。韩国政府电子化公共服务的发展程度和精细化水平全球领先，为更好方便公众办事，这些年对上千项为民服务事项涉及的部门及工作流程进行了梳理整合，确保了公众访问网站时享受一体化链条式服务。英国政府提出"公众与政府打交道就要像看电视更换频道一样简单"的理念，实现网上办事的"一户名"登录、"一窗口"办理、"一站式"服务。让用户在 5 次点击之内就能获得所需要的大部分信息与服务。新加坡是最早将电子系统引入公共管理的经济体之一，早在 1929 年新加坡税务局就开发了一套完整的计算机化税收征管系统，极大提高了纳税申报效率。

在现代信息社会，利用"互联网＋"的水平，在一定制度上决定着政府服务的效率。现在我国的"信息孤岛"问题还很突出，已经成为提高政府网上服务水平的最大瓶颈。应对各类信息系统进行全面梳理，加快推进国务院部门之间、部门与地方之间的信息互联共享，在确保信息安全的情况下，限时分类分级开放对接、查询服务。

六、注重完善税收制度

税收制度作为衡量一个国家或地区营商环境的重要组成部分，是企业投资与决策的重要参考指标，对经济增长及产业结构具有重要影响。在世界银行发布的年度营商环境报告中，凡是营商环境排名靠前的国家和地区，其税收指标也名列前茅，这说明两者相辅相成，具有很强的关联性。新加坡、英国和韩国近年来营商环境排名如此之高，就得益于其合理的税收政策。新加坡是世界上税负最轻的国家之一，实行单一公司税制，且内外资企业公司税制一致。英国对外资提供不同形式的优惠政策。韩国非常注重纳税人权益的保护，"以纳税人为本"的理念得到了全社会的普遍认可。

近年来，在电子税务局、无纸化办税等便民措施的助力下，我国企业办税成本显著降低，但从实际工作来看，仍存在办税服务理念有待增强、部分办税流程尚未理顺等问题。应树立以纳税人为中心的理念，由以"管理纳税人"为主转向以"服务纳税人"为主，提高纳税人满意度和遵从度；通过表彰和奖励模范纳税人，可以增强诚实纳税人的自豪感和获得感；实行负面清单管理，对没有创造就业机会和没有投资增加的"僵尸"企业，不得享受税收优惠；以"互联网＋"的智能化办税服务手段，全面推行电子发票，网上纳税申报预申报制度等，可以减少企业纳税的"跑路成本"。

第四节　本章小结

　　本章从政务、市场、法治等宏观角度以及开办企业、登记财产等具体领域，分析了其他经济体在优化营商环境方面的经验。以英国、美国为代表的欧美发达国家，营商环境总体水平较高且较稳定。英国、美国等欧美国家同属经济合作与发展组织（OCED）发达国家系列，且都已经进入后工业化时期，经济总量一直处于全球前列，在营商环境的建设上也形成了一套较为完善的制度和成熟的规则，与中国等新兴市场经济体相比存在巨大的优势。以新加坡、韩国为代表的亚洲新兴发达经济体，得益于完善的金融体系、完全自由化的贸易制度、便捷的开办企业程序以及对中小投资者的保护，营商环境常年稳居全球前列。欧美发达国家和中国的社会背景存在较大差异，因此中国应当更专注于参考亚洲发展型国家，借鉴其在建立和完善营商环境时的做法。欧美发达国家优化营商环境的经验大多依赖于小政府、大市场的市场经济制度，注重政治的民主化和经济的自由化，尤其强调资本的自由流动、低关税和金融市场的开放。而新加坡、韩国等亚洲发展型国家大多是由政府主导推动经济快速发展，虽然之前曾出现过政府过度干预市场，导致营商环境不佳的情况，但这些国家注重优化注册登记流程、发挥中介组织作用、引入第三方监管、强化法治保障、发展电子政务、完善税收制度等措施改善了政务环境、市场环境和法治环境，最终实现了营商环境全面优化，并实现了经济腾飞，这些措施值得中国好好学习和借鉴。

第九章

优化营商环境推动经济高质量
发展的政策建议

打造良好营商环境是一项系统工程，头绪多、任务重、牵扯面广，不能胡子眉毛一把抓，应提纲挈领、抓住关键。《中共中央关于制定国民经济和社会发展第十四个五年规划和二〇三五年远景目标的建议》提出，持续优化市场化、法治化、国际化的营商环境。要坚持正确的方法论，充分发挥市场在资源配置中的决定性作用，更好地发挥政府的作用，用法治来规范政府和市场的边界。通过简政放权激发市场活力、公正监管促进公平竞争、高效服务营造便利环境等方面促进营商环境市场化建设；通过完善社会主义市场经济法律制度、依法行政建设法治政府、创造公平竞争的法治环境和营造全民守法的法治氛围等方面加快营商环境法治化建设；通过放宽外商投资市场准入、扩大服务业对外开放、保护外商合法权益、加快国内制度规则与国际接轨以及促进投资贸易自由化便利化等方面提升营商环境国际化水平；通过构建营商环境评价体系、建立健全评价机制、创新企业融资体制机制、完善支持创新创业的体制机制等方面，实现营商环境的长效优化。

第一节　优化营商环境必须坚持的方法论

优化营商环境是一场系统的经济社会改革，也是一项复杂的工程，必须要善于把握内在的规律和特点，系统谋划科学路径和有效抓手，坚持正确的方法论，引导优化营商环境工作不断向纵深推进。

一、坚持问题导向、目标导向、结果导向

习近平总书记指出，改革是由问题倒逼而产生，又在不断解决问题中而深化。① 导向是行动的指引和方向，优化营商环境，问题是着力点、目标是根本点、结果是落脚点，坚持目标导向、问题导向、结果导向是辩证统一的有机整体，也是优化营商环境的重要方法路径。

坚持问题导向，是马克思主义的鲜明特点。优化营商环境，产生于问题倒逼，聚焦于问题解决。虽然我国市场环境持续优化，但仍存在市场体系不完善、政府干预过多和监管不到位等问题，"不公平"感背后的体制机制障碍仍待加力破除。例如，民营企业的"玻璃门"未完全打破，市场准入负面清单外仍存在违规设立准入许可或设置隐性门槛等"名松实严"的情形，限制公平准入的"土政策"和"潜规则"仍然存在。再如，各类资金资源支持倾向于国有企业和大企业，对中小企业不合理的限制仍然存在。全国人民代表大会常务委员会执法检查组在 2019 年发现，还存在一些政府采购项目看重企业注册资本、经营年限等指标，实际上将中小企业排除在外；一些市政工程招标往往是"大企业中标、小企业干活"；一些地方的孵化区、创业园存在"拉郎配"搞产业聚集，中小企业难以进入等问题。要实现打造国际一流营商环境的目标，必须正视当前我国营商环境中存在的问题，以钉钉子精神一项一项予以解决。

坚持目标导向，就是要在正确分析把握问题的基础上，以满足市场主体需求、争创国际一流的目标为导向。要善于抓主要矛盾和矛盾的主要方面，明确有效破解问题的主攻方向，善于把化解矛盾、破解难题作为打开局面的突破口。比如，湖北省黄石市、襄阳市针对投资项目落地慢的问题开展企业投资项目改革试点。将报建流程由"先批后建"改为"先建后验"，相关审

---

① 中共中央文献研究室. 十八大以来重要文献选编（上）[M]. 北京：中央文献出版社，2014：497.

批时限由原来的几个月缩短至 30 个工作日以内，企业项目落地速度大为提升。为解决小微企业融资难问题，北京市在海淀区成立全国首家小微企业续贷中心，入驻银行 10 个工作日内可以完成授信，及时有效保障了小微和民营企业资金需求，为全国营商环境优化再次贡献出北京经验。总之，营商环境中发现的各种问题和需求，无论大事小事，都是事关企业发展、人民福祉的紧要问题，必须要科学统筹、优先解决，确保取得实效。

坚持结果导向，就是要以营商环境实际成效为标准，以实实在在业绩接受检验、评判工作。这就需要我们把营商环境的各项便民利企政策和改革措施落实落地，彻底打通"中梗阻"和"最后一公里"。同时，坚持结果导向，还必须自觉践行以人民为中心的发展思想，坚持用企业和群众获得感作为评价标准。人民群众满不满意、答不答应始终是优化营商环境的一把尺子，要严格落实政务服务"好差评"制度，健全政务服务奖惩机制，有效激发各地各部门创新工作、改进服务的内生动力，推动形成愿评、敢评、评了管用的社会共识。

二、坚持立足国情与对标国际相结合

习近平总书记指出，我们建设的现代化经济体系，要借鉴发达国家有益做法，更要符合中国国情、具有中国特色。[①] 改革开放以来，中国立足自身国情和实践，从中华文明中汲取智慧，博采东西方各家之长，坚守但不僵化，借鉴但不照搬，在不断探索中形成了自己的发展道路。优化营商环境，既存在于全面深化改革的语境之中，也立足于建设开放型经济新体制的背景之下，必须坚持立足国情与对标国际相结合。

优化营商环境要对标国际通行规则和一流水平，持续推动投资贸易便利化。改革开放的实践告诉我们，要发展壮大，必须主动顺应经济全球化潮流，坚持对外开放，充分运用人类社会创造的先进科学技术成果和有益管理经验。优化营商环境必须要着眼国际经贸投资新规则的发展趋势，树

---

① 中共中央宣传部. 习近平新时代中国特色社会主义思想学习纲要 [M]. 北京：学习出版社，2019：120.

立全球视野和战略眼光，以建设全球领先的营商环境为目标，对标国际一流营商环境衡量标准。党的十八大以来，我国积极推动自由贸易试验区建设，在自贸区内加快形成与国际通行规则相衔接的制度体系。自贸区试验的重要宗旨和使命，就是要开展营商环境国际化的试验，通过对标世界贸易组织（WTO）和高标准自由贸易协定（FTA）的要求，在自贸区先行先试，取得可推广可复制经验，以点带面促进我们自身加快制度建设，改善营商环境和创新环境，降低市场运行成本，提高运行效率，提升国际竞争力。

优化营商环境要立足中国实际，符合中国国情。社会主义基本经济制度把社会主义制度和市场经济有机结合起来，是在革命、建设特别是改革开放伟大实践中形成和确立的，是被实践检验拥有巨大优越性的制度。优化营商环境，必须要立足于社会主义基本经济制度这个新时代经济改革发展的根本遵循，牢牢把握社会主义初级阶段这个基本国情，充分考虑我国经济体制、发展阶段和国情实际，既不能封闭僵化，也不能照抄照搬，要在立足国情的基础上兼容并蓄、改革创新。比如，世界银行已经构建了一套营商环境评价指标体系，每年对世界 190 个经济体的营商环境进行评价排名，具有较高的国际知名度和公信力。参照世界银行评价体系，我国营商环境评价体系在丰富和保留国际通行评价指标基础上，增设符合国情的评价指标，充分体现普适性指标与中国特色指标相结合的特点，突出了评价体系的公平性、客观性和创新性。

三、坚持顶层设计与基层探索良性互动

习近平总书记指出，摸着石头过河和加强顶层设计是辩证统一的，推进局部的阶段性改革开放要在加强顶层设计的前提下进行，加强顶层设计要在推进局部的阶段性改革开放的基础上来谋划。[①] 在推进优化营商环境工作中，必须加强顶层设计和总体规划，提高改革决策科学性、增强改革措施协

---

① 中共中央宣传部. 习近平总书记系列重要讲话读本 [G]. 北京：学习出版社，2014：52.

调性。对地方、部门的先进经验做法，要及时进行总结提炼，上升为国家层面政策法规，在固化改革举措的同时更好指导实践，特别是在涉及各地营商环境的衡量标准上，要通过建立尺度统一的评价体系，加强对地方的统筹和指导，避免各行其是。

优化营商环境，既要加强宏观思考和顶层设计，也要继续鼓励地方和部门大胆试验、大胆突破。例如，北京市、上海市聚焦市场主体反映的突出问题，对标国际先进标准，推出大量改革举措，形成一批典型经验做法。2019年9月，国务院办公厅专门印发通知，要求在全国复制推广借鉴京沪两地优化营商环境改革举措。江苏省推行"不见面审批"，浙江省开展"最多跑一次"改革，四川省成都市高新区推出"首证通"行政审批改革，广东省深圳市探索开展"秒批"服务，厦门、西安、长沙等市试点知识产权综合管理改革，大连、宁波、青岛等市开展优化税收营商环境试点。这些先行先试的创新做法，不但大大提升了行政效能和企业、群众获得感，也极大丰富了全国营商环境建设实践，为相关工作积累了宝贵经验。

第二节　优化营商环境必须要处理好的关系

优化营商环境推动经济高质量发展必须要处理好下面这几组关系。

一、优化营商环境必须要处理好政府与市场的关系

优化营商环境是涉及发展的体制性、制度性安排，实质上是重塑政府和市场的关系，使市场在资源配置中起决定性作用，更好发挥政府作用。这既要遵循市场规律、善用市场机制解决问题，又要让政府勇担责任、干好自己该干的事，"看不见的手"和"看得见的手"都要发挥作用。

（一）优化营商环境要充分发挥市场在资源配置中的决定性作用

习近平总书记指出，让市场在所有能够发挥作用的领域都充分发挥作用，推动资源配置实现效益最大化和效率最优化，让企业和个人有更多活力

和更大空间去发展经济、创造财富。① 理论和实践都证明，市场配置资源是最有效率的形式。优化营商环境必须牢牢把握市场决定资源配置这一市场经济的一般规律，全面推进体制机制创新，大幅度减少政府对资源的直接配置，推动资源配置依据市场规则、市场价格、市场竞争实现效益最大化和效率最优化，以优质的制度供给、服务供给、要素供给和完备的市场体系，增强发展环境的吸引力和竞争力。

做好优化营商环境工作，充分发挥市场在资源配置中的决定性作用，必须要深入推进简政放权，着力激发市场主体活力和社会创造力。简政放权就是要把该放的权放给市场和社会，这样政府可以腾出更多力量来加强事中事后监管、提供公共服务。近年来，优化营商环境坚持深化行政审批制度改革，大幅削减行政审批事项，彻底终结非行政许可审批，实行权力清单、责任清单管理；坚持不断放宽市场准入，全面改革商事制度，实行全国统一的市场准入负面清单制度；坚持将"放管服"改革与大规模减税降费，特别是由点到面推开的"营改增"结合起来，与对中小企业实行普惠性优惠政策，清理涉企收费和降低融资、用能、上网、物流等成本结合起来，与实施创新驱动发展战略、广泛开展大众创业万众创新结合起来，协同发力，最大限度地给企业松绑减负、提供服务，持续激发市场主体活力和社会创造力，从而实现更高质量、更有效率、更加公平、更可持续、更为安全的发展。

（二）优化营商环境要更好发挥政府作用

习近平总书记指出，加快转变政府职能，该放给市场和社会的权一定要放足、放到位，该政府管的事一定要管好、管到位，坚决扭转政府职能错位、越位、缺位现象。要深化行政审批制度改革，推进简政放权，深化权力清单、责任清单管理，同时要强化事中事后监管②，政府应从审批管理的视角，转为服务企业的定位，从"官本位"到"店小二"。做到刀刃向内改自己，减少政务环节、减免不必要的成本、提高办事效率。同时，还需要站在企业视角，关注企业最关心的痛点、企业新增投资的顾虑、企业转型所需的

①② 习近平.正确发挥市场作用和政府作用 推动经济社会持续健康发展［N］.人民日报，2014－05－28（1）.

环境，为企业做好服务，有求必应，无事不扰。

做好优化营商环境工作，更好发挥政府作用，必须坚持放管结合，加快转变政府职能，以权利公平、机会公平、规则公平保障公平准入，以加强公正监管促进公平竞争，以优化公共服务便利投资兴业，把市场主体的活力激发出来。一方面，加强公正监管。要健全公开透明的监管规则和标准体系，坚持对新兴产业实行包容审慎监管，加快创新公平公正的监管方式，推动日常监管"双随机、一公开"全覆盖，保障市场公平竞争。另一方面，大力优化政府服务。要坚持寓管理于服务中，加快创新服务方式，不断提升政务服务质量和效率，变政府部门"端菜"为企业和群众"点菜"，提供更多公平可及、优质高效的服务，努力为企业发展和群众办事提供便利，建设人民满意的服务型政府。

（三）优化营商环境需要用法治来规范政府和市场边界

习近平总书记指出，着力打造法治化营商环境，就要把平等保护贯彻到立法、执法、司法、守法等各个环节，依法平等保护各类市场主体产权和合法权益。要用法治来规范政府和市场的边界，尊重市场经济规律，通过市场化手段，在法治框架内调整各类市场主体的利益关系。① 社会主义市场经济本质上是法治经济，法治化营商环境是社会主义市场经济的内在要求。无论是保障市场经济良好运行，还是保护市场主体权益，激发市场主体积极性、创造性，都需要发挥法治的作用。

优化营商环境需要用法治来规范政府和市场的边界。一是法治是商业良好运行的根基。商业运行是以营利为目的的，这种运行必须要有一个良好的运行规则。在市场经济条件下，法治可以构建有序的营商秩序，提供良好的运行规则，从而保障商业有效运行。从实践看，哪里拥有良好的法治，哪里的商业就有活力，发展得就越好。二是法治为营商者公平竞争提供强力支撑。市场经济是竞争经济，商业运行过程中容易出现诸如欺诈违约、不公平竞争等不规范行为，如不能有效制止，就会侵蚀投资者的投资信心，对经济

---

① 习近平. 完善法治建设规划提高立法工作质量效率 为推进改革发展稳定工作营造良好法治环境［N］. 人民日报，2019-02-26（1）.

发展造成负面影响。只有完善法治、加强监管，用法治来调整市场主体的行为，使市场规范化、有序化运行，才能保证公平竞争，更好地释放市场主体活力。三是法治是营商者权益的基本保障。在营商交易的过程中，由于利益驱动等因素，一些侵害市场主体合法权益的行为时有发生。杜绝此类行为，及时有效保护营商者合法权益，提高交易的安全性，关键要完善相关法律法规，以法律的硬约束维护市场秩序。四是法治是营商者自主经营的重要保证。营商者在经营过程中实现自主经营、公平竞争是提高交易效率的基本前提。自主经营需要切实发挥市场在资源配置中的决定性作用，最大限度减少政府对市场的干预，更好发挥政府在公共服务、市场监管、社会管理、环境保护等方面的职能，为营商者提供高效服务。要想实现这些，法治是根本途径和保证。

二、优化营商环境必须处理好深化改革和扩大开放的关系

优化营商环境，既存在于国内改革的语境中，也立足于对外开放的背景下，是一项没有休止符的系统工程。全面深化改革，不断扩大开放，是实现"两个一百年"奋斗目标，实现中华民族伟大复兴中国梦的必由之路。以开放促改革、促发展，是我国改革发展的成功实践。改革和开放相辅相成、相互促进，改革必然要求开放，开放也必然要求改革。

（一）优化营商环境要坚持深化改革

习近平总书记指出，改革是解放和发展社会生产力的关键，是推动国家发展的根本动力。[1] 近年来，中国的营商环境改革涵盖了世界银行《全球营商环境报告2020》的大部分指标，营商环境的世界排名大幅提升，连续两年跻身全球改革步伐最快的前十个经济体之列，打造出公平、透明、可预期的营商环境。

优化营商环境要做好改革的整体性。优化营商环境涉及经济社会发展各项领域，需要统筹谋划各个方面、各个层次、各个要素，注重推动各项改革

---

① 习近平. 在经济社会领域专家座谈会上的讲话［N］. 人民日报，2020 – 08 – 25（2）.

相互促进、良性互动、协同配合。例如，如果某个地方的营商环境有几个指标特别突出，但有几个指标比较滞后，根据"木桶原理"，这个地方整体的营商环境依然不够理想。再如，对于欠发达地区，如果不考虑本地的独特性、复杂性，只是简单复制、照抄照搬先进地区经验，效果定会大打折扣，必须全面考虑各种因素、做好顶层设计、实现整体推进。需要强调的是，整体推进不是平均用力、齐头并进，而是要善于抓主要矛盾和矛盾的主要方面，注重抓重要领域和关键环节，集中力量解决最突出、市场主体最关切的问题，以点带面，推动整体工作提升。

优化营商环境要注意强化改革协同。实践中，有的审批事项在取消下放时部门之间不协调、部门和地方不同步，还有的审批事项下放后地方接不住。例如，有的项目核准备案权限已经下放给市县级政府部门，但用地、环评等审批权限没有同步下放，不但给市场主体办事带来不便，也给后续监管造成困难，影响改革效果。再如，随着审批权的大量下放，基层政府审批事项明显增加，但有的地方和领域相关配套权限及对应的人、财、物没有同步下放，加上指导培训不足、专业性不够，基层服务能力并没有同步跟上，导致接不住，也管不好，影响了企业和群众的办事体验。因此，在推进优化营商环境工作中，要既抓改革方案协同，也抓改革落实协同，更抓改革效果协同，促进各项改革举措衔接配合、相互促进、同向发力。

（二）优化营商环境要坚持扩大开放

习近平总书记指出，中国将坚定不移奉行互利共赢的开放战略，推动高水平对外开放的脚步不会停止。为进一步扩大开放，中国将激发进口潜力、持续放宽市场准入、营造国际一流营商环境、打造对外开放新高地、推动多边和双边合作深入发展。① 近年来，随着中国经济步入新常态，深化改革、扩大开放的"双轮驱动"更加强劲有力。从改革外商投资管理体制、大幅减少外商准入限制，到扩大服务业和一般制造业的开放范围，再到逐步实行负面清单制度，中国构建开放型经济新体制不断迈出新步伐，着力营造出法

---

① 习近平. 共建创新包容的开放型世界经济——在首届中国国际进口博览会开幕式上的主旨演讲 [J]. 中华人民共和国国务院公报，2018（33）：5－8.

治化、国际化的营商环境,各项改革举措为外来投资者带来更多利好,进一步增强了投资信心。2014 年,中国首次成为世界上吸收外资最多的国家。

我国要想继续扩大对外开放,当务之急就是推动营商环境优化工作的贯彻落实,要秉持合作共赢理念,带动营商环境的国际化、法治化和市场化发展,并为市场经济主体创造公平公正的竞争环境。我国要进一步降低市场准入门槛,扩大对外开放,加强中国和其他经济体之间的多边合作和双边合作,进一步提高便利通关水平,打造国际一流的营商环境。在贯彻落实"一带一路"倡议期间,我国也需要加强和其他经济体之间的全面深度合作,以求打造一个更公平的营商环境,推动全方位高水平的开放。要建立统一的市场监管机制、市场准入机制、内外资法律法规,确保营商环境能够高度匹配于我国现代经济发展。

(三)优化营商环境需要在双循环中推动深层次改革开放

习近平总书记在多次重要讲话中明确强调,要推动形成以国内大循环为主体、国内国际双循环相互促进的新发展格局。① 在全球贸易保护主义抬头的背景下,新冠疫情对全球经济发展造成了极大影响,这就进一步弱化了传统的国际经济循环。要想带动我国经济的健康、稳步发展,就必须强化国内经济大循环,提高我国经济的抗风险能力,但同时我国又绝不能放弃外循环。只有建立在这一大前提下,中国才能通过扩大开放的方式,切实提高我国的综合治理水平,通过加强外部竞争,激发我国本土企业的发展动力以及发展激情。

优化营商环境促进国内循环。要深化国内大循环,就必须依托于国内市场来满足国内需求,建立完善的生产体系、流通体系、消费体系和分配体系。要保证国内大循环的畅通无阻,就必须保证内需体系和供给体系的高度配合,以求尽可能满足国内需求。在我国供给侧结构性改革的背景下,优化营商环境,就是要调整我国的三大产业结构,持续扩大内需,促进国内循环。

优化营商环境推动国际循环。就是要进一步扩大开放,降低我国的准入

---

① 习近平.在经济社会领域专家座谈会上的讲话[N].人民日报,2020-08-25(2).

门槛，为国内市场引入更多的外资企业，以便于实现国际市场和国内市场各类资源的合理配置。只有打造市场化营商环境、国际化营商环境、法治化营商环境，我国市场才能吸引更多的全球优质要素，而这些优质要素齐聚我国以后，会带动更多的外商投资，形成国际循环和国内循环的相互促进，实现我国和其他经济体之间的互惠共赢。优化营商环境，扩大我国的对外投资规模以及利用外资规模，推动我国进出口贸易的高速发展，这无疑也能提高我国在国际市场中的地位和话语权。

优化营商环境，推动改革开放，能够进一步促进双循环。未来要针对我国实体经济发展，制定科学高效的货币政策和财政政策，真正服务于实体经济。同时，为加强我国和其他经济体之间的深度经贸往来，我国还应当尽快建立完善的全球产业链，通过经济发展，带动社会发展，并确保我国经济发展能够高度融入全球经济发展。

三、优化营商环境必须处理好区域协调发展的关系

当前我国存在发展不平衡以及各区域发展存在巨大差异等问题。自党的十八大以来，我国就提出了多项新的区域发展战略。例如，京津冀协同发展战略、长三角一体化发展战略、粤港澳大湾区建设战略，等等。就新形势下我国区域协调发展的问题，习近平总书记在多次重要讲话中也给出了明确指示：按照客观经济规律调整完善区域政策体系，发挥各地区比较优势，促进各类要素合理流动和高效集聚，增强创新发展动力，加快构建高质量发展的动力系统，增强中心城市和城市群等经济发展优势区域的经济和人口承载能力，增强其他地区在保障粮食安全、生态安全、边疆安全等方面的功能，形成优势互补、高质量发展的区域经济布局。① 优化营商环境是一个系统的工程，也要注重区域协调发展的问题。

（一）自贸区先行先试对标国际打造一流营商环境

打造一流的营商环境，就是要推动营商环境的便利化、国际化和法治化

---

① 习近平：推动形成优势互补高质量发展的区域经济布局 发挥优势提升产业基础能力和产业链水平 [N]. 人民日报，2019 - 08 - 27（1）.

发展，建立自贸区就是一个很好的抓手。国家先后批准建立了 21 个自由贸易试验区，并设立了海南自由贸易港。我国各自贸区在发展期间，不断探索优化营商环境的良好举措，以切实激发我国市场经济主体的创新创造活力。上海自贸区实施了"二十条"支持贸易便利化的措施，旨在解决企业发展的一系列重点难点问题；广东自贸区制定了多张清单，严厉打击市场中的违法经营行为，创造了公平健康的竞争环境；四川自贸区提出"首证通"审批改革制度，让企业赢在起跑线。一大批制度创新成果从自贸区推广到全国，发挥了全面深化改革"试验田"的作用。下一步，继续在自贸区先行先试，在自贸区开展"证照分离"改革，切实降低自贸区内企业的制度性交易成本，让市场经济主体能够焕发创新创业激情，在市场经济活动中充分发挥创造力。第一，建立清单管理制度，清单之外不得对企业进入相关行业或领域横加阻隔，自企业取得营业执照之日起，企业就可以自行开展经营活动；要定期向社会公众公布清单内容，实行清单的分级管理制度。第二，加速改革审批制度。在涉企经营许可事项的办理过程中，采取直接取消审批、审批改备案、告知承诺和优化审批服务等四种方式进行改革。第三，加速改革配套政策措施的完善，要规范衔接申办经营许可和企业经营范围，加强政府各部门以及社会组织关于企业经营信息的共享与互换，切实提高政府审批部门的审批效率，为企业提供高水平的公共服务。

（二）优化营商环境促进区域协调发展

从国际经验来看，在我国迈入高收入国家行列这一过渡阶段中，往往会集中爆发各种各样的矛盾，发展不协调的问题在各个领域广泛存在，营商环境也不例外。推动发达地区和欠发达地区营商环境协调发展，下好全国"一盘棋"，就必须找到存在的现实问题，通过解决这些问题来提高我国经济发展的后劲。各级地方政府应积极发挥基层首创精神，立足地方比较优势，持续推出更多管用、可行、解渴的改革举措，从比硬件条件、税收优惠转向比手续少、时间短、流程优。党的十八大以来，北京、上海等城市率先开始改革营商环境，放宽市场准入门槛，切实调整政府部门的职能，推动营商环境的市场化、法治化、国际化发展，推出浙江省"最多跑一次"、江苏省"不见面审批"等，在全国范围甚至国际社会打造出了一批营商环境

"驰名品牌"。同时，也有效带动了周边省份加快优化营商环境步伐，更好地为企业以及群众提供公共服务，降低制度性交易成本，为本地区吸引更多的外部投资，形成集聚效应。另外，以宁夏回族自治区为代表的欠发达地区，也在加速营造良好的营商环境，成为全国营商环境标杆。从实践来看，良好的营商环境能够推动当地市场保持强劲的发展势头。可以预见，随着各地方主动探索差异化、特色化改革举措，主动对标先进、相互学习借鉴，全国范围将形成竞相推进优化营商环境的良好局面。

第三节　优化营商环境的政策建议

"十四五"时期，是我国社会经济现代化发展征程上的一个转折点，是经济高速发展阶段转变为经济高质量发展阶段的重要时期，在这个时期内，营商环境将发挥重要的作用。只有真正优化营商环境，才能解决各类投资主体的现实问题，提高市场活力，推动我国经济高质量发展。

一、简政放权激发市场活力

习近平总书记多次强调，要加快转变政府职能，大幅减少政府对资源的直接配置，强化事中事后监管，给市场发育创造条件。[①] 转变政府职能才有利于优化营商环境。"十四五"期间，我国政府必须加大力度简政放权，尽可能简化资质资格许可认定、投资项目审批等，尽可能提高行政部门的审批效率和审批质量。上级政府要及时下发关于减权放权的各项衔接文件，避免出现"自由落体"。

（一）放宽市场准入

要加大力度清理市场中不符合新发展理念的各项规定、制度，要进一步放宽我国的市场准入门槛，减少负面清单中的各项内容以及事项，尽可能为

---

① 习近平. 推动形成优势互补高质量发展的区域经济布局 [J]. 求是，2019（24）.

企业提供自由发展的公平竞争环境。第一，对市场准入负面清单进行动态调整，贯彻落实"非禁即入"。应当争取每年对市场准入负面清单进行修订，尽可能减少负面清单中的内容，并应当保证每年负面清单中各项内容的连贯性。第二，打破市场中的隐性准入壁垒。除负面清单以外，不得再对市场经济主体设置任何隐性限制或者门槛，一旦发现市场中存在隐性壁垒或者不合理的限制情况，则应当立即制订相应的方案来清除隐性门槛。第三，加速放宽市场准入试点工作的开展。要求部分省份以服务业为重点，先行先试放宽市场准入，并结合试点的情况，将相关经验推至全国。制定出台海南自由贸易港、深圳中国特色社会主义先行示范区放宽市场准入特别措施。第四，开放民营企业的市场准入。支持在石油天然气、铁路、电信以及电力等重点行业中尝试引入民营资本，为民营企业进入相关行业或领域创造良好的外部环境，并制定明确的路径以及时间表。

（二）优化审批流程

加大力度优化审批流程，全面清理不必要的审批环节。一是最大力度减权放权。对国家鼓励类、允许类企业项目"不再审批"，要全面取消对于市场公平竞争造成负面影响的审批事项，切实激发市场活力。取消下放行政许可事项时，充分征求有关部门意见和基层审批部门的承接意见，健全完善第三方评估和专家论证制度，并加强对基层审批部门业务的指导，增强简政放权工作的协同性。二是推进"证照分离"改革全覆盖。要加速"证照分离"改革工作在全国范围内的推广与普及。要针对营业执照后续的行政审批流程进行简化，按照直接取消审批、审批改为备案、实行告知承诺和优化审批服务四种改革方式，加速优化审批流程，增加企业的预期，让企业尽快进入经营状态。三是推广"容缺受理"审批模式。除了威胁生命财产安全、人身健康、生态环境保护和能源节约、公共安全和国防安全等相关事项以外，其他审批内容则全部纳入容缺承诺审批事项目录之中，且应当做到每年对该项目录中的内容进行定期调整。若申请人所给出的材料中非主要材料存在瑕疵或者缺陷，则可在申请人作出书面承诺补齐欠缺材料后，发放行政许可证或者营业执照。

（三）推动减税降费

继续加大清费力度，做到依法治费、依单收费、透明缴费，切实降低企业经营成本。一是建立全国统一的收费清单。要向社会公众全面公开涉企收费，不得向企业征收清单以外的费用。政府监管部门要加大力度跟踪调查减费政策的实施力度，保证该项政策实施到位，且单位不再征收收费清单以外的其他费用，一旦发现有乱收费现象，要按照相关法律法规严厉惩戒。二是研究并推出新的降费举措。对企业生产经营各项合同的印花税，可以由过去的合同双方缴纳改为单方缴纳。对在"营改增"中税负上升的建筑、物流、住宿餐饮等行业企业，扩大进项税抵扣范围，帮助其合法取得抵扣凭证，制定统一、明确、可持续的财政返还政策。三是加大税收优惠落实力度。严格落实企业所得税研发费用加计扣除、农产品初加工、小型微利企业等各项所得税优惠政策。加快出口退税进度，缓解出口企业资金压力。在新冠疫情常态化防控的情况下，专门针对中小微企业制定减税降费政策，解决中小微企业在发展进程中的资金问题。四是要进一步扩大政府性基金的免征范围。继续停征、降低和整合部分政府性基金及行政事业性收费，加强行政审批、中介服务等领域的收费检查，严打利用垄断地位乱收费等行为。

（四）规范中介行为

更好地发挥中介服务机构作用，既要对依托政府背景搞垄断的"红中介"和欺诈勒索的"黑中介"加大清理规范力度，也要对合法经营的"白中介"积极鼓励培育、严格引导规范，进一步增加供给、优化服务。一是加强中介的规范管理。中介服务机构要建立标准化服务体系，如制定完善的服务质量目标，规范化的服务方法和服务流程等，同时中介服务机构要向社会公众公开其服务收费标准以及收费依据，由社会公众对中介服务机构进行监督。在国家层面研究明确中介服务机构的主体地位和法律责任，加快制定中介机构依法自律、真实承诺、违规赔偿等制度规定，对违法失信的中介服务机构依法加强失信惩戒。二是促进中介良性竞争。打破各种评估事项中的中介垄断，至少要有三家同一经营类别的机构对企业进行环评、图审、能评等，如果无法达到数量要求，则应当由行业主管部门负责拆分现有的中介机构，或者直接由外部引入新的中介机构，确保数量能够达到三家及以上。建立网上中介平台等，给予企业自主选择权，推动中介机构间开展服务和价格的竞争，促进服务水平的提升。三是实行动态淘汰。企业和政府定期对中介机构服务进行评价，根据评价结果，按照末位淘汰原则，定期更新中介服务机构名单。

（五）便利退出机制

要从完善制度设计着手，大力精简优化流程，实行分类注销、精细管理，形成部门合力，让企业进退自如。一是精简企业注销的前置审批。科学调整注销登记的前置审批事项，对不涉及安全和相关方利益的审批事项酌情采取取消、备案、征求意见等方式。简化办理流程和要求，对股东失联或不配合等情况，允许以清算决议和清算报告、清算组负责人签署的形式代替。考虑到银行开户正在推动由核准改为备案，可探索取消银行销户核准。二是大力推行简易注销。在现行四类企业适用简易注销的基础上，扩大适用范围，把企业经营状态良好、纳税信用等级较高的企业，纳入简易注销范畴中。改变原先登报公告的方式，采用在公共网络平台发布公告的方式，有条件的地方可以采取由公司登记机关代为公告的方式，大幅压缩公告时间。三是推动实行"一网通办"。依托目前各地正在推行的企业登记全程电子化平台，开通网上注销服务功能，实现市场监督、税务、商务、人力资源和社会保障、海关、人民银行等部门共享企业信息、办理进度和结果。消除区域经办障碍，探索异地申请和办理。四是积极探索信用承诺。对已清算债权债务、清缴完税费，但材料等形式要件不齐的企业，可以允许作出信用承诺后注销企业、后补办材料。对信用等级较高的企业，在清算完债权债务仍涉及拖欠税费，但是在评估后发现该企业能够在限期内偿还欠款，则可以先行注销该企业。五是加快推行电子签名。对目前涉及的纸质签名要求，如股东、合伙人签署确认清算报告，法定代表人或清算组负责人签署注销文件等，有条件的可改为电子签名，并在完善企业登记电子化过程中逐步替代纸质签名。

二、公正监管促进公平竞争

习近平总书记指出，要切实转变政府职能，大幅度减少政府对资源的直接配置，强化事中事后监管，凡是市场能自主调节的就让市场来调节，凡是企业能干的就让企业干。① 营造公平公正的监管环境有利于更好地简政放权。"十四五"时期要依法严格监管，严厉打击违法违规和失信行为，把该管的管住，使市场在资源配置中发挥决定性作用，让企业在市场上公平竞争、充分竞争，推动经济社会高质量发展。

（一）完善"双随机、一公开"监管

"双随机、一公开"就是要政府在日常的监管工作中，有效加强事中监管和事后监管，尽可能避免出现徇私舞弊的情况，进而有效减轻企业负担。一是强化顶层设计，完善法律法规。建议加快出台"双随机、一公开"相关法律法规，制定统一的抽查标准，明确"双随机"抽查机制的实施标准以及流程，在实施过程中的适用范围和适用原则，并明确实施该项机制的问责机制，等等。二是优化监管平台功能，加强信息保障。建议收集整理双随机检查工作实践和基层意见建议，进一步完善优化"双随机、一公开"监管平台系统功能，提升与其他业务系统的关联性，实现数据共享。合理设置检查对象名录库的选取设置条件，分设专业执法人员库和普通执法人员库，以实现对特定行业、重点检查对象的抽查需要。实现社会组织等其他非企业的相关监管主体开立或注销结果第一时间自动推送至"双随机、一公开"监管平台系统，归集到相关部门单位名下，确保检查结果全面公开，实现监管的"公正性"。三是建立健全高效有序的工作机制。建立健全政府主导，主管部门牵头，其他职能部门协作的"双随机、一公开"跨部门监管联动机制，制定出台联抽联查操作规范，保障实施"双随机、一公开"监管的专项经费，加大对平台建设维护、部门检查、联合抽查的人力物力支持，确保"宽进"下的"严管"得到有效实现。四是充实执法力量。根据基层实

---

① 中央经济工作会议在北京举行 [N]. 人民日报, 2018 – 12 – 22 (1).

际工作量及时补充缺口人员，输入新鲜"血液"，提升基层工作活力。强化业务知识培训，进一步完善人才分类库，确保在"双随机"抽查过程中，能够直接在人才分类库中抽取到符合其抽查工作专业要求的人才，以切实提高抽查工作的质量和效率，达到理想的抽查效果。

（二）健全信用监管体系

建立贯穿于企业全生命周期的信用监管机制，有效衔接事前监管、事中监管和事后监管，有效提高监管部门的监管质量，依托于监管工作推动市场的规范化发展。一是实行差别化监管。不同企业的信用水平存在较大差距，因此要采取不同的监管措施。例如，面对信用水平较高的市场经营主体，可适当减少这部分企业的抽查频率，避免监管工作对这些企业的正常生产经营活动造成负面影响；面对信用水平一般的市场经营主体，则应当采取常规的抽查手段，保证抽查频率适中；面对信用水平较低的市场经营主体，可适当增加这部分企业的抽查频率。二是深入开展失信联合惩戒。加速建设全覆盖的失信联合惩戒机制，要尽可能解决反复失信的问题。面对影响恶劣的失信行为，要有机结合行政性惩戒、市场性惩戒、行业性惩戒等多种惩戒形式，提高惩戒力度。三是探索建立信用修复机制。完善信用修复的相关法律法规，对非主观故意的失信行为，且有强烈地纠正其失信行为意愿的失信主体，可以要求该失信主体接受专题培训或者参加公益慈善活动，达到修复失信主体信用的目的，随后再针对失信主体的信用进行复核，并且向社会公众公布复核意见。四是出台鼓励守信措施。要从多个角度出发制定完善的守信激励机制，为信用水平较高的市场经济主体，提供更加优质的公共服务、行政服务，降低这部分市场经济主体的交易成本。

（三）深入实施"互联网＋监管"

依托"互联网＋监管"系统，政府部门要依托于现代化信息技术开展监管工作，实现智能化监管和信息化监管，力求有效提高政府监管部门的监管效率和执行力。一是推动"互联网＋监管"系统建设。基于第三方应用程序，有机结合现场影像、电子证照，建设信息化监管体系，运用"互联网＋"思维进一步加强民生、安全、食品、教育、扶贫等领域监管力度。

二是扩大监管覆盖面。在"互联网＋监管"系统中逐步纳入信用监管、日常监管、重点监管等各方面的监管内容，实现监管全覆盖。"互联网＋监管"系统要有效对接政府门户网站、政务服务热线等，确保可以直接在信息系统上共享监管数据和监管资源。根据省级统筹原则，地方监管平台应尽可能将地方的监管数据汇入国家监管平台。要将群众监督的作用发挥出来，相关职能部门要随时发现自身系统中所存在的问题，并及时解决问题，以便于更好地为群众提供优质的政务服务，提高相关职能部门的市场监管水平。三是加强网络平台安全防护。各级各部门要依托于现代信息技术安全防护好互联网监管平台，要提高互联网监管平台的应急处理能力和信息容灾备份能力，尽可能避免在信息化监管过程中出现各类安全风险。

（四）创新、包容、审慎地进行监管

坚持合理合法、过罚相当、综合裁量、惩戒与教育相结合的原则，规范行政处罚自由裁量权，若市场主体首次出现轻微违法行为并能够及时纠正，则可以考虑免予行政处罚；而一般违法行为则可以给予轻微的行政处罚，包容审慎地对待新技术、新产业、新业态、新模式，通过批评教育、提醒告诫、约谈指导、责令改正、行政建议等柔性监管与服务措施，帮助市场主体纠错减负。一是编制清单。各行政执法部门结合实际，全面梳理、编制和公布本系统包容审慎监管清单。二是审慎执法。既要严格规范执法程序，坚守法治底线，也要坚持柔性执法，以教育指导为先，尽可能避免监管和惩治措施，对当事人造成无法挽回的损害，但同时又能达到其既定的惩治目的。三是健全制度。包括执法部门内部合法性和自由裁量适当性的审查机制、企业信用惩戒管理等配套制度。四是管控风险。包容审慎监管不能突破国防安全底线、生命安全底线和公共安全底线，应严格查处已经突破安全底线的违法违规行为。

三、高效服务营造便利环境

习近平总书记在重要会议中多次强调，要推进服务供给精细化，找准服务群众的切入点和着力点，对接群众需求实施服务供给侧改革，办好一件件

民生实事。①"十四五"时期要求我国各行政部门必须加强政务服务和互联网的深度融合发展，要求依托于现代信息技术推动我国政府的管理创新，实现智能化、高效化和便捷化的政务服务，尽可能让群众在同一个窗口内办好事，尽可能直接依托于互联网平台为群众办实事。

（一）推动政务服务数据整合共享

加速政务服务信息数据在更大范围内实现顺畅的共享。一是加速整合我国政府行政部门的内部数据。任何一个政府行政部门都没有公共数据的产权，这些数据应当由全体民众共享，要加大力度整合我国政府行政部门的内部数据，实现共享。避免群众在政府行政机关办事时需要重复提交材料的情况，减轻群众的办事压力。二是加强中央部门重要数据与各省份联通共享。共享的数据包括户籍、婚姻、教育、法人、交通、公共资源交易等领域。三是加强各省份之间信息数据的互联互认。建议国务院出台相关文件，健全数据采集和接口规范，尽快实行跨区域行政审批，加速各省份之间信息数据和政务服务信息的互联互认。四是要面向全社会共享数据资源。在确保安全的情况下加大信息数据开放力度，应尽可能向全社会共享政府的政务服务数据，鼓励社会组织开发和利用政务服务数据，创造更大的价值。

（二）提升线下"一站通办"便利度

一是完善功能设施优化服务场所。政务服务大厅应配备满足管理机构、窗口办公要求和服务对象需求的设施设备，有条件的地方，可配套建设读书吧、茶歇、母婴室、婴儿车、手机充电等便民设施，鼓励推行免费文印、免费邮寄服务，增强政务服务的功能性、安全性、舒适性。二是着力推进"一窗式"分类受理。设置"综合一窗式"受理窗口，将事项少、办件量少、审批服务工作周期性强的单位整合为综合窗口进驻，在综合窗口为群众提供一站式行政服务。设置"一窗式"受理窗口。聚焦群众办事中的"难点、痛点、堵点"问题，打造优质的政务服务环境，实现"一窗式"集成套餐服务。三是拓展自助服务。依托于现代化信息技术建设智能化和标准化

---

① 习近平在上海考察时强调深入学习贯彻党的十九届四中全会精神　提高社会主义现代化国际大都市治理能力和水平［N］. 人民日报，2019－11－04（1）.

的自助服务终端，24 小时不间断地为人民群众提供服务。推动税务、公安、社保、公积金、不动产登记等与群众生产生活密切相关的事项全流程自助办理，提升办理便捷度。四是切实提高乡村政务服务能力。要尽快建成标准化政务服务大厅，让政府的政务服务和公共服务能够覆盖我国乡镇，并由标准化政务大厅统一受理行政事项。五是设立"跨省通办"服务专窗（区）。直接在该专门窗口中为人民提供线下办事咨询、协调联系、材料代收、流转分发、证照代发等服务。对于以"异地代收代办"方式通办的事项，直接采用"收受分离"模式为群众提供便利服务，确保异地事项不再受属地限制，在专窗（区）实现"异地受理、无差别办理"；对于以"多地联办"方式通办的事项，明确通办事项在专窗（区）的办理流程和责任，不断优化服务。

（三）升级线上"一网通办"服务

"一网通办"推动了我国数字化政府和智能化政府的建设与发展，人民群众也对此服务给出了高度的认可和赞扬。一是建设统一的政务服务平台系统。尽快建立全国统一的政务服务平台，制定出台政务服务平台管理办法，统筹规划各级各部门信息化建设，真正构建起全国"政务服务一张网"，切实推动"一张网办成所有事"。二是加大力度建设标准化网上政务服务。按照统一的标准和流程来建立网上政务服务事项，包括办理时限、服务名称、办理流程和申办材料等等，并尽快制定和完善"互联网＋政务服务"技术标准体系。三是聚焦高频事项重点发力。"一网通办"应在互联网平台中为市民和企业提供高频事项的办理服务。例如，生育、退休、医疗、就业、教育、户籍、婚姻等，这些证明事项较多，且申办流程较为复杂，如果能够在互联网平台中重点发力，就能进一步提高政府的政务服务效率和服务水平。

（四）全面落实政务服务"好差评"制度

一是设置科学的政务服务评价标准。对国家行政机关的政务服务进行定期评价和科学评价，要建立完善的评价体系，有机结合整体评价和分级评价，从服务管理、服务质量、办事流程、整改效果、监督管理等多个层面出发开展评价工作，推动政务服务"好差评"制度的贯彻落实，提高其科学性和规范性。二是加强群众评价和企业评价。要直接将评价二维码或者评价器放置在政务服务机构的醒目位置，例如服务窗口旁，让群众和企业在办事以后，可以立即对政务服务机构的服务水平进行评价，做到现场服务"一次一评"。在网上办理服务时，可以直接在服务办理完结以后向群众和企业发放服务事项评价问询表，由办事企业和群众在办完事后自愿填写该评价表，做到网上服务"一事一评"。为社会组织或中介机构提供多元化的评价渠道。例如，电子邮箱、热线电话、意见箱等，社会组织和中介机构可以针对政府政务服务的现状以及存在的问题给出专业的看法或意见，做到结合社会各界"综合点评"。三是要综合性利用评价数据。依托于大数据技术，对海量的评价数据进行数据挖掘和统计分析，找到目前政务服务工作中存在的一系列难点问题，关注企业和群众的需求，有针对性地为企业和群众提供精细化和规范化的政务服务，并要求相关行政管理部门必须在限期内整改解决企业和群众提出的问题。

四、加快营商环境法治化建设

在中央全面依法治国委员会第二次会议上，习近平总书记指出，法治是最好的营商环境。[①] 健全的法律法规是推动经济健康发展的保障，只有打造良好的法治化营商环境，才能推进经济高质量发展。尤其是在我国"十四五"期间，要加速我国的法治化建设，有效协调法治建设和经济发展之间存在的内部矛盾，助推我国经济高质量发展。

（一）完善社会主义市场经济法律制度

建立完善的社会主义市场经济法律制度，是建立法治化营商环境的关键，确保在经济发展进程中，能够为市场经济主体创造良好的法律环境。一是要依托于《优化营商环境条例》，加速我国各地方政府和部门根据实际情况，完善与营商环境优化相关的法规政策文件，为优化营商环境提供良好的制度支撑。二是要针对营商环境建设过程中存在的重难点问题，从权益保

---

① 法治是最好的营商环境［N］. 人民日报，2019 – 05 – 05（1）.

护、要素支撑、城市服务和政务支持等方面加强立法，着力于建设法治化营商环境。三是要在习近平新时代中国特色社会主义思想的引导之下，根据我国市场经济的发展现状以及未来发展要求，加快对相关法律法规的"立改废释"，确保在社会经济发展进程中，拥有完善的经济法律法规来调节社会经济矛盾。四是基于新发展理念带动我国经济发展，将创新驱动发展的作用充分发挥出来，要尤其注重知识产权立法，为市场经济主体积极主动投入到创新创造活动中提供良好的法律环境，实现创新发展；要学习和贯彻习近平生态文明思想，建立保护环境资源的相关法律法规，实现绿色发展；要根据国际惯例和国际公约，加大力度完善商事海事相关的法律法规，并做到严格执法，实现开放发展；要进一步调整我国的司法组织架构，贯彻落实乡村振兴战略和东北振兴战略等，实现我国各区域以及城乡的协调发展。五是要根据新兴产业的发展需要，应对网约车、新能源汽车等领域的法律法规作出调整和优化，修订和废除不利于新动能发展的相关规定，尽快制定适合于新兴业态后续发展的快速响应机制。

（二）依法行政建设法治政府

法治政府的建设就是要做到依法行政和严格执法，最终才能建成法治化的营商环境。一是推动行政执法的规范化发展。继续完善相对集中行政处罚权制度，推广智能监管、部门联合监管和"双随机、一公开"抽查。全面落实权责清单管理，落实行政执法责任制，明确并公开执法职权、机构、责任等事项。完善行政执法案卷评查制度，充分利用信息化手段开展执法案卷评查、满意度测评等工作。二是畅通企业投诉和诉求反映渠道。完善12345等综合服务投诉渠道和各部门专门服务投诉渠道的受理和跟踪反馈工作机制，及时有效解决损害企业利益的问题。三是充分发挥商会协会作用，积极探索构建"商会调解＋仲裁""商会调解＋诉讼"的民商事纠纷解决机制。四是加大对民企法律风险防范服务，引导民企建立危机处理机制。严格界定消费侵权和知假买假行为，旗帜鲜明依法遏制恶意敲诈企业的行为。

（三）创造公平竞争的法治环境

市场经济得以健康发展的前提条件，就是市场能够实现公平的竞争，而要想真正实现市场的公平竞争，公平公正监管就显得尤为重要。一是要建立完善的公正监管制度。清除有碍于市场公平竞争的各种制度，通过完善和实施公正监管制度，切实提高我国监管效率。二是制定统一的监管规则。制定统一的监管规则或监管标准，避免在监管工作中出现违规监管的问题，地方政府要尤其重视公正监管。要加速推进"双随机、一公开"监管和"互联网＋监管"改革，要严厉打击市场中的违法违规行为，提高违法违规成本，实现公平公正竞争。三是要同等对待公有制经济和非公有制经济，给予市场主体同等的法律地位和诉讼地位，要保护市场中各种所有制经济的合法权益，相关立法部门和执法部门要做到公平对待不同的所有制经济主体。四是从我国社会经济发展现状出发建立完善的专利维权制度，尤其要建立涉外、涉法、涉诉案件的处理机制等，为我国市场经济主体积极主动投入到创新创业活动中，创建良好的法治环境。

（四）营造全民守法的法治氛围

努力营造全民守法的法治氛围，让所有企业都能够专心投入到创业创新活动中。一是政府要带头尊法、守法，加强"放管服"全面深化改革，平等对待国内的所有投资者、企业家等市场经济主体。二是要帮助市场投资者养成依法办事的良好习惯，要利用国家的法律法规来维护自身合法权益。三是形成良好的诚信环境。要由政府牵头建立完善的信用信息平台，加速收集各类信用信息，并通过这一平台，向全社会共享各类信用信息。引入第三方征信机构参与行业信用建设，鼓励信用保险公司、商业保理公司开展企业信用专业评价，开展电子商务信用评估与认证，帮助企业有效识别和防范信用交易风险。鼓励相关行业商会协会建立会员企业诚信档案和行业信用信息数据库，发布"红黑榜"，支持上下游关联的行业商会协会信用信息共享。加强守信激励和失信惩罚机制。建立各行业黑名单制度和市场退出机制，定期公布失信企业名单，让失信企业"一处违法，处处受限"。在试行成熟的基础上，加快守信联合激励、失信联合惩戒部门"立法"和综合立法，增强确定性、稳定性，提升执行合法性。

五、提升营商环境国际化水平

习近平总书记多次强调，要继续优化营商环境，做好招商、安商、稳商工作，增强外商长期投资经营的信心。[①] 持续提升营商环境国际化水平，有利于打造开放型的经济，为我国市场经济引入更多的优质外商资本，推动经济高质量发展。

（一）放宽外商投资市场准入

一是放宽外商投资领域。在农业领域，可适度扩大开放力度，在不破坏粮食安全底线的情况下，尽可能加强因资源禀赋导致供应不足的农产品的进口贸易的发展；在制造业领域，2010 ~ 2016 年我国利用外资的占比就在大幅下滑，从原本的 46.9% 下滑至 28.2%，应进一步放宽我国制造业的准入限制，为我国制造行业引入更多的国际优秀资本；在服务业领域，要进一步放宽在我国建立外资金融机构的限制与门槛，实现中国金融市场和外国金融市场之间的深度融合发展。二是拓展外商投资区域。相比于我国东部地区而言，我国中西部地区利用外资占比不高，且利用外资的效率也存在较大差距，不利于我国区域经济的协调发展。我国未来有必要根据中西部要素禀赋等特点，放宽外资准入政策，为我国中西部地区引入更多的外商直接投资。三是增强吸引外资竞争力。全面实施准入前国民待遇加负面清单管理制度，进一步降低外资的准入门槛、准入限制，为我国自由贸易区引入更多的外商资本，推动营商环境的国际化发展。

（二）扩大服务业对外开放

一是加速我国服务业供给侧结构性改革，切实提高我国服务业的供给质量和供给水平。目前，发达国家和跨国巨头掌握着高端服务业，只有加速调整我国服务业的供给结构，才能由产业链低端逐渐上升至高端。二是扩大开放医疗领域、文化领域、教育领域和研发领域。可以允许外商以独资的形式

---

① 习近平在统筹推进新冠肺炎疫情防控和经济社会发展工作部署会议上强调 毫不放松抓紧抓实抓细防疫工作 统筹做好经济社会发展各项工作［N］. 人民日报，2020 – 02 – 24（1）.

进入这些领域，开办服务机构。例如，建设电影院、学前教育或高等教育机构、影视动漫制作公司，等等。与发达国家和港澳台地区建立职业资格互认制度，确保高级人力资源能够在国内外进行自由的流动，进而解决我国服务业发展的人才短缺问题。建议在我国深圳、北京和上海等市的外资研发机构集聚区域，开放 Facebook 网站、国外数据库等，吸引更多的知名企业在中国建立研发中心。三是建立跨部门协调联动机制。实现各部门之间的通力配合，确保服务业在扩大开放过程中各项政策得以贯彻落实，尤其是要建立覆盖全产业链和全生命周期的、完善的监管体系以及法律法规。同时，要加强风险评估与服务业扩大开放路径的顶层设计。四是建立"走出去"协同联动机制。在共建"一带一路"过程中，充分利用我国制造业"走出去"的机遇，带动我国服务业的"走出去"。如通过设立境外产业园区等方式，推动我国市场营销、技术服务、金融和法律等服务机构的海外投资，扩大我国服务贸易出口。

（三）保护外商合法权益

一是给予外资企业公平的待遇。要给予外商投资企业公平参与市场竞争的机会，使企业能够平等地获取中国市场中的各类生产要素；要给予外商投资企业公平待遇，包括税收优惠政策、项目申报、土地供应、资金补贴以及政府采购等。二是全面落实《中华人民共和国外商投资法》。不得以任何形式侵犯外商投资企业的合法权益，或者要求外商投资企业履行额外的义务或责任，政府部门不得以任何理由对外商投资企业的经营活动造成过度干预，要为外国投资者提供平等的投资环境和经济环境，可以依法以人民币或外汇自由的汇入或汇出外国投资者的利润和资本收益等。三是加大力度保护知识产权。建立完善外国投资者知识产权保护体系，要打开知识产权维权通道，保障外国投资者合法权益。加强外国投资者和我国市场主体、科研机构以及各大高校之间的深度合作，本着平等自愿原则和商业规则，鼓励外国投资者共享技术。四是建立完善的外商投资企业投诉工作机制。不得以政府部门换届或者人员更迭为由，取消或终止与外国投资者签订的各类合同；对外商投资企业、外国投资者提出的投诉，要高度重视并及时解决，且不得对外商投资企业的依法注销、搬迁和经营行为横加干涉。

（四） 加快国内制度规则与国际接轨

在营商环境的国际化发展进程中，要加速国内外各项制度和规则的接轨，尽可能兼顾并遵循国际一般通行规则。一是以自贸区为抓手，对标WTO、FTA的国际营商环境标准，实施商事制度集成化改革，创新便利企业登记举措，改革投资审批流程，大幅压缩企业开办环节的时间，并逐步把在自贸区成功的试验移植、复制和推广到全国其他区域。二是营造高度开放的社会文化氛围。在公共安全、公共服务、文化氛围等方面形成与国际接轨的体制机制，吸引全球先进生产要素向区域集聚。打造稳定安全的公共环境，健全社会和谐的共治机制，完善均衡优质公共服务。加强国际社区建设，为国际人群提供良好的城市居住环境，形成多元包容的城市文化形态。三是积极参与全球经济治理。推进全球经济治理体系改革，支持联合国、二十国集团等发挥全球经济治理主要平台作用，推动金砖国家合作机制发挥作用，共同提高新兴市场和发展中国家在全球经济治理领域的发言权和代表性。全面参与国际经济体系变革和规则制定，在全球性议题上，主动提出新主张、新倡议和新行动方案，增强我国在国际经贸规则和标准制定中的话语权。

（五） 促进投资贸易自由化便利化

一是要争取和更多的经济体签订自由贸易协定，建立深度贸易合作关系，加快推广"经认证的经营者"国际互认合作。二是以金融市场双向开放为重点，有序推动不可兑换项目开放，适度增加外汇市场参与主体，丰富外汇交易品种，支持科创板建设发展，鼓励境外投资者参与科创板。三是建立高标准的投资贸易便利化、自由化的制度体系，保障外商投资的合法权益。内资、外资，大企业、中企业、小企业、微企业，形成各类市场主体一视同仁，公平竞争的经营环境。四是提升通关效率，加快建立国际贸易服务体系，对外贸易经营者备案、原产地证企业备案"两证合一"，出口信用保险服务等业务模式在全国复制推广。

六、实施差异化优化营商环境策略

如前所述，我国各个地区经济发展水平不同，营商环境也存在明显差异，优化营商环境的策略具有共性特征，也有个性因素。因此，在优化营商环境促进经济高质量发展的过程中，不能一味模仿发达国家或地区的成功经验，而应该结合我国国情，针对各地区不同的经济发展现状，实施差异化的优化营商环境策略，推动全国范围营商环境持续改善。

（一）东部地区开展营商环境创新试点

东部地区可以在有条件的省份开展营商环境创新试点工作，进一步瞄准最高标准、最高水平开展先行先试，加快构建与国际通行规则相衔接的营商环境制度体系，持续优化营商环境，为全国营商环境建设作出重要示范。

1. 进一步破除区域分割和地方保护等不合理限制

在不直接涉及公共安全和人民群众生命健康的领域，推进"一照多址""一证多址"等改革，便利企业扩大经营规模。清理对企业跨区域经营、迁移设置的不合理条件，全面取消没有法律法规依据的、要求企业在特定区域注册的规定。着力破除招投标、政府采购等领域对外地企业设置的隐性门槛和壁垒。探索企业生产经营高频办理的许可证件、资质资格等跨区域互认通用。

2. 持续提升投资和建设便利度

深化投资审批制度改革。推进社会投资项目"用地清单制"改革，在土地供应前开展相关评估工作和现状普查，形成评估结果和普查意见清单，在土地供应时一并交付用地单位。推进产业园区规划环评与项目环评联动，避免重复评价。在确保工程质量安全的前提下，持续推进工程建设项目审批制度改革，清理审批中存在的"体外循环""隐性审批"等行为。推动分阶段整合规划、土地、房产、交通、绿化、人防等测绘测量事项，优化联合验收实施方式。建立健全市政接入工程信息共享机制。探索在民用建筑工程领域推进和完善建筑师负责制。

3. 持续提升跨境贸易便利化水平

高标准建设国际贸易"单一窗口"，推进全流程作业无纸化。在确保数据安全的前提下，推动与东亚地区主要贸易伙伴口岸间相关单证联网核查。推进区域通关便利化协作，探索开展粤港澳大湾区"组合港""一港通"等改革。推进铁路、公路、水路、航空等运输环节信息对接共享，实现运力信息可查、货物全程实时追踪，提升多式联运便利化水平。探索开展科研设备、耗材跨境自由流动。

4. 依法保护各类市场主体产权和合法权益

畅通政府失信投诉举报渠道，健全治理"新官不理旧账"的长效机制。完善产权保护制度，强化知识产权保护，开展商标专利巡回评审和远程评审，完善对商标恶意注册和非正常专利申请的快速处置联动机制，加强海外知识产权维权协作。规范罚款行为，全面清理取消违反法定权限和程序设定的罚款事项，从源头上杜绝乱罚款现象。严格落实重大行政决策程序，增强公众参与实效。全面建立重大政策事前评估和事后评价制度，推进评估评价标准化、制度化、规范化。

（二）中西部地区着力营造有利于承接产业转移的营商环境

中西部地区承接东部沿海地区产业转移有天然优势，在市场潜力、产业配套、营商环境、物流速度、征地效率等方面远优于东南亚等地。中西部地区应加快营造有利于产业转移的环境。

1. 完善合作机制，支持飞地经济发展

在完善东部和中西部现有相关合作机制基础上，依托产业转移示范区，根据资源要素禀赋等条件，推动东部相关省份与中西部共建承接产业转移园区。进一步完善共建产业园区的利益共享机制，在建设用地、项目审批、投资融资、环境评价、统计考核、财税分享等方面开展更大力度的改革试点，充分调动各方积极性。

2. 加强要素保障，增强中西部地区承接产业转移能力

根据产业集聚和承接情况，加强省与省之间、市与市之间的高速公路、铁路等交通基础设施联通，支持具备条件的地区发展水运，打造便捷出海通道。推动各地加强重点园区建设，建造标准厂房，合理规划用电负荷，适度超前建设污染防治处理设施，完善住房、教育、商业配套等设施。推动地方加大对旧有园区土地清理力度，提升集约化用地水平，在严控建设用地总量情况下保障好用地需求。

3. 强化产业承接指引，促进中西部地区实现产业升级

指导地方进一步落实产业转移示范区总体方案，结合市、县资源要素禀赋、产业基础等条件，进一步明确各区域产业升级路径。发挥好规划的引领作用，推动相关市、县加强招商引资合作，有序承接产业转移。支持地方强化产业链招商，完善产业配套体系建设，增强产业配套能力。

4. 优化相关政策，营造中西部地区承接产业转移的良好环境

深化"放管服"改革，探索将重点产业园区纳入省市县（区）营商环境评价分析系统，为企业决策提供有效参考。推动地方科学制定承接产业转移评价考核办法，突出投入强度、节约用地、扩大就业、财政贡献、绿色环保等指标。支持重点产业园区做优做强，对承接产业转移成效显著的园区，在建设用地指标等方面适度倾斜，优先支持扩容提质。

（三）东北地区补齐营商环境短板

东北地区应对标国内先进地区深化改革，补齐营商环境短板，推动"十四五"时期东北振兴取得新突破。

1. 倡导契约精神，推进法治政府建设

完善制度保障，全面梳理与《优化营商环境条例》规定不一致的法律法规、制度规定等，以优质的制度供给和制度创新，增强发展环境的吸引力和竞争力。加强政务失信治理和执法活动监督，建立健全政务诚信配套监督机制，对"新官不理旧账"、缺乏契约精神等突出问题进行集中整治，重点解决行政机关侵害企业产权，不履行承诺和合同义务，损害企业特别是民营企业合法权益等突出问题。

2. 强化监督落实，打通政策落地"最后一公里"

以评促改、以评促优，通过开展中国营商环境评价，找准东北地区营商环境短板和不足，促进各级政府部门因地制宜、因城施策，精准制定改革措施。发挥示范引领作用，鼓励东北地区对标先进城市、对标最佳改革实践，学习借鉴、复制推广优化营商环境、推动政策落实方面的好经验、好做法。

3. 放宽市场准入，平等对待市场主体

全面落实市场准入负面清单制度，推进"全国一张清单"管理模式，

全面清理清单之外违规设置的显性或隐性门槛。规范行政许可，整治各类变相审批，特别是以备案、登记、注册、年检、认定等形式变相设定和实施行政许可的违法违规行为。破除制度障碍，加快解决企业开办经营和投资建设等重点领域的堵点问题。

4. 健全规则体系，推行公平公正监管

统一监管标准，制定统一规范的监管规则和标准。严格规范行政执法自由裁量权，推行跨部门联合检查和综合执法检查，消除随意执法、多头执法、频繁执法、"一刀切"执法等干扰企业正常生产经营的不规范执法行为。

5. 优化政务流程，提高政务服务效能

优化政务流程，加快"互联网＋政务服务"的推广和应用，推进线上线下融合办理，整合再造政务流程，减少环节手续，压缩办理时限。推进信息共享，加快推动跨部门、跨区域的政务信息联通共用、数据信息共享，建立各部门数据同步采集、业务同步办理、结果实时共享的办理流程。提高政务效能，深入推进公用事业领域涉企服务改革，鼓励搭建"一站式"企业服务平台，为市场主体提供专业化咨询、纾困服务。

七、建立优化营商环境的长效机制

习近平总书记强调，发展环境越是严峻复杂，越要坚定不移深化改革，健全各方面制度，完善治理体系，促进制度建设和治理效能更好转化融合，善于运用制度优势应对风险挑战和冲突。① "十四五"时期，只有加强营商环境制度建设，才能保护市场主体合法权益，增强市场主体长期投资经营的信心和决心。

（一）构建营商环境评价体系

完善以市场主体和社会公众满意度为导向的中国营商环境评价体系，建

---

① 习近平. 发展环境越是严峻复杂，越要坚定不移深化改革 ［EB/OL］. https：//baijiahao. baidu. com/s？id＝1665145340538969667&wfr＝spider&for＝pc，2020－04－28.

议引入一些第三方评价机构，与自下而上和自上而下的两种评价体系结合起来，积极探索建设全面客观的营商环境评价体系。一是构建自下而上的评价体系。自下而上的评价体系由当地的企业、消费者和其他居民来评价，他们在本地生活和工作，最有资格对地方政府的服务和廉政做出评价。这种方式把当地人作为评价主体具有信息对称的优势，但却存在激励扭曲问题。二是构建自上而下的评价体系。自上而下的评价体系由上级政府对下级政府进行考核和评价，信息不对称、不充分，会导致单纯的上级评价失真或者存在偏颇，甚至会引发下级政府的寻租或游说行为。三是构建第三方评价体系。国际上大多会引入第三方评价体系，对本国的营商环境进行有效的评估。目前，在营商环境评价领域有良好声誉和较大影响力的，包括经济学人集团、世界银行，等等。第三方评价体系能够有效避免前面两种体系的不足，逐步形成独立、公正和有竞争的评价格局。因此，我们要形成一种第三方评价的氛围，形成一种有序竞争的格局，最终由来自官方、民间和市场的共同力量一起推动中国营商环境的改善。

（二）建立健全评价机制

一是根据时代发展对中国营商环境评价指标体系中的内容进行调整、更新。要严格参照《优化营商环境条例》以及党中央和国务院关于优化营商环境所给出的各项重要政策制度文件，进一步完善和更新评价指标体系中的内容。二是要扩大评价的覆盖范围，确保其评价工作能够真实准确地表现出中国各省份的营商环境，各地方政府也应当积极参与到营商环境评价工作中，并根据其评价结果，调整原有的理念，积极探索原创性地优化营商环境相关措施。三是积极复制推广创新成果。推进营商环境相关领域改革试点，及时梳理总结和复制推广各地区、各部门在优化营商环境、推动政策落实方面的好经验、好做法。搭建更多经验交流平台，为解决优化营销环境中存在的各类机制性和体制性障碍，提出具有创新价值的措施，为全国层面改革积累经验。

（三）创新企业融资体制机制

一是创新担保方式。建议由财政安排专项资金，在各地市分别建立 1～2

家政府主导的民企政策性担保或再担保机构，鼓励银行对政策性担保机构担保的民企贷款提供优惠利率，加大对有市场、有订单的企业的信用担保。二是政府设立信贷风险补偿资金。对提供民企融资额达到一定规模的银行在 2.5% 以内的不良贷款损失由政府信贷风险补偿资金全额承担，从而推动银行降低放贷门槛。三是探索民企贷款保证保险服务创新。将高新技术企业贷款保证保险、科技型企业专利权抵押贷款保证保险等创新险种纳入小微企业贷款保证保险省级方案。四是支持开辟融资新渠道。支持民企通过主板、中小板、创业板、新三板、区域性股权交易市场等新渠道融资。鼓励科技股权众筹，对新注册的科技股权众筹平台以及科技创业项目通过科技股权众筹平台成功融资的，给予一定比例奖补。五是创新金融产品。推广"无间贷""连连贷"等无还本续贷产品，稳定经营面基本正常的民营小微企业的信贷资金供应。继续推出"税贷通""税易贷"等金融产品，对纳税信用记录良好的民营小微企业发放无抵押贷款。

（四）完善支持创新创业的体制机制

一是完善公共平台服务。打造一批软件园、电子信息园、创新科技园等特色科技产业园，积极引导高新技术产业向科技产业园集聚。建立政府支持的各类博士后工作站，有条件的地区要投资建立公共实验室、标准化中心和检验中心，为企业创新提供技术支撑平台。大力发展创业服务中心、生产力促进中心、信息服务中心等科技创新服务机构，发展与高新技术产业成果转换、产业化进程相配套的各种中介服务业。二是加强政策导向服务。完善风险投资机制，营造良好的创新融资环境。加大知识产权保护力度，防止劣币驱逐良币。推广兼顾价格、服务、信用、经验等因素的综合评标，改变片面追求低价的评标模式，营造有利于高品质竞争、有利于创新型企业成长的环境。三是建立完善小微企业培训服务机制。通过资金等方式支持小微企业员工培训和小微企业主培训，提高企业主创新创业能力和管理技能，提高员工创新能力和职业技能。支持技工院校与民企开展校企合作，建立实训基地，共建重点专业，实行技能人才定向培养、联合培养。

（五）深化人才发展体制机制改革

一是建设大数据平台推动实现就业精准服务，探索引入政府购买机制进行就业援助。如厦门建设"智慧就业"服务信息化平台，对就业进行精细化、规范化管理，平台与居民信息库、政策法规库、企业招聘信息库等信息平台相通，通过平台的资源对接实现精准匹配，从而对重点人群开展推送岗位上门的服务。二是建立企业白名单、建设多元平台、组建专业化团队，完善劳动纠纷解决机制。如苏州市设立"劳动关系和谐企业"名单，对进入名单企业提供一定程度上信用、监察、稽核等方面的政策减免，通过正向激励推动企业内部和谐劳动关系的建立。三是放宽落户门槛、简化落户手续，为外来人口提供均等化服务。如广州市进一步放宽落户渠道和年龄要求，吸引不同层次人才落户，同时取消农业、非农业户口的性质划分。四是创新职业技术人才培养模式并加强校企合作，培养知识型、复合型实用人才。如上海市启动"中等职业教育—应用型本科教育"贯通培养模式试点，探索学历教育与职业资格培训的衔接贯通，培养更加适应经济社会发展的知识型、复合型技术技能人才。五是积极援引社会各方资源投入高校创新创业人才的培养。如天津市引导各高校通过整合校内外资源，依托各级各类实验室、实验实践中心以及校内外产学研基地等，构建大学生创新创业实践训练平台。

第四节 本 章 小 结

优化营商环境推动经济高质量发展是一场系统的经济社会改革，需要多方合力共同努力。

第一，优化营商环境要坚持正确的方法论。坚持问题导向、目标导向和结果导向，优化营商环境产生于问题倒逼，聚焦于问题解决，在分析问题的过程中，以满足市场主体需求为目标导向，把营商环境的各项便民利企措施具体落实；坚持立足国情与对标国际相结合，优化营商环境不仅要立足于社会主义基本经济制度还要对标国际通行规则和一流水平；坚持基层探索与顶层设计的良性互动，既要做好顶层设计，又要鼓励各基层部门在优化营商环境方面大胆突破。

第二，优化营商环境要处理好政府和市场的关系，用法治来规范政府和市场的边界；有效协调扩大开放和全面深化改革之间的关系，在双循环中推动深层次改革开放；必须处理好区域协调发展关系，发挥自贸区先行先试的作用，把优化营商环境的创新成果推广到全国，促进区域协调发展。

第三，从实际操作层面看，可以通过放宽市场准入、优化审批流程、推动减税减负、规范中介行为和便利退出机制等方面简政放权，激发市场活力；通过完善"双随机、一公开"监管、健全信用监管体系、深入实施"互联网＋监管"和创新包容审慎监管等监管机制，打造一个公平公正的竞争环境；通过提升线下"一站通办"便利度、推动政务服务数据整合共享、升级线上"一网通办"服务和全面落实政务服务"好差评价"制度等方面提供高效服务，营造便利环境；通过打造法治政府、创造公平竞争的法治环境、完善社会主义市场经济法律制度和营造全民守法的法治氛围等方面加快营商环境法治化建设；通过扩大服务业对外开放、加快国内制度规则与国际接轨、有效保护外商投资者的合法权益、降低外商投资的准入门槛、促进投资贸易自由化便利化等方面提升营商环境国际化水平；通过建立完善的营商环境评价机制、创新创业机制等建立持续优化营商环境的长效机制。

第四，针对我国区域发展不平衡的特点，实施差异化的优化营商环境策略。东部地区应再接再厉，开展营商环境创新试点，形成一系列可复制、可推广的制度创新成果，为全国营商环境建设作出重要示范。中西部地区着力营造有利于承接产业转移的营商环境。东北地区补齐营商环境短板，为新一轮东北振兴营造良好的外部环境。

第十章

结论与展望

    本书主要研究了如何优化营商环境来匹配经济高质量发展。本书在综述国内外对营商环境相关问题研究的基础上，探寻营商环境研究的理论基础；在这些理论指引下，从定性角度分析营商环境内涵、营商环境与经济高质量发展的关系、我国营商环境现状及存在的问题；从定量的角度构建中国营商环境评价指标体系，依据该体系对目前营商环境作出客观评价，用实证方法进一步验证营商环境对经济高质量的重要影响；在定性和定量分析中国营商环境宏观情况的基础上，把视野拓展到国外，通过案例分析，总结国外优化营商环境好的做法及对我国的启示；最后根据前面的研究总结提炼出优化我国营商环境推动经济高质量发展的对策建议。

一、本书主要结论

    （1）营商环境包括会对企业生产经营活动产生影响的政务环境、市场环境、法治环境，等等。高效廉洁的政务环境、公平公正的市场环境、纪律严明的法治环境，是推动营商环境优质发展的基础、关键和保障。

    （2）经济高质量发展的基础就是优质的营商环境。营商环境对经济高质量发展的影响机理可以分为三个层面：从政务环境层面看，通过深化"放管服"改革，尽可能减少政府对于市场发展和资源配置的过度行政干预，将市场合理配置社会资源的决定性作用充分发挥出来，提高政府行政效率,激发市场主体活力,促进经济高质量发展;从市场环境层面看,通过建立完善且具备可操作性的竞争机制、供求机制和价格机制,改善制约民营经济发展的体制机制障碍,激发市场主体参与市场竞争,实现资源优化配置,完善现代市场体系,促进经济高质量发展;从法治环境层面看,建立全民知法懂法的法治氛围,执法机关严格执法,司法机关公正司法,规范各类市场主体行为,维护企业合法权益,保护知识产权,从而降低交易成本、鼓励企业创新发展,最终影响经济高质量发展。

(3)改革开放40多年的历程是我国现代市场体系建立的过程,同时也是营商环境逐渐优化的过程。中国在优化营商环境的过程中,逐渐实现了从单纯地为了吸引外资,到营造具有普遍适用性的公平、开放、透明的市场环境的转变;从注重交通、通信、市政设施等"硬环境"的建设,到注重推动监管创新、完善综合执法、提升政务服务水平等营商"软环境"的改善;从以过于灵活性和随意性的政策实施为主,到强调营商环境法治化,为市场主体提供稳定预期的转变;从国家出台优化营商环境相关政策但落实不够,到地方层面充分对接国家政策,狠抓政策落实,形成从中央到地方各级政府协力优化营商环境的转变。

(4)中国营商环境在取得很大进步的同时,仍存在营商环境评价体系有待健全、"放管服"改革有待深化、法治保障未能同步跟进、自贸区功能有待提升、企业融资问题改善不明显、地区差异有待缩小等问题。这些问题未能解决,势必会影响中国经济高质量发展。

(5)借鉴国内外营商环境评价相关研究,结合《优化营商环境条例》相关条款,从中国国情和国际经验出发建立了中国营商环境评价指标体系。该评价体系中,包括政务环境、市场环境和法制环境这三个一级指标,下设五个二级指标和十四个三级指标,对中国营商环境进行量化评估。在此基础上,测算出2008~2018年中国营商环境指数。从总体来看,中国营商环境不断优化,营商环境指数由2008年的5.45逐步提升到2018年的7.12。从分项指标看,中国政务环境优化不够明显,市场环境优化明显,法治环境优化成效显著。从区域角度看,中国营商环境有较大的地域差异:总体上东部地区的营商环境优秀,中部地区营商环境良好,东北地区营商环境有待进一步优化，西部地区的营商环境略差。从优化速度看，东部地区营商环境不仅总体情况较好，优化的速度也较快，还有很大的优化空间；西部的营商环境总体较低，但重庆、陕西等省份的营商环境优化速度较快，进步比较明显。

（6）采用全要素生产率作为衡量经济发展质量指标，运用动态面板数据模型，对营商环境和经济发展质量之间的相关性展开了实证分析。结果表明：地区营商环境确实对地区经济高质量发展有显著积极影响。营商环境构成中的政务环境、市场环境、法治环境等和经济高质量发展之间都有着显著的正相关关系。一方面，各类发展要素更愿意聚集到良好的营商环境之中，形成集聚效应，此时区域经济优势就能够逐渐转变为综合竞争优势，这无疑能够促进社会就业，增加地方财税收入，推动地方产业发展，从而提升经济发展质量。另一方面，良好的营商环境能够明晰政府和市场的边界，建立规范化的办事流程以及监管制度，能够尽可能减少制度性交易成本，方便市场经济主体开展高效的市场经济活动。因此，良好的营商环境往往能够留住和吸引更多优质的市场经济主体，且能激发其积极主动开展创新创业活动的热情。

（7）以英国、美国为代表的欧美发达国家拥有较为稳定且高质量的营商环境。欧美国家已进入后工业化发展时期，目前已经形成了一套完善的建设和优化营商环境的规则体系。以新加坡和韩国为代表的亚洲新兴发达经济体，建立的贸易制度以及金融体系也十分成熟完善，能够为企业发展创造良好的外部环境，同时可以有效保护本国的中小投资者的合法权益，因此，其营商环境质量较高。欧美发达国家优化营商环境的经验大多依赖于小政府、大市场的市场经济制度，注重政治的民主化和经济的自由化，尤其强调资本的自由流动、低关税和金融市场的开放。而新加坡、韩国等亚洲发展型国家大多是由政府主导推动经济快速发展，虽然之前曾出现过政府过度干预市场，导致营商环境不佳的情况，但这些国家注重优化注册登记流程、发挥中介组织作用、引入第三方监管、强化法治保障、发展电子政务、完善税收制度等措施改善了政务环境、市场环境和法治环境。相比于欧美发达国家，这些亚洲发展型国家的经验更值得中国借鉴。因此，我国可以重点参考新加坡、韩国等亚洲新兴发达经济体在建设营商环境中的做法与经验，实现中国营商环境全面优化。

（8）优化营商环境推动经济高质量发展是一场系统的经济社会改革，需要多方合力共同努力。首先，优化营商环境要坚持正确的方法论。坚持问题导向、目标导向和结果导向，优化营商环境产生于问题倒逼，聚焦于问题解决，在分析问题的过程中，以满足市场主体需求为目标导向，把营商环境的各项便民利企措施具体落实；坚持立足国情与对标国际相结合，优化营商环境不仅要立足于社会主义基本经济制度还要对标国际通行规则和一流水平；坚持基层探索与顶层设计的良性互动，既要做好顶层设计，又要鼓励各基层部门在优化营商环境方面大胆突破。其次，优化营商环境要处理好政府和市场的关系，用法治来规范政府和市场的边界；有效协调扩大开放和全面深化改革之间的关系，在双循环中推动深层次改革开放；必须处理好区域协调发展关系，发挥自贸区先行先试的作用，把优化营商环境的创新成果推广到全国，促进区域协调发展。最后，从实际操作层面看，可以通过放宽市场准入、优化审批流程、推动减税减负、规范中介行为和便利退出机制等方面简政放权激发市场活力；通过完善"双随机、一公开"监管、健全信用监管体系、深入实施"互联网＋监管"和创新包容审慎监管等监管机制，打造一个公平公正的竞争环境；通过提升线下"一站通办"便利度、推动政务服务数据整合共享、升级线上"一网通办"服务和全面落实政务服务"好差评"制度等方面高效服务营造便利环境；通过打造法治政府、创造公平竞争的法治环境、完善社会主义市场经济法律制度和营造全民守法的法治氛围等方面加快营商环境法治化建设；通过扩大服务业对外开放、加快国内制度规则与国际接轨、有效保护外商投资者的合法权益、降低外商投资的准入门槛、促进投资贸易自由化便利化等方面提升营商环境国际化水平；通过实施差异化的优化营商环境策略，支持东部地区开展营商环境创新试点，引导中西部地区营造有利于承接产业转移的营商环境，鼓励东北地区补齐营商环境短板；通过建立完善的营商环境评价机制、创新创业机制等建立持续优化营商环境的长效机制。

二、研究展望

1. 关注国有企业营商环境状况

在经济发展进程中，营商环境所发挥的作用不容置疑，良好的营商环境能够为市场经济主体开展创新创业活动奠定基础，实现企业的壮大与发展。当前的研究更多关注的是民营企业营商环境问题，对国有企业的关注较少，那么国有企业的营商环境当前是什么情况？国有企业对营商环境的诉求和民营企业的诉求有什么差异？优化营商环境的具体措施对国有企业和民营企业的效果是否一样？值得进一步研究。

2. 不断完善中国营商环境评价指标体系

营商环境日新月异，随着其内涵和外延的逐渐扩大，越来越多的相关指标可以纳入其中。可以不断完善营商环境评价指标体系，这样得出的结论将更科学，更符合实际，更有利于指导经济高质量发展的实践。

参 考 文 献

[1] 白景明，赵福昌，陈龙，等.民营经济营商环境发展报告——基于"降成本"调研 [J].财政科学，2019 (10)：38-55.

[2] 保罗·鲁曼.经济增长的起源 [M].北京：商务印书馆，1998.

[3] 薄文广，周燕愉，陆定坤.企业家才能、营商环境与企业全要素生产率——基于我国上市公司微观数据的分析 [J].商业经济与管理，2019 (8)：85-97.

[4] 陈策.基于组合赋权法的河北省营商环境评价研究 [D].保定：河北大学，2020.

[5] 陈光捷.上海市"证照分离"改革研究 [D].上海：中共上海市委党校，2020.

[6] 陈弘.从经典公有制到社会主义市场经济公有制——马克思主义所有制理论发展 [M].天津：南开大学出版社，2012.

[7] 陈华平，樊艳丽.协同治理视阈下的营商环境建设：内在治理逻辑及优化路径 [J].南宁师范大学学报（哲学社会科学版），2020，41 (2)：61-67.

[8] 陈梦甜.基于营造法治化营商环境的"法治体检"探究 [D].南昌：江西财经大学，2020.

[9] 陈琦.营商环境与全球价值链嵌入 [D].杭州：浙江工商大学，2019.

[10] 陈淑君.一带一路国家税务营商环境对我国对外直接投资影响的

实证研究［D］．长沙：湖南大学，2019．

［11］陈太义，王燕，赵晓松．营商环境、企业信心与企业高质量发展——来自2018年中国企业综合调查（CEGS）的经验证据［J］．宏观质量研究，2020，8（2）：110－128．

［12］陈希亮．当代中国经济问题战略思考［M］．北京：中国言实出版社，2014．

［13］陈轶群．辽宁省优化营商环境对策研究［D］．沈阳：沈阳师范大学，2020．

［14］陈颖，陈思宇，王临风．城市营商环境对企业创新影响研究［J］．科技管理研究，2019，39（12）：20－28．

［15］陈征，李建平，郭铁民．《资本论》在社会主义市场经济中的运用与发展［M］．福州：福建人民出版社，1998．

［16］陈征．《资本论》和中国特色社会主义经济研究［M］．太原：山西经济出版社，2005．

［17］陈征．《资本论》解说（第一卷）［M］．4版．福州：福建人民出版社，2017．

［18］陈征．《资本论》解说（第二卷）［M］．4版．福州：福建人民出版社，2017．

［19］陈征．《资本论》解说（第三卷）［M］．4版．福州：福建人民出版社，2017．

［20］谌宪伟．优化税收营商环境一本通［M］．北京：中国税务出版社，2020．

［21］程波辉．制度—能力：优化营商环境的治理框架及其检验［J］．行政论坛，2020，27（2）：106－111．

［22］崔淑芬．优化"税收营商环境"的政策效应研究［M］．北京：中国财政经济出版社，2019．

［23］崔鑫生．"一带一路"沿线国家营商环境对经济发展的影响——基于世界银行营商环境指标体系的分析［J］．北京工商大学学报（社会科学版），2020，35（3）：37－48．

[24] 戴翔. 营商环境优化能够提升全球价值链分工地位吗 [J]. 经济理论与经济管理, 2020 (5): 48－61.

[25] 党的十九届五中全会《建议》学习辅导百问 [M]. 北京: 党建读物出版社, 2020.

[26] 邓力平, 邓望远, 王智烜. "一带一路" 国家税收营商环境对中国对外投资的影响研究 [J]. 税收经济研究, 2019, 24 (3): 1－12.

[27] 邓小平. 邓小平文选 (第一卷) [M]. 北京: 人民出版社, 2001.

[28] 邓小平. 邓小平文选 (第二卷) [M]. 北京: 人民出版社, 2001.

[29] 邓小平. 邓小平文选 (第三卷) [M]. 北京: 人民出版社, 2001.

[30] 丁鼎, 高强, 李宪翔. 我国城市营商环境建设历程及评价——以36个省会城市、直辖市及计划单列市为例 [J]. 宏观经济管理, 2020 (1): 55－66.

[31] 董文博. 黑龙江省营商政务环境评价研究 [D]. 哈尔滨: 哈尔滨商业大学, 2020.

[32] 董志强, 魏下海, 汤灿晴. 制度软环境与经济发展——基于30个大城市营商环境的经验研究 [J]. 管理世界, 2012 (4): 9－20.

[33] 凡帅帅. 全球治理公共产品与中国经验 [D]. 北京: 中国社会科学院研究生院, 2017.

[34] 冯涛, 张美莎. 营商环境、金融发展与企业技术创新 [J]. 科技进步与对策, 2020, 37 (6): 147－153.

[35] 付先凤, 平文艺. 四川省可持续营商环境研究报告 (2018－2019) [M]. 北京: 经济管理出版社, 2020.

[36] 龚兴军. 我国营商环境对企业创新的影响研究 [J]. 价格理论与实践, 2019 (2): 125－128.

[37] 顾丽华, 林发勤, 王智新. 口岸营商环境对制造业企业出口的影响——来自全球84个国家企业调查数据的经验分析 [J]. 新疆大学学报 (哲学·人文社会科学版), 2020, 48 (3): 1－12.

[38] 顾钰民. 马克思主义制度经济学: 理论体系·比较研究·应用分析 [M]. 上海: 复旦大学出版社, 2005.

［39］广州营商环境报告编委会．广州营商环境报告（2019）［M］．北京：中国社会科学出版社，2020.

［40］贵州省政协社会与法制委员会．贵州营商环境百企调查（2019）［M］．北京：社会科学文献出版社，2020.

［41］国家发展和改革委员会．中国营商环境报告2020［M］．北京：中国地图出版社，2020.

［42］韩云凤．营商环境、寻租与企业创新［D］．厦门：厦门大学，2017.

［43］何冰，刘钧霆．非正规部门的竞争、营商环境与企业融资约束——基于世界银行中国企业调查数据的经验研究［J］．经济科学，2018（2）：115 – 128.

［44］何凌云，陶东杰．营商环境会影响企业研发投入吗？——基于世界银行调查数据的实证分析［J］．江西财经大学学报，2018（3）：50 – 57.

［45］何婉钰．"一带一路"北线国家营商环境风险及应对策略研究［D］．大连：东北财经大学，2017.

［46］胡锦涛．胡锦涛文选（第一卷）［M］．北京：人民出版社，2016.

［47］胡锦涛．胡锦涛文选（第二卷）［M］．北京：人民出版社，2016.

［48］胡锦涛．胡锦涛文选（第三卷）［M］．北京：人民出版社，2016.

［49］胡丽华．论营商环境建设对政府长期财政收益的影响［J］．辽宁省社会主义学院学报，2018（2）：72 – 77.

［50］黄方正，唐坚．市场经济理论比较研究［M］．成都：四川大学出版社，1996.

［51］黄靓．基于城市营商环境的FDI区位分布研究［D］．杭州：浙江工商大学，2019.

［52］黄茂兴．供给侧结构性改革与中国自贸试验区制度创新［M］．北京：经济科学出版社，2017.

［53］黄茂兴．竞争力理论的百年流变及其在当代的拓展研究［M］．北京：中国社会科学出版社，2017.

［54］黄茂兴．论技术选择与经济增长［M］．北京：社会科学文献出版

社，2010.

[55] 黄茂兴.《资本论》的当代价值与中国特色社会主义政治经济学的构建 [J]. 经济学动态，2018（1）：159-160.

[56] 黄荣斌，钟锋，林树哲. 营商环境改善能够吸引中国 OFDI 吗？——"一带一路"国家宏观制度异质性的视角 [J]. 广东农工商职业技术学院学报，2020，36（1）：55-60，69.

[57] 黄守宏. 2019 中国经济社会发展形势与对策：激发市场主体活力着力优化营商环境 [M]. 北京：中国言实出版社，2020.

[58] 黄怡胜. 营商环境与经济绩效 [D]. 广州：中山大学，2006.

[59] 籍瑞兵. 新公共服务理论视角下中小企业营商环境分析 [D]. 南昌：江西师范大学，2020.

[60] 纪泽东. 宁夏民营企业营商法治环境实证研究 [D]. 银川：北方民族大学，2020.

[61] 季善菲. 优化税收营商环境的空间溢出效应及影响因素研究 [D]. 济南：山东大学，2020.

[62] 贾庆庆. 营商环境对外商直接投资的影响研究 [D]. 郑州：河南大学，2019.

[63] 贾铁丰. 我国税收营商环境指标体系构建研究 [D]. 上海：上海海关学院，2020.

[64] 江静. 制度、营商环境与服务业发展——来自世界银行《全球营商环境报告》的证据 [J]. 学海，2017（1）：176-183.

[65] 江泽民. 江泽民文选（第一卷）[M]. 北京：人民出版社，2006.

[66] 江泽民. 江泽民文选（第二卷）[M]. 北京：人民出版社，2006.

[67] 江泽民. 江泽民文选（第三卷）[M]. 北京：人民出版社，2006.

[68] 井潇. 开放条件下我国营商环境评价指标体系研究 [D]. 北京：首都经济贸易大学，2019.

[69] 景霖霖. 营商环境综合评价及实证研究 [D]. 济南：山东师范大学，2020.

[70] 赖先进. 哪些优化营商环境政策对经济增长影响更有效？——基

于全球 162 个经济体的证据 [J]. 中国行政管理，2020 (4)：145 - 152.

[71] 李佛关. 营商环境对中国品牌经济发展影响的区域差异 [J]. 企业经济，2019，38 (11)：100 - 105.

[72] 李佳桥. 地方治理视角下营商环境满意度实证研究 [D]. 南昌：江西师范大学，2020.

[73] 李建平，黄茂兴，黄瑾. 对《资本论》若干理论问题争论的看法 [M]. 福州：福建人民出版社，2017.

[74] 李建平，黄茂兴，黄瑾.《资本论》与中国特色社会主义政治经济学 [M]. 福州：福建人民出版社，2017.

[75] 李建平，李建建，黄茂兴. 马克思主义经济学的创新与发展 [M]. 北京：社会科学文献出版社，2008.

[76] 李建平，李建建，金兆怀. 政治经济学 [M].5 版. 北京：高等教育出版社，2014.

[77] 李建平，李闽榕，李建建，等. 中国省域竞争力蓝皮书：中国省域经济综合竞争力发展报告 (2018~2019) [M]. 北京：社会科学文献出版社，2020.

[78] 李建平. 论《资本论》的三大理论贡献及其当代启示 [J]. 政治经济学评论，2021 (1)：18 - 32.

[79] 李建平.《资本论》第一卷辩证法探索 [M].3 版. 福州：福建人民出版社，2017.

[80] 李杰，李虹. 营商环境对民营企业发展的作用机理及政策优化研究 [J]. 商业经济，2020 (4)：115 - 117.

[81] 李娟，马丽莎. 营商环境对企业家精神的影响研究 [J]. 商业经济，2020 (2)：105 - 107.

[82] 李兰. 东道国营商环境对我国 OFDI 影响研究 [D]. 湘潭：湖南科技大学，2019.

[83] 李若曦，刘钧霆. 营商环境对粤港澳大湾区利用外资的影响 [J]. 企业经济，2019，38 (12)：154 - 160.

[84] 李思潼. 粤港澳大湾区背景下珠三角营商环境分析 [D]. 广州：

广东外语外贸大学, 2019.

[85] 李腾腾. 东道国营商环境与 OFDI 企业选址 [D]. 广州：暨南大学, 2018.

[86] 李志军. 中国城市营商环境评价 [M]. 北京：中国发展出版社, 2019.

[87] 李志鹏. 吉林省营商环境建设问题及对策研究 [D]. 长春：中共吉林省委党校（吉林省行政学院）, 2020.

[88] 连俊华, 于炳刚. 企业营商环境对融资约束的影响研究 [J]. 价格理论与实践, 2019 (8)：88-91.

[89] 廖福崇. "放管服" 改革、行政审批与营商环境——来自企业调查的经验证据 [J]. 公共管理与政策评论, 2019, 8 (6)：80-96.

[90] 廖萌, 黄茂兴. 打造适应高质量发展的营商环境 [J]. 开放导报, 2019 (6)：31-35.

[91] 林涛, 魏下海. 营商环境与外来移民的企业家精神 [J]. 宏观质量研究, 2020, 8 (1)：57-68.

[92] 刘飞. 辽宁省营商环境建设的问题与对策研究 [D]. 大连：辽宁师范大学, 2018.

[93] 刘刚. 上海自贸试验区营商环境优化研究 [D]. 上海：中共上海市委党校, 2018.

[94] 刘厚金. 优化营商环境的基本内涵与路径选择 [J]. 党政论坛, 2020 (2)：41-44.

[95] 刘军, 付建栋. 营商环境优化、双重关系与企业产能利用率 [J]. 上海财经大学学报, 2019, 21 (4)：70-89.

[96] 刘军, 关琳琳. 营商环境优化、政府职能与企业 TFP 增长新动力——"窗口亮化" 抑或 "亲上加清" [J]. 软科学, 2020, 34 (4)：51-57.

[97] 刘军, 王长春. 优化营商环境与外资企业 FDI 动机——市场寻求抑或效率寻求 [J]. 财贸经济, 2020, 41 (1)：65-79.

[98] 刘朋. 山东省税收营商环境优化研究 [D]. 泰安：山东农业大学, 2020.

[99] 刘心洁. 营商环境与企业经营绩效的关系研究 [D]. 济南: 山东大学, 2020.

[100] 刘邢宇. 东道国营商环境对我国 OFDI 的影响研究 [D]. 杭州: 浙江工商大学, 2017.

[101] 刘钊, 孟繁元, 满小欧. 营商环境评估: 理论与实践 [M]. 北京: 经济管理出版社, 2020.

[102] 卢万青, 陈万灵. 营商环境、技术创新与比较优势的动态变化 [J]. 国际经贸探索, 2018, 34 (11): 61 – 77.

[103] 路晓霞. 法治化营商环境建设研究: 以华侨试验区为样本 [M]. 上海: 上海人民出版社, 2018.

[104] 罗培新. 世界银行营商环境评估: 方法・规则・案例 [M]. 南京: 译林出版社, 2020.

[105] 马克思恩格斯选集 (第一卷) [M]. 北京: 人民出版社, 2012.

[106] 马克思恩格斯选集 (第二卷) [M]. 北京: 人民出版社, 2012.

[107] 马克思恩格斯选集 (第三卷) [M]. 北京: 人民出版社, 2012.

[108] 马克思恩格斯选集 (第四卷) [M]. 北京: 人民出版社, 2012.

[109] 马克思恩格斯全集 (第三卷) [M]. 北京: 人民出版社, 1995.

[110] 马克思. 1844 年经济学哲学手稿 [M]. 北京: 人民出版社, 2014.

[111] 马克思. 资本论 (第一卷) [M]. 北京: 人民出版社, 2004.

[112] 马克思. 资本论 (第二卷) [M]. 北京: 人民出版社, 2004.

[113] 马克思. 资本论 (第三卷) [M]. 北京: 人民出版社, 2004.

[114] 马丽莎. 我国营商环境对外商直接投资的影响研究 [D]. 哈尔滨: 哈尔滨商业大学, 2020.

[115] 马骆茹, 朱博恩. 需求波动、营商环境与企业的研发行为——以长三角和珠三角为例 [J]. 北京工业大学学报 (社会科学版), 2017, 17 (2): 47 – 57.

[116] 马冉. 政务营商环境研究 [D]. 北京: 对外经济贸易大学, 2019.

[117] 马相东, 王跃生. 新时代吸引外资新方略: 从招商政策优惠到

营商环境优化 [J]. 中共中央党校学报, 2018, 22 (4): 112 – 121.

[118] 毛泽东. 毛泽东选集（第一卷）[M]. 北京: 人民出版社, 1991.

[119] 毛泽东. 毛泽东选集（第二卷）[M]. 北京: 人民出版社, 1991.

[120] 毛泽东. 毛泽东选集（第三卷）[M]. 北京: 人民出版社, 1991.

[121] 毛泽东. 毛泽东选集（第四卷）[M]. 北京: 人民出版社, 1991.

[122] 倪志良, 郭俊汝. "一带一路"、税收营商环境与中国 OFDI [J]. 工业技术经济, 2020, 39 (2): 55 – 62.

[123] 聂娜. 营商环境、经济发展与品牌价值培育——基于门槛效应分析的视角 [J]. 安徽行政学院学报, 2019 (6): 55 – 62.

[124] 潘虹. 营商环境视野下我国商事主体登记制度研究 [D]. 银川: 宁夏大学, 2016.

[125] 乔尚奎. 大力优化营商环境 [M]. 北京: 中国言实出版社, 2019.

[126] 秦冲. 广东省营商环境评价研究 [D]. 广州: 华南理工大学, 2018.

[127] 上海财经大学自由贸易区研究院. 赢在自贸区 2: 经济新常态下的营商环境和产业机遇 [M]. 北京: 北京大学出版社, 2015.

[128] 上海市人民政府发展研究中心. 全球城市营商环境评估研究 [M]. 上海: 上海人民出版社, 2019.

[129] 上海市人民政府发展研究中心. 优化上海营商环境的思考与探索 [M]. 上海: 上海人民出版社, 2019.

[130] 邵雅利. 福建营商环境评估与优化研究 [M]. 长春: 吉林大学出版社, 2020.

[131] 沈昊驹. 马克思主义经济发展理论研究——基于经济发展伦理的视角 [M]. 武汉: 湖北人民出版社, 2012.

[132] 沈开艳. 上海经济发展报告（2020）：全面优化营商环境 [M].
北京：社会科学文献出版社，2020.

[133] 史长宽，梁会君. 营商环境省际差异与扩大进口——基于 30 个
省级横截面数据的经验研究 [J]. 山西财经大学学报，2013，35（5）：12 -
23.

[134] 史亚洲. 民营经济高质量发展的营商环境问题研究 [J]. 人文杂
志，2019（9）：121 - 128.

[135] 世界银行. 2018 年营商环境报告：改革以创造就业 [M]. 北京：
中国财政经济出版社，2018.

[136] 世界银行. 2019 年营商环境报告：强化培训促进改革 [M]. 天
津：天津人民出版社，2019.

[137] 世界银行. 2008 中国营商环境报告 [M]. 北京：社会科学文献
出版社，2008.

[138] 宋林霖. 世界银行营商环境评价指标体系详析 [M]. 天津：天
津人民出版社，2018.

[139] 宋林霖，张培敏. 以放管服改革推进营商环境优化的路径选
择——印度的经验、教训与启示 [J]. 学术界，2020（5）：32 - 42.

[140] 苏甜. 营商环境与制造业企业研发投资 [D]. 南京：中共江苏
省委党校，2020.

[141] 孙琛. 营商环境对企业创新影响的研究 [D]. 济南：山东大学，
2020.

[142] 孙丽燕. 外贸中小企业面临的国内营商环境研究 [M]. 北京：
中国商务出版社，2016.

[143] 孙群力，陈海林. 我国地区营商环境的决定因素、影响效应和评
价指数——基于 MIMIC 模型的研究 [J]. 财政研究，2020（6）：105 - 120.

[144] 孙蓉. 营商环境促进区域经济增长的机制研究 [D]. 上海：华
东师范大学，2020.

[145] 孙玉玲. 金砖国家营商环境对外商直接投资的影响研究 [D].
广州：广东工业大学，2016.

［146］谭素仪，苏云飞，王娟．营商环境与城市技术创新产出能力——基于国内 32 个大城市的实证检验［J］．资源与产业，2020，（1）：70－82.

［147］谭溪．营商环境与金融活动的关系研究［J］．征信，2018，36（8）：89－92.

［148］唐磊磊．大连市中小企业营商环境分析［D］．大连：东北财经大学，2012.

［149］滕霓裳．营商环境对科技型初创企业创业活跃度的影响研究［D］．武汉：华中科技大学，2019.

［150］汪宗田．马克思主义制度经济理论研究［M］．北京：人民出版社，2014.

［151］王昌林，赵栩．加快营造国际一流的营商环境——关于当前深化"放管服"改革、优化营商环境的一些思考［J］．中国行政管理，2019（7）：19－20.

［152］王刘平．基于城市视角的营商环境对经济发展的影响研究［D］．哈尔滨：哈尔滨工业大学，2019.

［153］王鹏．营商环境评价体系的反不正当竞争指标完善研究［D］．北京：中国社会科学院研究生院，2020.

［154］王平．环境与制度：营商环境促进民营企业发展研究［J］．怀化学院学报，2019，38（8）：25－28.

［155］王绍乐．税务营商环境问题研究［M］．北京：中国税务出版社，2015.

［156］王夏虹．营商环境优化进程中我国地方政府行为研究［D］．昆明：云南大学，2019.

［157］王小鲁，樊纲，余静文．中国分省份市场化指数报告（2018）［M］．北京：社会科学文献出版社，2018.

［158］王正新，周乾．营商环境如何影响中国企业对"一带一路"沿线国家直接投资［J］．财经论丛，2019（9）：42－52.

［159］魏泊宁．口岸营商环境对我国产品出口的影响——基于"一带一路"沿线国家的实证研究［J］．经济经纬，2020，37（2）：77－85.

[160] 魏红征. 法治化营商环境评价指标体系研究 [D]. 广州: 华南理工大学, 2019.

[161] 魏向前. 营商环境建设: 理论检视、现实困境及路径优化——基于 N 省 Y 市的个案分析 [J]. 哈尔滨市委党校学报, 2019 (4): 45-49.

[162] 吴伟民. 优化营商环境的税收政策研究 [M]. 北京: 中国税务出版社, 2018.

[163] 吴晓敏. 从营商环境的视角分析对日直接投资的特征与问题 [D]. 北京: 北京外国语大学, 2017.

[164] 吴永久. 黑龙江省民营经济营商环境比较优势及影响因素分析 [D]. 哈尔滨: 哈尔滨工业大学, 2018.

[165] 吴志侠. 优化营商环境视域下政务服务满意度的影响因素研究 [D]. 杭州: 浙江大学, 2020.

[166] 习近平. 习近平谈治国理政 [M]. 北京: 外文出版社, 2014.

[167] 习近平. 习近平谈治国理政 (第二卷) [M]. 北京: 外文出版社, 2017.

[168] 习近平. 习近平谈治国理政 (第三卷) [M]. 北京: 外文出版社, 2020.

[169] 习近平. 在庆祝中国共产党成立95周年大会上的讲话 [M]. 北京: 人民出版社, 2016.

[170] 习近平. 在哲学社会科学工作座谈会上的讲话 [M]. 北京: 人民出版社, 2016.

[171] 夏后学, 谭清美, 白俊红. 营商环境、企业寻租与市场创新——来自中国企业营商环境调查的经验证据 [J]. 经济研究, 2019, 54 (4): 84-98.

[172] 夏青. 营商环境与机会型创业 [D]. 武汉: 武汉大学, 2019.

[173] 解维敏. 企业营商环境对资本配置效率影响研究 [J]. 价格理论与实践, 2019 (5): 22-25.

[174] 谢众, 张杰. 营商环境、企业家精神与实体企业绩效——基于上市公司数据的经验证据 [J]. 工业技术经济, 2019, 38 (5): 89-96.

[175] 邢晓晗. 营商环境对中国服务出口的影响研究 [D]. 沈阳：辽宁大学，2019.

[176] 徐浩，张美莎. 营商环境、关系型融资与技术创新 [J]. 当代财经，2019 (12)：73-83.

[177] 徐浩，祝志勇，李珂. 营商环境优化、同群偏向性与技术创新 [J]. 经济评论，2019 (6)：17-30.

[178] 徐建斌，朱芸. 税收营商环境对企业技术创新的影响 [J]. 税务研究，2020 (2)：99-105.

[179] 徐现祥，毕青苗，马晶. 中国营商环境报告（2020）[M]. 北京：社会科学文献出版社，2020.

[180] 徐现祥，林建浩，李小瑛. 中国营商环境报告（2019）[M]. 北京：社会科学文献出版社，2019.

[181] 徐宇翔. 长江经济带地区营商环境对产业转移的影响研究 [D]. 昆明：云南财经大学，2020.

[182] 徐昱东，崔日明，包艳. 俄罗斯地区营商环境的哪些因素提升了 FDI 流入水平——基于系统 GMM 估计的动态面板分析 [J]. 国际商务（对外经济贸易大学学报），2015 (6)：57-66, 113.

[183] 徐昱东，崔日明. 山东中小企业数量型发展影响因素与营商环境建设——基于山东 17 地市 2006-2013 年的面板数据 [J]. 华东经济管理，2015, 29 (4)：34-39.

[184] 徐振楠. 优化我国税务营商环境研究 [D]. 武汉：中南财经政法大学，2019.

[185] 许可，王瑛. 后危机时代对中国营商环境的再认识——基于世界银行对中国 2700 家私营企业调研数据的实证分析 [J]. 改革与战略，2014, 30 (7)：118-124.

[186] 许志端，阮舟一龙. 营商环境、技术创新和企业绩效——基于我国省级层面的经验证据 [J]. 厦门大学学报（哲学社会科学版），2019 (5)：123-134.

[187] 学习贯彻习近平新时代中国特色社会主义经济思想 做好"十四

五"规划编制和发展改革工作系列丛书．打造国际一流营商环境［M］．北京：中国计划出版社，2020．

［188］杨继瑞，周莉．优化营商环境：国际经验借鉴与中国路径抉择［J］．新视野，2019（1）：40－47．

［189］杨进，张攀．地区法治环境与企业绩效——基于中国营商环境调查数据的实证研究［J］．山西财经大学学报，2018，40（9）：1－17．

［190］杨娟．基于市场主体导向的民营企业营商环境评价研究［D］．南昌：江西师范大学，2020．

［191］杨克兢．经济发展理论应用尝试［M］．石家庄：河北科学技术出版社，2008．

［192］杨丽花，董志勇．市场化法治化便利化视野下的营商环境建设［J］．中国特色社会主义研究，2019（5）：18－24．

［193］杨青瑜．优化我国税收营商环境的研究［D］．南昌：江西财经大学，2020．

［194］杨雪．黑龙江省营商环境政策研究［D］．哈尔滨：哈尔滨商业大学，2020．

［195］杨亚平，李腾腾．东道国营商环境如何影响中国企业对外直接投资选址［J］．产经评论，2018，9（3）：129－147．

［196］杨玉生．马克思主义经济学与经济制度——兼及西方马克思主义经济学研究［M］．北京：经济科学出版社，2013．

［197］杨月颖．东道国营商环境对我国 OFDI 区位选择的影响研究［D］．济南：山东师范大学，2020．

［198］叶宁华，张伯伟．政府补贴和企业出口动态：营商环境的重要性［J］．南开学报（哲学社会科学版），2018（3）：57－67．

［199］营商环境国别研究、比较和借鉴［M］．北京：中国税务出版社，2020．

［200］优化营商环境条例［M］．北京：中国法制出版社，2019．

［201］于娇，逯宇铎．基业长青与营商环境优化：集群创新驱动的视角［M］．北京：中国社会科学出版社，2020．

［202］于文超，梁平汉．不确定性、营商环境与民营企业经营活力［J］．中国工业经济，2019（11）：136-154.

［203］袁奥博，郝照辉，罗子嫄．东道国营商环境对中国对外直接投资的影响［J］．商学研究，2019，26（3）：25-35.

［204］曾慧，赖挺挺．"一带一路"沿线国家营商环境的比较与启示——基于《2020年营商环境报告》［J］．统计学报，2020，1（1）：55-62.

［205］张会清．地区营商环境对企业出口贸易的影响［J］．南方经济，2017（10）：75-89.

［206］张佳琳．营商环境对服务业FDI影响的研究［D］．天津：天津财经大学，2019.

［207］张杰．营商环境、企业家精神对中国实体经济发展的影响研究［D］．合肥：合肥工业大学，2019.

［208］张蕾．地方政府行为对营商环境的影响［D］．保定：河北大学，2020.

［209］张莲．东道国营商环境对外商直接投资的影响研究［D］．沈阳：吉林大学，2020.

［210］张露．基于"放管服"改革的营商环境优化研究［D］．兰州：西北师范大学，2020.

［211］张三保，曹锐．中国城市营商环境的动态演进、空间差异与优化策略［J］．经济学家，2019（12）：78-88.

［212］张美莎，徐浩，冯涛．营商环境、关系型借贷与中小企业技术创新［J］．山西财经大学学报，2019，41（2）：35-49.

［213］张同．中国营商环境水平与FDI流入量分析［D］．天津：天津财经大学，2015.

［214］张曦文．完善与优化营商环境政府责任研究［D］．大连：东北财经大学，2019.

［215］张龑，孙浦阳．双边营商环境、契约依赖和贸易持续期——基于中国企业微观数据的实证研究［J］．财经研究，2016，42（4）：49-60.

［216］张应武，刘凌博．营商环境改善能否促进外商直接投资［J］．国

际商务（对外经济贸易大学学报），2020（1）：59－70.

[217] 张照媛. 我国税收营商环境的优化研究 [D]. 北京：首都经济贸易大学，2019.

[218] 赵丹. 中国营商环境对引进外商直接投资的影响 [D]. 长春：吉林大学，2020.

[219] 赵海怡. 企业视角下地方营商制度环境实证研究——以地方制度供给与企业需求差距为主线 [J]. 南京大学学报（哲学·人文科学·社会科学），2020，57（2）：51－64.

[220] 赵海怡. 中国地方营商法治环境实证研究 [M]. 北京：中国民主法制出版社，2020.

[221] 赵俊杰. 优化山西外贸法治营商环境对策研究 [D]. 太原：山西大学，2020.

[222] 赵润. 甘肃省营商环境优化研究 [D]. 兰州：甘肃农业大学，2020.

[223] 赵小红. 黑龙江省营商法治环境评价研究 [D]. 哈尔滨：哈尔滨商业大学，2020.

[224] 中共中央党史和文献研究院. 习近平关于统筹疫情防控和经济社会发展重要论述选编 [M]. 北京：中央文献出版社，2020.

[225] 中共中央关于坚持和完善中国特色社会主义制度推进国家治理体系和治理能力现代化若干重大问题的决定 [M]. 北京：人民出版社，2019.

[226] 中共中央文献研究室. 习近平总书记重要讲话文章选编 [M]. 北京：中央出版社，2016.

[227] 中共中央宣传部. 习近平新时代中国特色社会主义思想三十讲 [M]. 北京：学习出版社，2018.

[228] 中共中央宣传部. 习近平新时代中国特色社会主义思想学习纲要 [M]. 北京：学习出版社，2019.

[229] 中共中央宣传部. 习近平总书记系列重要讲话读本 [M]. 北京：学习出版社，2014.

［230］中共中央宣传部．习近平总书记系列重要讲话读本（2016 版）［M］．北京：学习出版社，2016.

［231］中共中央组织部干部教育局．领航中国：五大发展理念案例选［M］．北京：党建读物出版社，2016.

［232］中国共产党第十九次全国代表大会文件汇编［M］．北京：人民出版社，2017.

［233］中华人民共和国民法典［M］．北京：人民出版社，2020.

［234］钟锋．东道国营商环境对中国 OFDI 区位选择的影响［J］．合作经济与科技，2019（23）：88 - 90.

［235］周超，刘夏，辜转．营商环境与中国对外直接投资——基于投资动机的视角［J］．国际贸易问题，2017（10）：143 - 152.

［236］周乾．营商环境如何影响中国企业对"一带一路"沿线国家直接投资［D］．杭州：浙江财经大学，2019.

［237］周强．营商环境对中国企业 OFDI 影响研究［D］．南京：南京审计大学，2018.

［238］周文丽．营商环境微视角：商事登记首代谈［M］．深圳：海天出版社，2020.

［239］周英，孟庆瑜．河北省优化营商环境条例精释与适用［M］．北京：中国民主法制出版社，2019.

［240］朱凯歌．营商环境对电子商务发展的影响研究［D］．杭州：浙江工商大学，2016.

［241］朱芮．营商环境对跨国公司在华投资意愿的影响研究［D］．上海：东华大学，2016.

［242］朱羿锟，高轩，陈胜蓝．中国主要城市 2017 - 2018 年度营商环境报告——基于制度落实角度［M］．广州：暨南大学出版社，2019.

［243］Allred B. , Park W. Patent Rights Innovative Activity：Evidence from National and Firm - Level Data［J］．Journal of International Business Studies，2007，38（6）：878 - 900.

［244］Arrow K. J. , Hurwicz L. Competitive Stability under Weak Gross

Substitutability: Nonlinear Price Adjustment and Adaptive Expectations [J]. International Economic Review, 1962, 3 (2): 233.

[245] Aterido R. , Hallward-Driemeier M. , Pagés C. Big Constraints to Small Firms' Growth? Business Environment and Employment Growth Across Firms [J]. Economic Development and Cultural Change, 2011, 59 (3): 609 – 647.

[246] Bah E. , Fang L. Impact of the Business Environment on Output and Productivity in Africa [J]. Journal of Development Economics, 2015, 114: 159 – 171.

[247] Baumol W. , Heim P. , Malkiel B. , Quandt R. Earnings Retention, New Capital and The Growth of The Firm [J]. Review of Economics and Statistics, 1970 (4).

[248] Baumol W. J. Entrepreneurship: Productive, Unproductive, and Destructive [J]. Journal of Political Economy, 1990, 98 (5): 893 – 921.

[249] Branstetter L. , Fisman R. , Foley C. Do Stronger Intellectual Property Right Increase International Technology Transfer? Empirical Evidence from US Firm-level Panel Data [J]. Quarterly Journal of Economics, 2006, 121 (1): 321 – 349.

[250] Branstetter L. , Lima F. , Taylor L. J. , Venancio A. Do Entry Regulations Deter Entrepreneurship and Job Creation? Evidence from Recent Reforms in Portugal [J]. The Economic Journal, 2014, 124 (577): 805 – 832.

[251] Chava S. , Oettl A. , Subramanian A. , et al. Banking Deregulation and Innovation [J]. Journal of Financial Economics, 2013, 109 (3): 759 – 774.

[252] Claessens G. , Laeven L. Financial Development, Property Rights, and Growth [J]. Journal of Finance, 2003, 58 (6): 2401 – 2435.

[253] Claessens S. , Ueda K. , Yafeh Y. Institutions and Financial Frictions: Estimating with Structural Restrictions on Firm Value and Investment [J]. Journal of Development Economics, 2014, 110 (9): 107 – 122.

[254] Corcoran, Adrian, Robert Gillanders. Foreign Direct Investment and

the Ease of Doing Business [J]. Review of World Economics/Weltwirtschaftliches Archiv, 2015, 151 (1): 103 – 126.

[255] Corcoran A. , Gillanders R. Foreign Direct Investment and the Ease of Doing Business [J]. Review of World Economics, 2014, 151 (1): 103 – 126.

[256] Cull R. , Xu L. Institutions, Ownership, and Finance: The Determinants of Profit Reinvestment Among Chinese Firms [J]. Journal of Financial Economics, 2005, 77: 117 – 146.

[257] Djankov, S. , Ganser, T. , Mcliesh, C. , et al. The Effect of Corporate Taxes On Investment and Entrepreneurship [J]. American Economic Journal: Macroeconomics, 2010, 2 (3): 31 – 64.

[258] Djankov S. , Mcliesh C. , Ramalho R. M. Regulation and Growth [J]. Economics Letters, 2006, 92 (3): 0 – 401.

[259] Djankov S. , Miguel E. , Qian Y. Y. , Roland G. , Zhuravskaya E. Who Are Russia's Entrepreneurs? [J]. Journal of the European Economic Association, 2005, 3 (2 – 3): 587 – 597.

[260] Dollar D. , Hallward-Driemeier M, Mengistae T. Investment Climate and Firm Performance in Developing Economies [J]. Economic Development and Cultural Change, 2005, 54 (1): 1 – 31.

[261] Dollar D. , Hallward-Driemeier M. , Mengistae T. Investment Climate and Firm Performance in Developing Economies [J]. World Bank Working Paper, 2003.

[262] Eifert B. Do Regulatory Reforms Stimulate Investment and Growth? Evidence from the Doing Business Data [J]. SSRN Electronic Journal, 2009.

[263] Fabro G. , Aixala J. Economic Growth and Institutional Quality: Global and Income-level Analyses [J]. Journal of Economic Issues, 2009, 43 (4): 997 – 1023.

[264] Fisman R. , Svensson J. Are Corruption and Taxation Really Harmful to Growth? Firm Level Evidence [J]. Journal of Development Economics, 2007,

83 (1): 63 –75.

[265] Garello. Tax Structure and Entrepreneurship [J]. Small Business Economics, 2014 (42): 165 – 190.

[266] Hadjila Krifa-Schneider, Iuliana Matei. Business Climate, Political Risk and FDI in Developing Countries: Evidence from Panel Data [J]. International Journal of Economics and Finance, 2010, 2 (5).

[267] Haidar J. I. The Impact of Business Regulatory Reforms on Economic Growth [J]. Journal of the Japanese and International Economies, 2012, 26 (3): 285 –307.

[268] Hanusch M. The Doing Business Indicators, Economic Growth and Regulatory Reform [J]. Social Science Electronic Publishing, 2012.

[269] Haselmann R. , Wachtel P. Institutions and Bank Behavior: Legal Environment, Legal Perception, and the Composition of Bank Lending [J]. Journal of Money Credit & Banking, 2010, 42 (5): 965 –984.

[270] Hausman J. Econometric Models for Count Data with an Application to the Patents – R&D Relationship [J]. Econometrica, 1984, 52 (4): 909 –938.

[271] Helmers C. , Trofimenko N. Export Subsidies in a Heterogeneous Firms Framework: Evidence from Colombia [J]. Centre for the Study of African Economies Working Paper Series, 2010: 26.

[272] Jayasuriya D. Improvements in the World Bank's Ease of Doing Business Rankings: Do They Translate into Greater Foreign Direct Investment Inflows? [J]. SSRN Electronic Journal, 2011, 24 (3): 430 –441.

[273] Johnson S. , McMillan J. , Woodruff C. Property Rights and Finance [J]. American Economic Review, 2002 (5).

[274] Klapper L. , Lewin A. , Delgado J. M. Q. The Impact of the Business Environment On the Business Creation Process [J]. Policy Research Working Paper, 2011.

[275] La Porta R. , Lopez-de-Silanes F. , Shleifer A. , Vishny R. W. Legal Determinants of External Finance [J]. Journal of Finance, 1997, 52:

1131 – 1150.

[276] Loayza N. V. , Servén, Luis. Business Regulation and Economic Performance [J]. World Bank Publications, 2013.

[277] Mazzi A. , Toniolo S. , Manzardo A. , et al. Exploring the Direction on The Environmental and Business Performance Relationship at The Firm Level [J]. Sustainability, 2016, 8 (11): 1200 – 1225.

[278] Mendoza R. U. , Canare T. A. , Ang A. Doing Business: A Review of Literature and Its Role in APEC 2015 [R]. PIDS Working Paper, 2015 (37).

[279] Messaoud B. , Teheni Z. E. G. Business Regulations and Economic Growth: What Can be Explained? [J]. International Strategic Management Review, 2014, 2 (2): 69 – 78.

[280] Nóirín McCarthy, Doran J. , Marie O'Connor. The Role of Entrepreneurship in Stimulating Economic Growth in Developed and Developing Countries [J]. Cogent Economics & Finance, 2018 (3): 1 – 14.

[281] Park W. International Patent Protection: 1960 – 2005 [J]. Research Policy, 2008, 37 (4): 761 – 766.

[282] Peng, M. W. Towards an Institution – Based View of Business Strategy [J]. Asia Pacific Journal of Management, 2002 (2 – 3).

[283] Pradeep, K. Macroeconomic Uncertainty and FDI in Developing Countries [J]. Theoretical & Applied Economics, 2018, 25 (1): 15 – 30.

[284] Prajogo D. I. The Strategic Fit between Innovation Strategies and Business Environment in Delivering Business Performance [J]. International Journal of Production Economics, 2016, 171 (2): 241 – 249.

[285] Prantl S. The Impact of Firm Entry Regulation on Long – Living Entrants [J]. Small Business Economics, 2012, 39 (1): 61 – 76.

[286] Rosetta Morris, Abdul Aziz. Ease of Doing Business and FDI Inflow to Sub-Saharan Africa and Asian Countries [J]. Cross Cultural Management, 2011, 18 (4).

[287] Seker M. , Saliola F. A Cross-country Analysis of Total Factor Pro-

ductivity Using Micro-level Data [J]. Central Bank Review, 2018, 18 (1):
13 – 27.

[288] Stroup M. D. Economic Freedom, Democracy, and The Quality of
Life [J]. World development, 2007, 35 (1): 52 –66.

[289] Vogiatzoglou, Klimis. Ease of Doing Business and FDI Inflows in
ASEAN [J]. Journal of Southeast Asian Economies, 2016, 33 (3): 343 –363.

2